Rudolf Steiner   **Die Welt der Märchen**

Ausgewählte Texte

Herausgegeben und kommentiert
von Almut Bockemühl

RUDOLF STEINER
VERLAG

1. Auflage 2006

© 2006 Rudolf Steiner Verlag, Dornach
© 1956–1999 Rudolf Steiner Nachlassverwaltung, Dornach

Einbandgestaltung	bb communication, Dornach
Umschlagfoto	bb communication, Dornach
Layout und Satz	Verlag
Schrift	FF DIN, Stempel Garamond, Linotype Syntax Sans
Papier	Alster Werkdruck
Druck und Bindung	Greiserdruck, Rastatt

Printed in Germany
ISBN 3-7274-5373-7
www.rudolf-steiner.com

Inhalt

Vorwort

Zu vielen Themen gibt es umfangreiche Vortragszyklen von Rudolf Steiner. Das ist bei den Märchen nicht der Fall. Offensichtlich hat ihn niemand danach gefragt. Was er darüber gesagt hat, entstand aus seinem ganz persönlichen Impuls heraus, und so ist es auch biographisch interessant, wie und wann das Thema bei ihm aufgetaucht ist und wodurch es gefördert wurde.

Daher folgt die vorliegende Zusammenstellung biographisch-chronologischen Gesichtspunkten. Dazu wird jeweils kurz dargestellt, aus welcher Lebenssituation Rudolf Steiners heraus ein Vortrag entstanden ist. Eine gewisse thematische Gruppierung ergab sich daraus wie von selbst. Die vorangestellte «Chronologie» umfaßt nur die Jahre von 1907 bis 1914, weil die wichtigsten Ausführungen über Märchen in diese Zeit fallen.

Manch einer mag erstaunt sein, daß in diesem Buch das Kapitel «Märchen in der Pädagogik» ganz am Schluß steht. Das hat einerseits biographische Gründe, weil die Vorträge über Erziehung erst in den letzten Jahren von Steiners Wirksamkeit und auf Anfragen entstanden sind; andererseits wird dadurch aber auch ein innerer Stellenwert bezeichnet. Steiners Interesse für Märchen hatte nur sekundär einen pädagogischen und gar keinen wissenschaftlichen Hintergrund. Märchenkunde war für ihn kein akademisches Fachgebiet, das ist sie auch erst nach seiner Zeit so richtig geworden. Man kann vielleicht sagen: Märchen waren für ihn ein «okkultes Phänomen». Die Beschäftigung mit Märchen erwuchs für ihn aus dem Grundanliegen seines Lebens: die anthroposophische Geisteswissenschaft zu vermitteln. Und so erscheinen die Ausführungen über Märchen oft in sehr anspruchsvollen esoterischen Vorträgen. Grundkenntnisse der Anthroposophie werden beim Publikum eigentlich immer als selbstverständlich vorausgesetzt. Die in diesem Buch beigefügten Kommentare können diese Grundkenntnisse zwar nicht ersetzen, aber doch gewisse Zusammenhänge schaffen, die das Verständnis erleichtern.

Erst bei der Zusammenstellung der Texte wurde mir ganz klar, wie reich und vielfältig die Aspekte sind, unter denen Steiner die Märchen betrachtet hat, und geradezu ergreifend ist der hohe Stellenwert, den er diesen kleinen poetischen Gebilden gibt, in deren Wesen es eigentlich liegt, daß sie mit größter Anspruchslosigkeit vor die Welt treten.

Almut Bockemühl

Chronologie

Vorträge Rudolf Steiners über Märchen in den Jahren 1907–1914 und Uraufführungen der Mysteriendramen

1907 21. Okt. Dritter Vortrag in *Mythen und Sagen. Okkulte Zeichen und Symbole* (GA 101; mongolisches Märchen)

1908 22. Okt. «Goethes geheime Offenbarung – exoterisch»

      24. Okt. «Goethes geheime Offenbarung – esoterisch» (beide in GA 57, *Wo und wie findet man den Geist*, zu Goethes Märchen)

      26. Dez. «Märchendeutungen» (GA 108, *Die Beantwortung von Welt- und Lebensfragen durch Anthroposophie;* Beispiele: «Hundert auf einen Streich», «Das Lilienmädchen», «Die sechs Drachen»)

1909 20. Jan. «Goethes geheime Offenbarung, exoterisch» (keine Nachschrift)

      21. Jan. «Goethes geheime Offenbarung, esoterisch» (nur in Sonderausgabe), *Goethes geheime Offenbarung*, Dornach 1999)

1910 15. Aug. Uraufführung «Die Pforte der Einweihung» (GA 14, *Vier Mysteriendramen;* Märchen von Liebe und Haß)

1911 10. Juni Rosenkreuzerisches Weistum in der Märchendichtung (GA 124, *Exkurse in das Gebiet des Markus-Evangeliums;* Beispiel: «Die Tochter der Blumenkönigin»)

      17. Aug. Uraufführung «Die Prüfung der Seele» (GA 14, *Vier Mysteriendramen;* Märchen vom Quellenwunder, Märchen von dem Guten und dem Bösen)

1911	19. Dez.	«Symbolik und Phantasie mit Bezug auf das Mysterium ‹Die Prüfung der Seele›» (GA 127, *Die Mission der neuen Geistesoffenbarung;* Beispiel: «Der arme Bursche und seine kluge Katze»)
1912	24. Aug.	Uraufführung «Der Hüter der Schwelle» (GA 14, *Vier Mysteriendramen;* Märchen von der Phantasie)
1913	6. Febr.	«Märchendichtungen im Lichte der Geistesforschung» (GA 62, *Ergebnisse der Geistesforschung;* Beispiele: «Das Märchen von der Unke», «Rumpelstilzchen», «Von der Entstehung von Sonne und Mond», «Quatl und seine Brüder», «Hundert auf einen Streich»)
	22. Aug.	Uraufführung «Der Seelen Erwachen» (GA 14, *Vier Mysteriendramen*)
	28. Aug.	Das Walten der Dreiheit in den Welterscheinungen (GA 147, *Die Geheimnisse der Schwelle;* «Das Märchen von der Burg»)
	28. Aug.	Einführende Worte anläßlich der ersten Eurythmie-Aufführung (GA 277a, *Die Entstehung und Entwicklung der Eurythmie*)
1914	12. April	Die Umwandlung der kosmischen Weisheit in organisierende Seelenkräfte (GA 153, *Inneres Wesen des Menschen und Leben zwischen Tod und neuer Geburt;* das Fragemotiv in Märchen und Sagen)
	17. April	«Glauben und Wissen. Johannifest und Osterfest» (GA 154, *Wie erwirbt man sich Verständnis für die geistige Welt?;* Märchenbilder als «Kraftvorstellungen»)
	22. Nov.	«Die Welt als Ergebnis von Gleichgewichtswirkungen» (GA 158, *Der Zusammenhang des Menschen mit der elementarischen Welt;* Motiv des «dankbaren Toten»)

Die Bedeutung von Märchen in der Biographie Rudolf Steiners

Goethes Märchen als Anreger zu seelischem Erleben

Gegen Ende des Jahres 1900 hielt Rudolf Steiner in Berlin einen Vortrag, der sich als wichtiger Wendepunkt in seinem Lebensgang erwies. Er sprach auf Einladung von Graf und Gräfin Brockdorff über Goethes Märchen von der grünen Schlange und der schönen Lilie. Eine Nachschrift davon existiert nicht. Im gleichen Menschenkreis, der aus verschiedensten Richtungen zusammengekommen war, hatte er vorher bereits einen Vortrag über Nietzsche gehalten, wobei er gemerkt hatte, «daß innerhalb der Zuhörerschaft Persönlichkeiten mit großem Interesse für die Geistwelt waren». Für diese wählte er dann als nächstes Vortragsthema das Märchen. «Und in *diesem* Vortrag wurde ich in Anknüpfung an das Märchen ganz esoterisch.»

Wir haben hier die Geburtsstunde von Rudolf Steiners esoterischer Wirksamkeit. Bisher hatte er sich ausschließlich gedanklich-philosophisch ausgedrückt. Nun, durch die Begegnung mit diesem Menschenkreis, sah er die Möglichkeit, eine neue Sprache zu entwickeln, um Geistiges unmittelbarer in Worte zu prägen.

Ein äußerer Umstand, die Einladung zu einem Vortrag, gab den Anlaß, der jedoch auf eine starke innere Bereitschaft traf, diesen Schritt zu tun. Bereits im Jahr zuvor, zu Goethes 150. Geburtstag am 28. August 1899, hatte er in der Zeitschrift *Magazin für Literatur* einen Aufsatz über das Märchen veröffentlicht. In *Mein Lebensgang* begründete er dies mit dem Willen, «das Esoterische, das in mir lebte, zur öffentlichen Darstellung zu bringen». Zweifellos war dieser Wille bei ihm eine biographische Notwendigkeit. Er näherte sich seinem 40. Lebensjahr und empfand, daß die Art seiner äußeren Wirksamkeit sich ändern musste. In den Jahren davor hatte ein tiefgehender Umschwung seines inneren Erlebens stattgefunden, der damit zusammenhing, daß sich ihm ein ganz neuer Zugang zur Sinneswahrnehmung erschlossen hatte. Wir können das nachlesen im 22. Kapitel seines *Lebensgangs*. Nun fand er den Weg vom Begrifflich-Ideellen zum Geistig-Realen.

Von da an arbeitete er Schritt für Schritt seine Geisteswissenschaft in den ihm ganz eigentümlichen Gedankenformen und Wortprägungen aus und wagte es, sie so vor die Welt zu stellen, zunächst mündlich, im nun folgenden Jahrzehnt dann vor allem auch schriftlich. In dieser Zeit entstanden und erschienen die grundlegenden anthroposophischen Werke, u. a. 1904 die *Theosophie* und *Wie erlangt man Erkenntnisse der höheren Welten?*, 1910 die *Geheimwissenschaft im Umriß*. Hierzu bedurfte er eines neuen Stils der Darstellung. Der Umgang mit Goethes Märchen half ihm dazu, einen solchen zu finden.

Es war keine erstmalige Begegnung mit diesem Märchen. Schon in seiner Wiener Zeit, in den achtziger Jahren des 19. Jahrhunderts, als er an der Herausgabe von Goethes Naturwissenschaftlichen Schriften in Kürschners Deutscher National-Literatur arbeitete und seine *Philosophie der Freiheit* entstand, hatte er die kleine Dichtung für sich entdeckt. Er hatte auch bereits am 27. November 1891 im Wiener Goethe-Verein einen Vortrag darüber gehalten.

Schon damals waren die Bilder des Märchens ein wichtiger Meditationsstoff für ihn, der sein seelisches Erleben anregte und vertiefte. Darin liegt ja überhaupt die Bedeutung eines bildhaft gestalteten Inhalts. Während ein einmal gefaßter Begriff fest und unverrückbar erscheint, ist ein Bild nicht eindeutig festzulegen. Man muß sich seelisch hin und her bewegen, einmal von der einen, dann wieder von einer anderen Seite herangehen. Dadurch bringt man seine Seelenkräfte in Fluß. Das Seelenleben «läßt seine Kräfte, die in den Tiefen wurzeln, im Bewußtsein aufleuchten; aber im Aufleuchten, nachdem sie andere ebenso flüchtige beeinflusst haben, wieder verschwinden. Das sind Vorgänge, die im Entstehen schon vergehen; abstrakte Begriffe aber sind nur an mehr oder weniger lang Bleibendes zu knüpfen.»

Die Wichtigkeit einer märchenhaft-bildhaften Darstellungsweise für die seelische Entwicklung ist ihm also zunächst nicht an einem Volksmärchen, sondern an einem Dichtermärchen deutlich geworden. Er weist darauf hin, daß Goethe in seinem Märchen auf alte okkulte Traditionen zurückgegriffen hat. Man kann beispielsweise die drei Könige darin vergleichen mit denen, die in der rosenkreuzerischen Schrift *Die Chymische Hochzeit des Christian Rosenkreutz* von 1616 vorkommen. Aber Goethe hat die Bilder in künstlerischer Art zusammengefügt und so gestaltet, daß Rudolf Steiner darüber schreiben konnte: «Goethe hat in diesem Märchen die Phantasieschöpfung nahe an die Grenze herangeführt, an der sie in den inneren Seelenvorgang übergeht, der ein erkennendes Erleben der wirklichen geistigen Welten ist.» Auch wenn Goethes Märchen ein Kunstmärchen ist, was sich vor allem im Sprachstil bemerkbar macht, so rückt es durch diese Art der Entstehung durchaus in die Nähe der alten Volksmärchen, deren Herkunft aus der geistigen Welt Steiner später mehrfach betont hat.

Im ersten Jahrzehnt des 20. Jahrhunderts hat Rudolf Steiner zunächst immer wieder Vorträge über Goethes

Märchen gehalten. Sogar 1918 schrieb er noch einen Aufsatz darüber. Er ist wie auch die gesammelten Vorträge in dem Sonderband *Goethes geheime Offenbarung* enthalten (siehe Quellenverzeichnis: GgO).

Man kann sich die Frage stellen, ob der junge Rudolf Steiner sich auch mit Volksmärchen beschäftigt hat, die doch die bedeutsamsten Imaginationen enthalten, und ob er als Kind Märchen erzählt bekam. In seinem *Lebensgang* erwähnt er nichts davon. Möglich wäre es immerhin, da er in ländlicher Gegend unter einfachen Menschen aufgewachsen ist.

Vielleicht wurde sein Interesse aber auch erst später geweckt. In einem Vortrag aus dem Jahre 1913 sprach er von einem Mann, dessen Vorträge er hören durfte und «der selber ein tiefer Freund der Märchendarstellung war» (siehe S. 151). Dieser Mann, «der Märchen zu lieben verstand, der Märchen zu sammeln verstand, der Märchen zu würdigen verstand», pflegte zu sagen: «Märchen und Sagen sind wie ein guter Engel, der von Geburt an, von Heimat wegen dem Menschen mitgegeben wird auf seiner Lebenswanderung.»

Wer war dieser Mann? – Ich würde annehmen, daß es Professor Karl Julius Schröer war, bei dem Rudolf Steiner als Student in Wien Vorlesungen hörte und dem wir die Entdeckung der Oberuferer Weihnachtsspiele verdanken, die ab 1915 regelmäßig in Dornach aufgeführt wurden. Rudolf Steiner hat ihn sehr verehrt und war ihm in inniger Freundschaft verbunden. Zu ihm würde die warme Gemüthaftigkeit der zitierten Worte gut passen. (Siehe Anm. S. 267)

Emil Bock hat sich in seinen Studien zum Lebensgang Rudolf Steiners folgendermaßen über Schröer geäußert: «Das war etwas überaus Wichtiges für die ersten Wiener Jahre: einen Lehrer zu haben, der keine großen Gedankeninhalte vorbringt, sondern eigentlich immer aus dem Gefühl spricht, aber eben aus einem Herzen, das sich für alles Menschliche interessiert, das insbesondere auf die Offenbarungen der Volksseele lauscht, wie sie hier oder da noch aus Zeugnissen älterer Zeiten spricht. So war ein Hauptgesprächsstoff in jener Zeit der, daß Schröer seinen Studenten erzählte, wie er überall nach besonderen Zeugnissen der Volkspoesie gesucht habe, vor allem nach Märchen, und wie er auf diese Weise auch die Oberuferer Weihnachtsspiele gefunden habe. Er ließ seine Schüler fühlen, wie sehr er solche Offenbarungen eines früheren instinktiven, volkstümlichen Weisheitslebens liebte.»

Was verstand Rudolf Steiner eigentlich unter einem Volksmärchen? Eine sehr frühe Äußerung darüber stammt aus dem Jahre 1904. Er sprach dort über alte Mysterien und fügte dann hinzu: «Einen solchen Vorgang, für den man im Süden das Wort ‹Mysterium› hatte, nennt man im Norden eine ‹Maere›, woraus das Wort ‹Märchen› für die kleineren Vorgänge dann entstanden ist. ‹Uns ist in alten maeren wunders vil geseit.› ‹Wunders› ist nichts anderes als ein ‹Zeichen›, ein Zeichen für Dinge, die als Vorgänge auf höheren Planen anzusehen sind.» Sprachgeschichtlich läßt sich hinzufügen: Wenn für uns ein Märchen eine eher unbedeutende, wenn nicht gar lügenhafte Geschichte ist («Erzähl mir keine Märchen»), so hatte althochdeutsch *māri*, mittelhochdeutsch *mære* gerade den Sinn von «groß, bedeutend, ansehnlich» und demzufolge auch von «verkünden, rühmen». Der von Steiner zitierte Anfang des Nibelungenliedes, «Uns ist in alten maeren wunders vil geseit», will sicher nicht auf eine Kleinigkeit, sondern auf eine bedeutende, wichtige Überlieferung hinweisen. Der heutige Sprachgebrauch des Wortes «Märchen» hat sich vor allem durch die Brüder Grimm eingebürgert.

Der Grund für Rudolf Steiner, dem Märchen von Goethe einen solchen Stellenwert einzuräumen, liegt nicht nur darin, daß dort an alte okkulte Traditionen angeknüpft wird. Das folgende Zitat stammt aus den sogenannten «Karmavorträgen» von 1924. Vielleicht ist das dort Ausgeführte Rudolf Steiner erst in seinen späteren Lebensjahren voll zum Bewußtsein gekommen. Er schildert nämlich, daß Ende 18., vor allem aber in der ersten Hälfte des 19. Jahrhunderts in der geistigen Welt gewaltige Imaginationen vorhanden waren, aus denen heraus er später die Gedanken der Anthroposophie schöpfen konnte. Geistig war die Anthroposophie damals schon vorhanden, so betont er mehrfach. Doch dann geschah etwas Besonderes: «Da öffneten sich gewissermaßen – nicht Tore, aber Schleusen, die für einen Moment hereinleuchten ließen [...] jene Regionen der Welt, in der sich abspielten jene gewaltigen Imaginationen. Und da kam das, was so nicht durch Tore, nicht durch Fenster, aber durch Schleusen hereinkam, in, ich möchte sagen, Miniaturbilder übersetzt, heraus als das ‹Märchen von der grünen Schlange und der schönen Lilie› [...] Es braucht daher gar nicht besonders wunderbar zu erscheinen, daß, als es sich darum handelte, das Anthroposophische in künstlerischen Bildern zu geben, wo ja auch zurückgegangen werden mußte auf die Imaginationen, da meine ‹Pforte der Einweihung› in der Struktur – wenn auch im ganzen Inhalte anders – ähnlich wurde dem ‹Märchen von der grünen Schlange und der schönen Lilie›.»

Goethes Märchen, zunächst für Steiner «ein wichtiger Meditationsstoff» und ausschlaggebend für die

Anfänge seines esoterischen Stils, inspirierte also jetzt seine poetisch-künstlerische Gestaltungskraft. Das Jahr 1910 bedeutete für ihn einen großen Durchbruch auf dem Gebiet des Sprachschöpferischen. Ich sehe hierin einen zweiten Schritt dessen, was märchenbildhafte Literatur in ihm anregte, dem später, zu Beginn der zwanziger Jahre, noch ein dritter folgen sollte. Nicht nur seine Mysteriendramen entstanden nun Jahr für Jahr. Auch Spruchdichtung strömte ihm plötzlich in Fülle zu. Besonders hervorzuheben ist das große Werk des *Seelenkalenders*.

Das erste Mysteriendrama, das 1910 in München gestaltet und uraufgeführt wurde, ist eine Art Metamorphose des Goetheschen Märchens, sozusagen eine Übersetzung aus der rein bildhaften Ebene in die dramatische Darstellung eines in der Gegenwart sich vollziehenden Schulungsweges. Im ersten Entwurf hat Steiner sogar noch die Personenbezeichnungen aus dem Märchen beibehalten: Lilie, Jüngling usw. Später ersetzte er sie durch selbst erfundene Namen. Und in den drei weiteren Dramen löste er sich ganz von dem Vorbild.

Steiners Mysteriendichtung ist aber nicht nur gesamthaft aus einem Märchen entwickelt, er fügte darüber hinaus noch selbstgeschaffene kleine «Märchen» in sie ein. Zu diesem Zwecke erfand er die Gestalt der Frau Felicia Balde, der volkstümlichen Märchenerzählerin, die mit ihrem Mann, dem Kräutersammler Felix Balde, in der Einsamkeit des Waldes und der Berge in engem Umgang mit dem elementarischen Walten der Natur lebt. Gleich im ersten Bild erfahren wir Erstaunliches über ihre Beziehung zu «Professor Capesius» (dessen Vorbild Professor Schröer ist). Dieser pflegt sie in ihrem Waldhäuschen zu besuchen, wenn er sich von seiner wissenschaftlichen Arbeit erschöpft und innerlich wie ausgetrocknet fühlt. Dann erzählt sie ihm Märchen; das erfrischt und belebt ihn. Denn der Quell der Märchen ist die Welt des Lebens, die elementarische Welt.

Die Menschen früherer Zeiten wurden aus der Natur heraus zu ihren Märchen und Gesängen inspiriert, wie man zum Beispiel aus dem finnischen Epos *Kalevala* erfahren kann. Im ersten Mysteriendrama wird dies sogar so dargestellt, daß der «Geist der Elemente» von Frau Felicia Ersatz fordert für die Kräfte, die sie aus seiner Welt entnimmt, um sie Capesius zu schenken. So wie sie immer wieder Menschen inspiriert hat, soll sie nun auch die Felsengeister inspirieren, indem sie ihnen ein Märchen erzählt.

Es zeigt sich später, daß für Capesius nicht nur das Erfrischende der Märchen von Bedeutung ist; das Sich-Vertiefen in Frau Baldes Märchen bringt ihn in eine Stimmung, die eine Brücke bilden kann zu übersinnlichem Erleben. Es kommt bei ihm, wie es im zweiten Drama dargestellt wird, zu einem Rückschauerlebnis einer früheren mittelalterlichen Inkarnation. Dies erschüttert ihn so tief, daß er hinterher den Weg ins normale Leben zurück nicht mehr finden kann. Er wird ein «verwirrter Mensch». Später aber – wir bekommen es im dritten Drama vorgeführt – kann er mit Hilfe seiner Freunde, vor allem seines geistigen Lehrers Benedictus, wieder geheilt werden. Dabei spielt wiederum ein Märchen von Frau Balde eine Rolle. Man kann erleben, daß Märchen nicht nur in die Geistwelt hineinführen, sondern umgekehrt auch eine Brücke vom Übersinnlichen zurück ins sinnliche Erleben bilden können.

Die «Märchen», die Frau Balde erzählt, erinnern nun allerdings nur sehr wenig an die uns bekannten Volksmärchen. Sie knüpfen an gar nichts Traditionelles an. Was mit ihnen gemeint ist, hat Steiner formuliert, als sie in einem Separatdruck erschienen sind und er ihnen ein Vorwort mit auf den Weg gab:

Die folgenden Märchen-Bilder sind entstanden, als ich in meinen Dramen mich gedrängt fühlte, durch Personen Dinge sagen zu lassen, die als Seelenerlebnisse sogleich ihr Wesen verlieren, wenn man sie anders als in solchen Bildern ausdrücken will. Mir scheint, daß sie auch, aus den Dramen herausgenommen, für sich als solche Bilder hingenommen werden können. Denn in jeder Menschenseele kann sich als inneres Erlebnis einstellen, was in diese Bilder eingemalt ist. Ich habe Menschen gefunden, welche die Märchen «schwer verständlich» fanden. Ich glaube, daß sie nur derjenige so empfindet, dem die Kindlichkeit des Gemütes fehlt, die eine Seele sich durch alle Lebensalter hindurch bewahren sollte, um in gewissen Stunden dasjenige zu erleben, was «kein Verstand der Verständigen» in seiner wahren Gestalt erleben kann. Aber ich glaube auch, daß derjenige nicht versteht, was in den Bildern gemeint ist, der sie verstandesgemäß auslegen will. Ich selber habe, indem sie sich mir vor die Seele stellten, nichts als den Bild-Inhalt in der Seele empfunden. Einen «tieferen Sinn» zu verkörpern, der begriffen werden sollte als etwas anderes, als was die Bilder durch sich sagen, lag mir fern. Aber ich habe allerdings die Ansicht, daß gewisse Geheimnisse, welche das Leben der Natur und der Menschenwelt in sich birgt, sich der Seele nur offenbaren, wenn diese Sinn dafür hat, sie in solchen Bildern anzuschauen. Solche Geheimnisse entfliehen dem Menschengeiste, wenn er sie in Begriffe einfangen will. Aber der Empfindung, die an dem Bilde sich belebt, ergeben sie sich.

Die Beschäftigung mit Märchen hatte für Rudolf Steiner neben der sachlichen auch eine ganz persönliche Bedeutung. Er wollte der Welt die anthroposophische Geisteswissenschaft vermitteln. Damit war ein ungeheures Ringen um die sprachlichen Ausdrucksmöglichkeiten verbunden. Eindringlich hat er dies in dem Aufsatz «Sprache und Sprachgeist» (GA 36) dargestellt. Das, worauf es in der Anthroposophie ankommt, läßt sich nicht intellektuell, sondern nur mehr oder weniger bildhaft darstellen. Zu Beginn der zwanziger Jahre kam Steiner immer häufiger in Kontakt mit Universitätswissenschaftlern. Er sah, daß es der Tod der Anthroposophie sein würde, wenn man sie in die intellektuelle Sprache preßte, die in diesen Kreisen üblich war. Durch Märchen aber konnte er die Anthroposophie natürlich auch nicht vermitteln.

In dieser Zeit, in der Auseinandersetzung mit dem Problem der sprachlichen Vermittlung, wandelte sich Steiners Art zu sprechen noch einmal grundlegend. Er integrierte das Bildhafte in die logisch-wissenschaftliche Gedankenführung und kam so zu einem ganz neuen imaginativen Vortragsstil. Besonders zu den Naturwissenschaftlern sprach er in dieser neuen Sprache, wohl wissend, daß die Zukunft der Anthroposophie davon abhängig sein würde, daß gerade in der Naturwissenschaft neue Wege des Ausdrucks gefunden würden. Vortragszyklen wie *Das Miterleben des Jahreslaufes in vier kosmischen Imaginationen* oder *Der Mensch als Zusammenklang des schaffenden, bildenden und gestaltenden Weltenwortes* (GA 229 und 230, beide Oktober 1923) sind sozusagen dem neuen Bewußtsein angepaßte Märchen. Eine wunderbare Bilderwelt entfaltet sich da, die sich dem nur verstandesmäßigen Denken entzieht und in meditativer Vertiefung erschlossen werden möchte.

Die schon auf dem Krankenbett 1924/25 geschriebenen «Briefe an die Mitglieder» (in GA 26) haben an einigen Stellen geradezu hymnischen Charakter. Diese Stellen sind ganz aus der Gedankenführung heraus entwickelt, aber so, daß die Denkbemühung eine künstlerisch-bildhafte Gestaltung erfahren hat. Es handelt sich um Bilder, die nicht statisch «vorgestellt» werden können, sondern in innerer Beweglichkeit nachvollzogen werden wollen wie die Märchenbilder der Frau Balde.

1920, in einer Ansprache vor einer Eurythmie-Aufführung, sprach Steiner über diese Art von «Gedankenkunst» im Zusammenhang mit den «Wochensprüchen», von denen er sagt, daß «zwar Gedanken zugrunde liegen, nicht aber das Gedankenelement, wie es meistens eben als das Wesentliche … [in einer Dichtung angesehen wird], sondern wo die Verschlingung der Gedanken, die fortströmende Folge der Gedanken, das Auftreten eines Gedankens bei einer bestimmten Stelle die Hauptsache ist; wo es nicht gleichgültig ist, ob ein Gedanke in der dritten oder vierten Zeile steht».

Für mein Verständnis ist dieser Sprachstil die letzte Frucht von Rudolf Steiners Arbeit mit Märchenbildern. «Denn der hat nicht die Geisteswissenschaft, der sie wieder zu einer Verstandeswissenschaft macht, der sie in Schemen und Paradigmen ausdrückt, sondern der hat sie, der bei jedem Begriff, den wir entwickeln […], der bei jedem Worte etwas empfinden kann, was das Wort, was die Idee selbst zersprengen will, was höchstens in die Vieldeutigkeit der Bilder ausfließen kann.»

Alte Weisheiten in Mythen und Sagen

Es versteht sich von selbst, daß man die Regionen [...], die außerhalb der Reichweite unserer physischen Sinne sind, nur in Symbolen und Gleichnissen beschreiben kann, denn unsere Sprache taugt nur für die Welt der Sinne (1906).

Das Motto drückt Rudolf Steiners Überzeugung aus, von der er sich leiten ließ, als er im ersten Jahrzehnt des 20. Jahrhunderts anfing, seine Geisteswissenschaft in die Öffentlichkeit zu bringen.

Seit ältesten Zeiten war es so gehandhabt worden, daß man Spirituelles durch rituelle Handlungen darstellte wie in den alten Mysterien und (bis heute noch) in den religiösen Kulten. Dem Volk aber wurde es vermittelt durch das «Singen und Sagen» von mündlich tradierten Bildinhalten, von Mythen, Sagen und Märchen, wobei das Vortragen dieser Gesänge auch eine sakrale Handlung war.

Im Mittelalter bedienten sich die Alchemisten und Rosenkreuzer einer komplizierten Symbolik (Emblematik), die ihre Wurzeln in längst vergangenen Kulturen hatte. Die von Steiner erwähnten Lehrstätten der Rosenkreuzer sind als die letzten Mysterienstätten anzusehen. Sie ließen ihre Weisheiten durch Märchen ins Volk strömen, so wie es die Mysterienstätten des Altertums durch die Mythen taten. Das umfassende kosmisch-mythische Bewußtsein der Urzeit zog sich mit der Zeit immer mehr zusammen. Es wurde zum Volks- und Gruppen-Bewußtsein und schließlich, in der Gegenwart, zum individuellen Ich-Bewußtsein.

Die Märchen verhalten sich zu den großen Völkermythen folgendermaßen: Die großen Völkermythen können wir enthüllen, wenn wir die großen, umfassenden Verhältnisse des Kosmos zugrunde legen, und die Märchen enthüllen wir, wenn wir die Geheimnisse des Volkes zugrunde legen.

Übersinnliches läßt sich nur durch Symbole und Gleichnisse beschreiben. Daher ist die erste Zeit von Rudolf Steiners Wirksamkeit in der Theosophischen Gesellschaft stark geprägt durch eine Arbeit mit mythischen und auch mit Evangelienbildern.

Immer wieder sprach er damals über die uralten Wahrheiten, die in den Mythen, Sagen und Märchen verborgen sind, und er war der Ansicht, daß die Entwicklung der Gegenwart dahin tendiert, daß die Menschen diese Tatsache mit immer verständnisvoller werden auffassen können, eine Ansicht, die sich meines Erachtens in dem seither verflossenen Jahrhundert durchaus bewahrheitet hat.

Alle diejenigen Dinge, welche aus den Sagen und Mythen des Volkes uns überkommen sind und sich auf das Menschenleben beziehen, werden in unserer Zeit in bezug auf die ganze Anschauung und Auffassung des Menschen einer besonderen Umwandlung unterliegen. Dasjenige Zeitalter liegt hinter uns, in dem man auf Sagen, Märchen und Mythen so geblickt hat, als ob in ihnen nur kindliche Volksphantasie sich ausspräche. Ja, selbst die Zeit liegt hinter uns, in der man in einer kindlich gelehrtenhaften Weise davon gesprochen hat, daß in der Sage die dichtende Volksseele zum Ausdruck komme. Die dichtende Volksseele ist nichts anderes als ein Erzeugnis des grünen Gelehrtentisches, denn es gibt ebenso einen grünen Gelehrtentisch, wie es einen grünen Bürokratentisch gibt. Wer einen Blick hineingetan hat in die Volksseele, der weiß sehr gut, daß es sich im Volke nicht um Erdichtungen und dergleichen Dinge handelt, sondern um etwas viel Tieferes, das in seinen Sagen und Märchen von wunderbaren Mächten und wunderbaren Ereignissen zum Ausdruck kommt.

Wenn wir uns von dem neuen Standpunkte der Geistesforschung aus wieder in die Sagen und Mythen vertiefen, wenn wir jene großartigen und gewaltigen Bilder, die uns aus der Urzeit überkommen sind, auf uns wirken lassen, nachdem wir mit geisteswissenschaftlichen Forschungsmethoden ausgerüstet sind, so erscheinen uns diese Mythen und Sagen so, daß sie uns zum Ausdruck einer tiefsinnigen Urweisheit werden.

Wahr ist es, daß der Mensch sich zunächst frägt, wie es komme, da wir es doch ursprünglich mit primitiven Volksstufen, primitiven Volksanschauungen zu tun haben, daß der naive Mensch sich die Welträtsel bildlich veranschaulichen konnte in diesen Sagen und Märchen und daß, wenn wir uns heute in diese Sagen und Märchen vertiefen, wir im Bilde dasjenige erblicken, was uns die Geistesforschung heute klar enthüllt. Zunächst muß das unsere Verwunderung erregen. Wer sich aber tiefer und tiefer einläßt in die Art und Weise, wie diese Märchen und Mythen zustande gekommen sind, dem schwindet jedes Erstaunen, jeder Zweifel und er wird nicht nur das, was man naive Anschauung nennt, in diesen Sagen und Märchen finden, sondern den weisheitsvollen Ausdruck einer uralten, wahren Weisheits-Anschauung der Welt erkennen. Mehr, viel mehr noch kann man lernen, wenn man die Grundlage dieser Mythen und Sagen positiv durchforscht, als wenn man die heutige verstandes- und erfahrungsmäßige Wissenschaft in sich aufnimmt. Freilich muß man mit den Erforschungsmethoden der Geisteswissenschaft ausgerüstet an diese Dinge herangehen.

Also nicht eine (im modernen Sinne) dichtende Volksseele sollte man sich vorstellen, welche die Märchen
hervorgebracht hat, sondern eine solche, die noch
ganz in die geistige Welt eingebettet war, so daß die
Menschen hellseherisch Bilderfolgen wahrzunehmen
vermochten, die von Mund zu Ohr weitergegeben
wurden.

Überall waren die Völker, auch die, welche nach dem
Osten gezogen waren und sich dort angesiedelt haben als
die Nachkommen der atlantischen Völker, noch im Besitz
der alten Erinnerungen, der alten Sagen und Mythen,
welche wiedergaben, was die Menschen in einer früheren
Zeit, in einem früheren Bewußtseinszustande der atlantischen Zeit erlebt haben. Diesen Sagenschatz hatten sich
die Völker aus der atlantischen Zeit mitgebracht, und sie
bewahrten und erzählten ihn. Das war dasjenige, was sie
erfüllte, und die ältesten Bewohner des Nordens spürten
durchaus noch die Kraft, die aus den Sagen und Mythen
zu ihnen sprach, weil die ältesten Ahnen die Erinnerung
daran hatten, daß einst die Vorfahren selbst das gesehen
hatten, was da erzählt wird. [...]
    Sie hatten geistig hineinschauen dürfen in dieselben
Tiefen des Weltendaseins, die heute wiederum durch die
Geistesforschung erschlossen werden.

Die Tatsache, daß die alte Menschheit, die häufig für
primitiv gehalten wird, in bildhafter Form die tiefsten
Erkenntnisse in sich trug, betonte Steiner in jenen Jahren in verschiedenen Zusammenhängen immer wieder:

[...] selbst die Menschen, die in den allereinfachsten Verhältnissen lebten, konnten sie in jener Form erhalten, in

der es für sie angemessen war. Die Märchen und Mythen enthalten diese Wahrheiten in Form von Bildern, von Gleichnissen usw. Es kommt nur aus materialistischer Gesinnung heraus, daß man in den Märchen, Sagen, Mythen die in ihnen liegenden tiefen Weisheiten nicht erkennen oder nicht anerkennen will. Es kann hier zunächst nicht die Aufgabe sein, zu zeigen, was leicht gezeigt werden könnte, daß in Sagen und Mythen bildlich viel, viel größere Weisheiten über die Natur und die Menschheitsgeheimnisse enthalten sind als in den Darlegungen unserer heute so fortgeschrittenen Wissenschaften. Völkern auf gewissen Kulturstufen muß man eben im Bilde geben, was bei einer höheren Entwicklung des Intellektes in Ideen an den Menschen herantreten muß. Allerdings gibt es viele Menschen noch heute, die da glauben, was nicht der Verstand begriffen hat, das sei überhaupt nicht verstanden. Dem gegenüber muß aber betont werden, daß nicht nur der Verstand ein Erkenntnisvermögen ist, sondern daß man wirklich auch durch das Gefühl, durch die Phantasie und durch andere Seelenkräfte die Dinge verstehen kann. Und es war ein wirkliches Verstehen für gewisse Stufen der Entwicklung, wenn die Menschen im Märchen, im Mythus die Weltgeheimnisse auf sich wirken ließen. Ja es kann für solche Entwicklungsstufen eine andere Form nicht einmal in Betracht kommen.

Wenn wir in die Tiefen der menschlichen Kulturentwicklung, sofern sie geistiger Art ist, hineinblicken, so finden wir an vielen Stellen, daß in der Tat die Mythen und Sagen, die uns überliefert worden sind, in vieler Beziehung weiser sind, als es unsere heutige Wissenschaft ist. Und wenn der Mensch einst die geistige Grundlage der Welt wieder erkennen wird, dann wird er in manchem Mythos, in manchen Sagen und Märchen eine tiefe Weisheit erkennen, tiefer als unsere scheinbar so vorgeschrittene Wissenschaft.

Wenn Sie sich erinnern an manches, was gesagt worden ist im Laufe der Jahre, so kann Ihnen vor die Seele treten, daß in alten Zeiten, in Zeiten auch der nachatlantischen Kulturentwicklung, wenn wir nur einige Jahrtausende vor unsere gewöhnlich historisch genannte Zeit zurückgehen, die Menschen mehr oder weniger abnorme hellseherische Zustände hatten; daß zwischen dem, was wir heute das nüchterne, nur auf die physische Welt beschränkte Wachen nennen, und dem bewußtlosen Schlafzustand mit seinem zweifelhaften Reich der Träume, ein Bewußtseinsreich war, durch welches der Mensch hineintauchte in eine geistige, in eine spirituelle Realität. Und dasjenige, was heute von gelehrten Leuten, die so viele Mythen und Sagen wissenschaftlich erdichten, als dichtende Volksphantasie ausgelegt wird, wir wissen, daß es in Wahrheit zurückführt auf altes Hellsehen, auf hellsichtige Zustände der Menschenseele, die in jenen Zeiten hinter das physische Dasein sah und das also Geschaute in den Bildern der Mythe und auch der Märchen und Legenden zum Ausdruck gebracht hat. So daß wirklich, wenn wir alte, und zwar richtige alte Mythen, Märchen und Sagen vor uns haben, wir mehr Erkenntnis, mehr Weisheit und Wahrheit in ihnen finden können als in unserer heutigen abstrakten Gelehrsamkeit und Wissenschaft.

In diesen frühen Äußerungen über die Weisheit in den Volksüberlieferungen machte Steiner meist keinen Unterschied zwischen Mythen, Sagen und Märchen, er sprach oft pauschal über diese Gattungen. Er dachte fast ausschließlich an die Mythologie, die anknüpft an frühere Entwicklungszustände der Menschheit, bis hin zu den Schöpfungsmythen der urältesten Zeit. Der Mensch ruhte damals noch im Schoße der Gottheit. Handlungsträger dieser Mythen sind gewaltige göttliche oder elementarische Wesen, durch deren Wirksamkeit sich das Chaos zum Kosmos gestaltet.

Später (1915) unterschied er davon die historischen Sagen, aber ebenfalls unter dem bewußtseinsgeschichtlichen Aspekt. Er sprach über das menschliche Bedürfnis, Geschichtliches zu mythisieren. Auch dafür gibt es viele Beispiele, etwa die Sage von Kaiser Barbarossa, von dem erzählt wird, daß er nicht gestorben sei, sondern im Kyffhäuserberg sitze und schlafe. Eines Tages werde er hervorkommen und seinen Schild an einen dürren Baum hängen, dadurch werde dieser Baum zu grünen beginnen und eine bessere Zeit anbrechen. Durch solche Erzählungen wollte man irdische Orte und irdisches Geschehen an Geistiges angeknüpft wissen.

Nun besteht in der Menschheitsentwicklung eine eigentümliche Sehnsucht. Überall, wo wir das Menschengeschlecht in seinem innersten Streben in der Geschichte antreffen, treffen wir eine bestimmte Sehnsucht schon an; und das ist die Sehnsucht, auch Vorstellungen zu haben, die von Raum und Zeit unabhängig sind, die nichts zu tun haben mit Raum und Zeit. Geschichtliche Vorgänge werden in Mythen verwandelt, oder es wird in dem geschichtlichen Vorgang auf das hineingedeutet, was das Geistige ist, um möglich zu machen, daß man auf dem Hintergrunde von geschichtlichen Vorgängen Mythen sich gestalten sieht. Und je weiter wir in der Geschichte zurückblicken, desto mehr finden wir als geschichtliche Überlieferungen die geschichtlichen Tatsachen in den Mythus gehüllt. Denken Sie sich, wie schon in bezug auf die ältere griechische Geschichte alles in den Mythus gehüllt ist; auch viel von der älteren mitteleuropäischen Geschichte ist in den Mythus gehüllt. Je weiter man zurückgeht, desto mehr wird man entfernt von dem äußeren, rein sinnlichen Fühlen der Tatsachen, und es taucht ein die Darstellung in ein sinnvolles Erfassen. Wenn Sie Mythen studieren, da werden Sie ganz deutlich sehen, daß man bei der Entstehung der Mythen, sich aus Raum und Zeit herausarbeiten will. Nicht nur, daß schon, ich möchte sagen, die elementarsten Mythen, die Märchen oftmals darstellen, wie irgendein menschliches Wesen – ich erinnere nur an Dornröschen – aus der Zeit herausgeht und ins Zeitlose hineingeht, sondern wenn Sie bei den Mythen nachschauen, so werden Sie sehen: Sie wissen nicht recht, welche geschichtlichen Tatsachen gemeint sind. Es kann etwas, was jahrhundertelang früher liegt, als etwas Späteres erzählt werden. Manchmal werden auch Tatsachen, die in der historischen Entwicklung Jahrhunderte auseinanderliegen, zusammengeschmiedet im Mythus. Der Mythus sucht über Raum und Zeit sich zu erheben.

Die Weite eines solchen Sinnliches mit Geistigem zugleich umfassenden Bewußtseins ist uns abhanden gekommen. Unser Bewußtsein ist eingeschränkter, ohne die Kraft, Mythen zu schaffen. Dadurch aber wurde die Klarheit unseres Denkens ermöglicht.

Der Urmensch und das Scheitelauge

Es gibt Sagen, in denen der Bewußtseinszustand der uralten atlantischen Menschheit bildhaft dargestellt wurde. Eine solche erzählt Steiner in einem Vortrag vom 21. Oktober 1907 (GA 101) über absterbende und aufsteigende Organentwicklungen im menschlichen Leibe und gibt dazu eine menschenkundliche Erklärung. Es handelt sich um ein mongolisches Märchen, das von einem Wesen handelt, das nur ein Auge hatte, und zwar mitten auf dem Kopf, dort, wo sich bei Säuglingen die Fontanelle befindet. Auch bei uns gibt es Nachklänge solcher Überlieferungen in Sagen von einäugigen Riesen – wie dem Riesen Polyphem der griechischen Sagenwelt, der von Odysseus überwunden wurde – oder in Märchen. Meist geht es darum, solche Wesen zu bekämpfen, denn sie waren bereits zur Zeit der Erzählung ein Atavismus.

Auch in dem Grimmschen Märchen von Einäuglein, Zweiäuglein und Dreiäuglein handelt es sich um etwas Entsprechendes, wobei von der Sache her hier nicht 1 2 3, sondern 1 3 2 gezählt werden müßte. Denn erst hatte der Mensch nur ein hellseherisches Auge, dann entwickelten sich die zwei für die Sinneswelt geeigneten dazu, und schließlich bildete sich das Stirnauge zurück, und es blieb das «Zweiäuglein». Nur dieses ist unserer Zeit gemäß, es kann die goldenen Früchte der Erkenntnis erreichen und sich mit der Ichkraft, dem schönen Ritter, vermählen.

Es gibt eine einfache Erzählung, die unter den Mongolen Asiens lebt, und die auch bis nach dem Osten Europas sich verpflanzt hat, da wo mongolische Sagen und Erzählungen leben. Können wir nicht etwas tief Ergreifendes empfinden, selbst wenn wir noch nicht ahnen, welche Weisheit darin liegt, wenn uns diese mongolische Sage mitgeteilt wird, die da sagt:

Es gibt eine Mutter, die hat ein einziges Auge oben am Kopfe. Diese Mutter eilt trostlos durch die Welt, denn sie hat ihr einziges Kind verloren. Sie eilt durch die Welt, sie hebt jeden Stein auf, führt ihn an ihr Auge oben am Kopfe, und enttäuscht wirft sie ihn wieder von sich auf den Boden, daß er in tausend Stücke zerspringt, denn sie hat sich überzeugen müssen, daß er nicht ihr verlorenes Kind ist. Mit jedem Gegenstand macht sie dasselbe, in jedem Gegenstande glaubt sie ihr verlorenes Kind zu finden; sie greift ihn auf, hält ihn an das Auge und wirft ihn enttäuscht von sich. So eilt sie rastlos durch die Welt, immer wieder diese Prozedur wiederholend.

Diese Erzählung ist nichts anderes als die Erinnerung jenes am meisten nach dem Osten getriebenen Volksstammes, der noch gewußt hat von der alten Atlantis, von dem Urzustande der Menschheit, wo der Mensch noch nähergestanden hat den geistigen Welten und noch selbst in die geistigen Welten hat hineinschauen können.

Sie wissen ja alle, daß beim Kinde nach der Geburt die Knochen hier oben am Kopfe sich nur langsam schließen. Da war in uralten Zeiten beim Menschen noch eine Verbindung mit der Außenwelt vorhanden. Hätte man damals sehen können wie heute, so hätte man an jener Stelle des Kopfes ein Organ hervorragen sehen können wie einen leuchtenden Körper, dessen Strahlen die menschliche Begrenzung durchdrangen und langsam in der Außenwelt verschwanden. Man würde etwas wie eine wundersame Laterne haben sehen können, was man nur mit Unrecht ein Auge nennt, denn ein Auge war jenes Organ nicht. Aber es war ein Empfindungs-, ein Wahrnehmungsorgan der Menschheit in jenen ur-uralten Zeiten, mit dem der Mensch noch frei und offen hinausschauen konnte in das, was wir die astralische Welt nennen, mit dem er nicht nur die Körper, sondern auch die Seelen hat sehen können und das, was in diesen Seelen um ihn herum gelebt hat.

Zusammengeschrumpft zu der sogenannten Zirbeldrüse ist dieses Organ, das von der Decke des Kopfes jetzt bedeckt ist. Der Mensch trägt aber heute als Erbstück dieses alten Organs, mit dem er die geistigen Welten um sich erleben konnte, eines in seiner Seele in sich, und das ist die Sehnsucht nach diesen Welten, für die sich ihm das Tor geschlossen hat, das Tor seines eigenen Kopfes. Die Sehnsucht nach dieser Welt ist geblieben, nicht die Möglichkeit des Hineinschauens. In den Religionen drückt sich diese Sehnsucht aus, die in den Menschenseelen lebt. Sah der Mensch früher in den geistigen Regionen warme, fühlende Wesenheiten um sich, so sieht er sich heute durch seine Augen umgeben von physischen, konturierten Gestalten.

Wirkt nun nicht ergreifend jene Erzählung von der Frau, die die Mutter der Menschheit ist, die suchend durch die Welt geht, die sucht, was ihre Sehnsucht stillt, und es nicht findet in all den äußeren Gegenständen, weil sie das nicht mehr sieht, was sie einst wahrnehmen konnte, als das eine Auge oben am Kopfe noch funktionierte? In all den äußeren Gegenständen, die heute der Menschheit durch die Sinne gegeben sind, kann es nicht mehr gefunden werden. So tief spricht der Mund des Weltengeistes zu uns durch die Sagen und Märchen; und erst dann können wir deren tiefen Sinn verstehen, wenn wir sie vom Standpunkte wahrer Geisteswissenschaft betrachten.

Es wird nun ausführlich über verschiedene Organentwicklungen des Menschen gesprochen. Der Vortrag endet folgendermaßen:

So wandern die Kräfte, die außen sind, in das Innere der Wesenheiten hinein, um im Menschen die Möglichkeit zu finden, wiederum hinauszuwirken, wenn er die Fähigkeit erobert haben wird, wieder eins zu werden mit dem ganzen Kosmos, dem Außerirdischen. Was die Menschen an solchen großen Wahrheiten in so ergreifender Weise in den alten Sagen und Märchen ausdrückten – wie in dem mongolischen Märchen von der Frau mit dem einen Auge –, das wird eine zukünftige Menschheit in anderen Formen ausdrücken. Die Kraft des geistigen Schauens wird im Menschen wieder lebendig werden. Jene Kraft des geistigen Schauens, die eine Eigenschaft des Kopfauges ist, sie wird nicht mehr den Menschen sich unbefriedigt fühlen lassen beim Schauen der physischen Dinge der uns umgebenden Welt, wie die Frau in der Legende, die jedes Wesen, das in ihre Nähe gebracht wird, wegwirft. Diese Kraft wird durchdringen des Menschen jetziges Wesen, und er wird dann nicht nur das Äußere, Physische der Dinge sehen, sondern das, was sich in den äußeren Gegenständen an Geistigem ausdrückt. Was heute materiell geworden ist, wird geistig für ihn sein; sein jetzt verhärteter physischer Leib wird dann wiederum vergeistigt sein. Jene Frau aus der mongolischen Legende wird wieder leben und hinausschauen in die Welt. Und während sie heute die Wesen, die ihr nur ihre sinnliche Seite zeigen, wegwirft, weil sie in ihnen nicht findet, was sie sucht, wird der Mensch der Zukunft wieder den Geist in der Materie sehen und in den Wesen das finden, was zu ihm gehört; er kann es ergreifen und liebevoll ans Herz drücken. Er wird an den Wesen das Geistige der Welt finden, dasjenige, was er liebend umfassen kann.

Des Menschen Entwicklung wird eine Entwicklung zu einem langsamen Aufgehen in den Kosmos hinein sein. Sehr langsam muß sie sein, nicht im Fluge kann sie erhascht werden. Würde der Mensch sie nicht in Geduld mitmachen wollen, dann würde die Kraft des Auges, das da sitzt am Kopfe der Alten, nicht sein ganzes Wesen, alle seine Organe durchströmen als Fluidum der Liebe. Diese Kraft würde sich erschöpfen, und der Mensch müßte dann in Lieblosigkeit dem Äußeren sich verschließen und verdorren. Der Mensch ist aber berufen, alles, was auf seinem Planeten ist, liebend zu durchdringen, den Planeten mit sich zu nehmen und zu erlösen. Die Erlösung des Innern kann sich nicht vollziehen ohne die Erlösung dessen, was außer uns ist. Der Mensch muß seinen Planeten zusammen mit sich selbst erlösen. Die Erlösung kann nur sein, wenn der Mensch seine Kräfte in den Kosmos hineingießt, er muß nicht nur werden ein Erlöster, sondern er muß werden ein Erlöser.

Märchendeutungen

Das mongolische Märchen ist kein Märchen im üblichen Sinne, wir können es als «Mythenmärchen» bezeichnen. Seinen ersten ausschließlich dem Thema Märchen gewidmeten Vortrag hielt Steiner am 26. Dezember 1908 in Berlin. Er ist unter dem Titel «Märchendeutungen» publiziert worden. Steiner bringt dort mehrere Textbeispiele, die alle dem von Georg von Gaal und Gottlieb Stier herausgegebenen Band «Ungarische Volksmärchen» (Pest 1857) entnommen sind, der sich in Steiners Privatbibliothek befindet. Es sind also Märchen aus der Landschaft seiner Heimat. Kraljevec, sein Geburtsort, gehörte ja damals zum Königreich Ungarn.

Eines dieser Märchen heißt «Das Lilienmädchen» (siehe Anhang S. 231). Es handelt von einem König, der auszog, um sich eine Frau zu suchen. Geführt von einem Goldvöglein findet er die Gesuchte schließlich in einem fernen Zauberschloß, verwandelt in eine weiße Lilie. Mit Hilfe des Zauberpferdes aber, das er sich unterwegs erworben hat, kann er die böse Hexe und ihre Tochter, die das Mädchen verzaubert hatten, vernichten, die weiße Lilie erlösen und als seine Gemahlin in sein Schloß heimführen.

Es wurde bereits dargestellt, wie intensiv Rudolf Steiner sich mit Goethes Märchen von der grünen Schlange und der schönen Lilie beschäftigt hat, und ich bin überzeugt davon, daß er in diesem Volksmärchen Parallelen zu dem Goethemärchen sah und sich dadurch veranlaßt fühlte, gerade dieses Beispiel zu wählen. Besonders ins Auge fällt natürlich das Motiv der schönen Lilie; aber auch ein weiser Freund und

Berater kommen in dem Märchen vor, wie bei Goethe
«der alte Mann mit der Lampe».

Die Deutung, die Steiner zu diesen Märchen bringt,
unterscheidet sich wesentlich von denen der Mythen.
Dort ging es um alte Kulturepochen und die Bewußt-
seinsentwicklung der Menschheit, während hier auf
intime innerseelische Vorgänge hingewiesen wird wie
zum Beispiel das Verwachsensein der Menschenseele
mit der Geistigkeit der Natur, die in der Sinneswelt
verzaubert ist.

Was heute hier gegeben werden soll, das ist zunächst eine
Art Prinzip für die Erklärung von Märchen und Sagen.
Im weiteren Sinne läßt sich dann dieses Prinzip auch aus-
dehnen auf die Mythenwelt, und wir werden dann mit ein
paar Worten auch anzudeuten haben, wie das auszudeh-
nen ist. Natürlich ist es mir in einer Stunde nicht möglich,
Ihnen im genaueren anzugeben, wie man sich dem heutigen Kinde gegenüber mit der Erzählung beziehungsweise,
wenn das Kind älter geworden ist, mit der Erklärung des
Märchens dann abzufinden hat. Es wird mir heute mehr
darum zu tun sein, Ihnen anschaulich zu machen, was in
der Seele dessen leben soll und was der wissen soll, der
Märchen erzählen und erklären will.

Das erste, was wir von vornherein dabei festzustellen
haben, wenn wir Märchen, Sagen oder Mythen erzählen,
und auch wenn wir sie erklären wollen, das ist, daß wir
unbedingt mehr wissen müssen, als wir zu sagen in der
Lage sind, und zwar beträchtlich viel mehr. Und als zweites kommt in Frage, daß in uns der Wille da sein muß, aus
der anthroposophischen Weisheit heraus die Mittel zur
Erklärung zu holen. Das heißt nicht, was einem gerade
einfällt, in die Märchen hineinzutragen, sondern wir müssen den Willen haben, anthroposophische Weisheit als

solche zu erkennen und dann auf Grund alles dessen, was wir in der anthroposophischen Weltanschauung gelernt haben, zu versuchen, die Märchen damit zu durchdringen. Es ist nicht gesagt, daß das bei jedem gleich richtig gehen müßte. Aber wenn man auch zunächst ganz danebenhaut, wird man später schon von selbst die richtige Deutung herausfinden. Wo auf gutem Grund gebaut wird, da wird es schon richtig werden; wo aber nicht auf gutem Grund gebaut wird, da stellt es sich heraus, daß dann alles mögliche da hineingedeutet wird. Also für die Erzählenden wie auch für die zu Belehrenden soll hier gesprochen werden. Es sollen uns dabei Beispiele möglichst anschaulicher Art vergegenwärtigen, um was es sich dabei handelt. Das erste Märchen, das wir zu behandeln haben, wäre vielleicht so zu erzählen:

Es hat sich einmal etwas ereignet, ja, wo war es denn nur? Ja, es kann auch gefragt werden: Wo war es denn nicht? – Es war einmal ein Schneidergeselle. Der hatte nur noch einen Groschen in der Tasche, aber es trieb ihn mit diesem Groschen auf die Wanderschaft. Da hungerte ihn, und er konnte sich für diesen Groschen nur noch eine Milchsuppe kaufen. Als die Milchsuppe so vor ihm stand, da flogen eine ganze Menge Fliegen in die Suppe, und als er ausgegessen hatte, war der ganze Teller mit lauter Fliegen bedeckt. Da schlug er dann mit seiner Hand ein paarmal auf den Teller und zählte dann, wieviel er erschlagen hätte, und zählte hundert. Da nahm er sich von dem Wirt eine Schreibtafel und schrieb darauf: Der hat hundert auf einmal erschlagen! – Und mit dieser Tafel, die er sich umhing, ging er weiter. Da kam er vorbei an einem Königsschloß. Der König schaute gerade hinunter und sah da einen gehen, der hinten etwas aufgeschrieben hatte. Er schickte seinen Diener hinunter, um nachzusehen, was darauf stände. Der Diener ging, und da stand: Der hat hundert auf einmal erschlagen! – und sagte das dem König. Halt! – sagte sich der König – das ist einer, den ich brauchen kann –, und schickte hinunter und ließ ihn kommen. Dich kann ich brauchen! – sagte ihm der König. Willst du in meinen Dienst treten? – Ja – sagte der –, ich will ganz gerne in Euren Dienst treten, wenn Ihr mir einen gehörigen Lohn gebt, den ich Euch nachher sagen werde. – Ja – der sagte König –, ich werde dich, wenn du das hältst, was du versprichst, sehr gut belohnen. Deshalb sollst du einmal gut essen und trinken, solange es dir beliebt. Dann mußt du mir aber auch einen Dienst leisten, der deiner Stärke entspricht. In mein Land kommt alle Jahre ein ganzer Trupp Bären, und die richten einen schrecklichen Schaden an. Sie sind so stark, daß sie kein Mensch töten kann. Du wirst es gewiß können, wenn du das hältst, was deine Tafel verspricht. – Da sagte der Geselle: Gewiß, ich werde das tun; aber bis die Bären kommen, muß ich um so viel zu essen und zu trinken bitten, als ich will. – Denn der Schneidergeselle sagte sich nämlich: Wenn ich dann die Bären nicht erschlagen kann, wenn sie mich töten, so habe ich dann doch wenigstens eine Zeitlang gut gegessen und getrunken. Und das ging so eine Weile. Als dann die Zeit kam, wo die Bären wieder erscheinen sollten, da richtete er folgendes her: Er ging in die Küche und stellte da eine Tafel auf. Das Tor ließ er weit offen; auf die Tafel legte er alle möglichen Dinge, die die Bären gern haben wollen zu essen und zu trinken, Honig und so weiter. Dann versteckte er sich. Die Bären kamen heran, aßen und tranken, bis sie nicht mehr konnten und dalagen. Da schlug er einem jeden der Bären den Kopf ab und hatte die Bären auf diese Weise erlegt. Als der König das sah, fragte er ihn: Ja, wie hast du das gemacht? – Und der Geselle sagte: Ich habe die Bären einfach über die Klinge springen lassen und habe dann jedem den Kopf abgeschlagen! – Der König war da schon sehr gläubig und sagte: Wenn du das getan hast, dann kannst du mir auch noch einen größeren Dienst erweisen. In unser

Land kommen alljährlich große starke Riesen. Niemand kann sie töten oder vertreiben; vielleicht kannst du es tun? – Der Schneider sagte: Ja, ich will es tun, wenn Ihr mir Eure Tochter nachher zur Gemahlin gebt. – Dem König lag viel daran, daß die Riesen vertrieben würden, und er versprach es, und der Schneider ließ es sich wieder gut ergehen.

Als die Zeit kam, wo die Riesen wieder erscheinen sollten, nahm er sich alles Mögliche mit, was die Riesen gern essen und trinken, und ging zu den Riesen hin. Aber auf dem Wege nahm er sich zu allem übrigen noch mit ein Stückchen Käse und eine Lerche und kam nun mit seinen vielen Sachen und dem Stück Käse und der Lerche bei den Riesen an. Die Riesen sagten: Wir sind wieder da, um mit dem Stärksten zu ringen; uns hat noch keiner bezwungen! – Da sagte der Geselle: Nun, dann will ich einmal mit euch ringen! – Das wird dir schlecht ergehen! – meinte ein Riese. Da sagte der Schneider: Zeige doch einmal deine Stärke, und was du kannst! – Da nahm der Riese einen Stein und zerrieb ihn zwischen seinen Fingern. Dann nahm er einen Bogen und einen Pfeil und schoß den Pfeil in die Luft, daß er erst nach langer Zeit wieder herunterkam. – Da sollt ihr meine Kraft einmal sehen! Wenn ihr mit mir ringen wollt, so müßt ihr mit etwas anderem kommen. – Der Schneider nahm einen kleinen Stein und überzog ihn heimlich mit etwas Käse, und als er mit den Fingern drückte, da spritzte der Käse heraus. Nun sagte er zu dem Riesen: Ich kann aus dem Stein Wasser herauspressen, und das kannst du nicht! – Das machte auf den Riesen einen starken Eindruck, daß der noch etwas anderes konnte als er. Dann nahm der Schneider auch einen Pfeil und Bogen, aber während er schoß, ließ er unvermerkt die Lerche hinauffliegen; die kam nicht wieder. Da sagte er zu dem Riesen: Dein Pfeil ist wieder heruntergekommen, aber ich habe so hoch geschossen, daß er gar nicht mehr herunterkommt! – Da waren die Riesen überrascht, daß sich noch ein Stärkerer finde, und sagten zu ihm: Willst du nicht unser Kamerad werden? – Er willigte ein. Klein war er zwar, aber es war doch ein guter Zuwachs. So nahmen sie ihn in ihre Kameradschaft auf, und er blieb eine Zeitlang bei ihnen. Aber es war ihnen doch ungeheuerlich, daß noch ein Stärkerer da war als sie selbst, und als er einmal wachend im Bette lag, hörte er, wie sie beschlossen, ihn zu töten.

Da traf er nun seine Vorsorge. Er richtete ein großes Mahl her von den Sachen, die er mitgebracht hatte. Die Riesen aßen und tranken, bis sie nicht mehr konnten und bis sie von Sinnen waren. Aber sie hatten sich wohl gemerkt, ihn zu töten. Er aber nahm eine Schweinsblase, die füllte er mit Blut, band sie sich auf den Kopf und legte sich damit ins Bett. Der Riese, der dazu ausersehen war, ihn zu töten, kam und stach hinein – und als das Blut herausfloß, da waren die Riesen sehr befriedigt, denn nun waren sie ihn los. Und sie legten sich hin und schliefen. Da kam der Schneider nun aus dem Bett und tötete die schlafenden Riesen einen nach dem anderen. Dann ging er zum König und erzählte, wie er einen Riesen nach dem anderen erschlagen habe.

Der König hielt sein Wort und gab ihm seine Tochter zur Gemahlin und der Schneider hielt mit der Königstochter Hochzeit. Der König wunderte sich sehr über die Stärke seines Schwiegersohnes. Aber weder der König noch die Tochter wußten, wer der hergereiste Mensch eigentlich sei, ob ein Schneider oder ein entsprungener Königssohn? Damals wußten sie es nicht. Wenn sie es seitdem nicht erfahren haben, dann wissen sie es heute noch nicht.

Das ist das eine der Märchen, das wir im Prinzip einmal betrachten wollen. Wir wollen aber daneben, bevor wir darauf eingehen, ein anderes stellen. Denn wenn Sie Märchen auflesen, wo Sie wollen, bei welchem Volk Sie wollen, und aus welcher Zeit Sie wollen, Märchen, die richtige Märchen sind, da wird es sich immer herausstellen, daß ein gewisser Grundstock von Vorstellungen in allen Märchen pulsiert. Ich mache Sie hier schon darauf aufmerksam, daß wir den Riesen begegnet sind, die durch Schlauheit überwunden werden. Und nun machen Sie einen Sprung durch Jahrtausende und denken Sie in der Odysseus-Sage an Odysseus und den Riesen Polyphem. Aber wir wollen ein anderes Märchen neben dieses erste hinstellen.

Es hat sich einmal ereignet, wo war es nur? Ja, wo war es denn eigentlich nicht geschehen? Da war ein König, der war bei seinem Volke so beliebt, daß er immerfort den Wunsch um sich herum hörte, er solle doch eine Gemahlin bekommen, die ebenso gut und edel wäre wie er. Schwer war es ihm, jemanden zu finden, von der er glauben konnte, daß sie so geeignet wäre, wie er es für sein Volk wünschte. Aber er hatte einen alten Freund, einen armen Forstmann, der einfach und zufrieden im Walde lebte, der aber sehr weise war. Leicht hätte er reich werden können, denn der König hätte ihm gern alles gegeben. Aber der Forstmann wollte arm bleiben und seine Weisheit behalten. Da ging nun der König zu seinem Freunde, dem Forstmann, und fragte ihn um Rat. Der gab ihm einen Rosmarinstengel und sagte ihm: Den bewahre auf, und das Mädchen, vor dem er sich neigt – man denke hier an das Wünschelruten-motiv –, das ist das Mädchen, mit dem du dich verbinden sollst! – Da ließ nun der König gleich am nächsten Tag eine große Anzahl Mädchen kommen. Eine große Menge Perlen ließ er vor den Mädchen ausbreiten und den Namen einer jeden mit Perlen auf den Tisch schreiben. Dann ließ er bekanntmachen, daß dasjenige Mädchen, vor dem sich der Stengel neige, seine Gemahlin werden solle; die anderen sollten nur die Perlen bekommen. Dann ging er mit dem Rosmarinstengel herum – aber der rührte sich nicht, er neigte sich vor keiner. Die Mädchen bekamen ihre Perlen und wurden fortgeschickt. Am zweiten Tage wurde dasselbe angestellt, aber es ging wieder so, und am dritten Tage war es auch nicht anders. Da schlief der König in der nächsten Nacht und hörte, daß sich etwas an seinem Fenster meldete. Da stellte es sich heraus, daß es ein Goldvögelchen war. Das sagte zu ihm: Du weißt es zwar nicht, aber du hast mir zweimal einen großen Dienst erwiesen. Ich will dir auch einen Dienst erweisen. Wenn es Morgen geworden ist, dann stehe auf, nimm deinen Rosmarinstengel und folge mir. Ich will dich an einen Ort führen, wo du ein Pferd finden wirst. Das hat in seinem Leibe einen silbernen Pfeil stecken. Den mußt du dem Pferde herausziehen. Dann kann es dich dahin führen, wo du deine Gattin findest! – Am anderen Morgen ging der König hinaus und folgte dem Goldvögelchen. Sie kamen schließlich zu einem Pferd, das war schwächlich und krank und sagte: Es hat mir eine Hexe einen Pfeil in den Leib geschossen. – Der König zog dem Pferde den Pfeil heraus, und in dem Augenblick verwandelte sich das schwächliche Tier in ein wunderbar kühnes Pferd. Das bestieg der König, der Rosmarinstengel bewegte sich vor dem Pferde her, und das Goldvögelchen führte voranfliegend den König auf seinem Zauberpferde dahin. Endlich kamen sie zu einem gläsernen Schloß. Da vernahmen sie schon von ferne ein Gebrumm und Gebrumm und Gebrumm, und als sie eintraten, der König, der Rosmarinstengel und das Goldvögelchen, da konnte der König sehen, wie ein anderer König dastand, der ganz aus Glas war, und in dem Magen dieses gläsernen Königs war eine große Brummfliege. Die war es eben, die so brummte, und die bearbeitete den Magen des Königs furchtbar stark und wollte sich von innen nach außen durcharbeiten. Der König fragte den gläsernen König, was denn das eigentlich wäre? Ja – sagte dieser –, da sieh nur einmal nach dem Sofa; da sitzt meine Königin in dem rosaseidenen Gewande, und das Geheimnis, um das es sich da handelt, das wirst du gleich sehen können. Denn jetzt ist gerade von dem Dornenhecker das Gespinst, das um die Königin herumgesponnen ist, zerrissen, gleich wird es ganz abgerissen sein. Wenn keines mehr herum ist, wenn es ganz ab ist, dann kommt eine böse Spinne, und die spinnt dann wieder ein neues Gespinst um die Königin herum, und während ich hier in einem gläsernen Körper verzaubert bin, wird meine Gemahlin von der Spinne eingesponnen. So sind wir jetzt schon durch viele hundert Jahre hier eingesperrt, bis wir davon erlöst werden.

In der Tat stellte es sich heraus, daß eine böse Spinne erschien und die Königin mit einem Spinnetz umgab. Aber als sich die Spinne betätigte, kam auch das Zauberpferd herbei und wollte die Spinne töten. Es wollte gerade seinen Fuß auf die Spinne setzen, da hatte sich aber auch die Brummbrummfliege nach außen durchgearbeitet und wollte der Spinne zu Hilfe kommen. Da aber tötete das Zauberpferd sie beide. In dem Augenblick verwandelte sich der König, der aus Glas war, in einen ganz menschlichen König, der Dornenhecker verwandelte sich in ein nettes Mädchen, die Königin wurde von dem Spinnetz befreit, und der gläserne König erzählte, wie das alles gekommen wäre.

Er hatte, als er schon König war, unter den Nachstellungen einer bösen Hexe zu leiden, die unten am Rande seines Besitztumes im Walde wohnte. Die Hexe wollte, daß er ihre Tochter heiraten sollte. Da er sich aber seine Gemahlin aus einem benachbarten Zauberschlosse geholt habe, so schwur sie ihm Rache zu. Sie verwandelte ihn in einen gläsernen König, ihre Tochter in eine Brummfliege, die an seinem Magen nagte. Die Königin wurde dadurch gequält, daß die Hexe selbst sich in die böse Spinne verwandelte und die Königin mit einem Spinngewebe umgab. Das Dienstmädchen wurde in den Dornenhecker verwandelt, und das Pferd, das er sich geholt hatte, wurde von der bösen Hexe angeschossen und hatte dann diesen Pfeil in seinem Leibe. Jetzt war das alles dadurch gut geworden, daß das Zauberpferd befreit war und dadurch die anderen befreit wurden.

Nun fragte der König den verwandelten früheren gläsernen König, wo er eine Gattin finden könne, die für ihn gut wäre. Der wies ihm den Weg nach dem benachbarten Zauberschlosse. Das Goldvögelchen flog wieder voraus, und als sie hinkamen, fanden sie da eine Lilie. Da trieb es geradezu den Rosmarinstengel dahin, und er verneigte sich vor der Lilie. In diesem Augenblicke wurde aus der Lilie ein wunderschönes Mädchen, das da auch hineinverzaubert war; denn die Königin des benachbarten Schlosses war ja ihre Schwester gewesen. Jetzt war es durch das, was vorgegangen war, auch erlöst worden. Der König nahm es nun mit nach Hause. Sie hielten Hochzeit und lebten in einer außerordentlich glücklichen Weise für sich selbst und für ihr Volk. Sie lebten lange, lange. Man weiß nicht, wenn sie seither nicht verschwunden sind oder gestorben sind, dann müssen sie eigentlich immer noch leben.

Nun haben wir also ein anderes Märchen vor uns hingestellt, das andere Elemente in sich enthält. Das erste, was wir uns abgewöhnen müssen, wenn wir den Inhalt von richtigen Märchen oder Sagen verstehen wollen, das ist, daß wir sie für irgendeine in der Volksphantasie entstandene Dichtung halten. Das sind sie niemals. Der erste Ausgangspunkt zur Märchenentstehung liegt bei allen wirklichen Märchen in uralten Zeiten, in den Zeiten, in denen es für alle noch nicht zur Verstandeskultur herangereiften Menschen ein gewisses mehr oder weniger hochgradiges Hellsehen gab, das als ein Rest eines ursprünglichen Hellsehens geblieben war. Die Menschen, die sich noch ein solches Hellsehen lange bewahrten, hatten Zwischenzustände zwischen dem Schlafen und dem

Wachen. Und wenn solche Menschen, die solchen Rest des alten Hellsehens hatten, in solchen Zwischenzuständen waren, dann erlebten sie tatsächlich die geistige Welt, die geistige Welt in der mannigfaltigsten Gestalt. Es war nicht das, was ein heutiger Traum ist. Ein heutiger Traum ist für die meisten Menschen, nicht für alle, schon etwas Chaotisches. In diesen alten Zeiten erlebten die Menschen mit diesem alten Hellsehen etwas ganz Regelmäßiges, und zwar so regelmäßig, daß bei den verschiedenen Menschen die Erlebnisse dieselben oder wenigstens typisch ähnlich waren.

Was ist denn da eigentlich in solchen Zwischenzuständen zwischen Wachen und Schlafen mit den Menschen geschehen? Wenn die Menschen in ihrem physischen Leibe sind, nehmen sie die Welt um sich herum wahr, wie man sie mit physischen Wahrnehmungsorganen sehen kann. Aber dahinter ist die geistige Welt. Es war so in diesen Zwischenzuständen, wie wenn ein Schleier vor den Menschen weggezogen würde, nämlich der Schleier der physischen Welt, und sichtbar wurde die geistige Welt. Und alles, was in der geistigen Welt war, stand in einer gewissen Beziehung zu dem, was in dem Inneren der Menschen war. Es ist so, wie es in der physischen Welt ist: man kann nicht mit dem Ohr die Farben sehen und nicht mit den Augen die Töne hören; es entspricht das, was außen ist, dem, was innen ist. Die äußeren Sinne also schweigen in solchen Zwischenzuständen, aber das, was im Inneren war, in dem Seelischen, das wurde rege. Und wie das Auge und das Ohr ihre Beziehungen eingehen zur Umwelt, so gingen jetzt, in diesen Zwischenzuständen, die einzelnen Teile des menschlichen astralischen Leibes ihre Beziehungen ein zur Umwelt. Wenn die äußeren Sinne schweigen, dann lebt die Seele auf.

Wir haben ja zunächst drei Glieder der Seele: die Empfindungsseele, die Verstandesseele und die Bewußtseinsseele. Wie Auge und Ohr ihre verschiedenen Beziehungen zur Umwelt haben, so haben diese drei Glieder der menschlichen Seele ihre ganz bestimmten Beziehungen zur Umwelt. Dadurch wird für den Menschen in solchen Zwischenzuständen wahrnehmbar, je nachdem der eine oder der andere Teil der Seele auf die geistige Umgebung gerichtet ist, der eine oder der andere Teil der geistigen Umgebung. Nehmen wir an, die Empfindungsseele wird insbesondere auf die geistige Umgebung gerichtet. Dann sieht der Mensch alle diejenigen geistigen Wesenheiten in seiner Umgebung, welche mit den gewöhnlichen Naturkräften in einem innigen Verbande stehen, dasjenige, was sozusagen in den Elementen der Natur lebt. Er sieht nicht selbst das Spiel der Naturkräfte, aber er sieht das, was im Spiel der Naturkräfte lebt, in Wind und Wetter und in den anderen Vorgängen der Natur. Die Wesen, die sich da aussprechen, die sieht der Mensch durch seine Empfindungsseele. Und wenn insbesondere die Empfindungsseele tätig ist, dann ist es gerade so, wie wenn der Mensch in der Zeit noch lebte, als er seine Verstandesseele noch nicht benutzen konnte und auch seine Bewußtseinsseele noch nicht. Der Mensch ist dann zurückversetzt und sieht die Umgebung so, wie er sie in alten Zeiten sah, als er noch nichts mit der Verstandesseele und der Bewußtseinsseele anzufangen wußte.

Aber in jenen alten Zeiten war er selbst noch in einem innigen Verbande mit den Naturkräften. Er selbst steckte ja noch in all den Naturkräften drinnen. Er war da ein Wesen, bestehend nur aus physischem Leib, Ätherleib, astralischem Leib und Empfindungsseele. So bevölkerte er die Welt. Da konnte er dasselbe, was jetzt jene Wesen um ihn herum können, die in den niederen Naturkräften leben. Sie erscheinen ihm als der Ausdruck dessen, was er einst war, als die Menschen so waren, daß sie im dahinsausenden Windsturm Bäume umreißen konnten, daß sie Wetter, Nebel und Regen beherrschen konnten. So erscheinen ihm die Wesen, die um ihn herum sind, wie er selbst einmal in einer Vergangenheit war, wo er riesig mächtig war, weil er sich noch nicht von den Naturkräften so entfernt hatte. Die Gestalten, die ihm da erscheinen – es waren ja die Nachbilder seiner eigenen Gestalt –, die erscheinen ihm als Menschen mit riesiger Stärke. Das sind die «Riesen». Der Mensch sieht in einem solchen Zwischenzustand die Riesen als wirkliche Gestalten, und sie stellen ihm eine ganz bestimmte Art von Wesenheiten dar: Menschen mit einer riesigen Kraft. Aber die Riesen sind dumm, weil sie aus einer Zeit kommen, wo sie noch nicht die Verstandesseele gebrauchen konnten. Sie sind stark und dumm.

Nehmen wir nun einmal das, was die Verstandesseele sehen kann in solchen Zwischenzuständen. Sie kann dasjenige sehen, wo schon nach einer gewissen Weisheit die Dinge gestaltet sind, nicht nur durch bloße Kraft, wie bei den Riesen. Durch das, was die Verstandesseele ist, sieht der Mensch, wenn er in dieser Verstandesseele lebt, Wesenheiten um sich herum, Gestalten, die Weisheit in alles hineinbringen, die alles weise anordnen. Während er die Riesen in der Regel männlich sieht, sieht er die Gebilde der Verstandesseele als die formenden weiblichen Wesenheiten, die Weisheit in die Dinge hineinbringen, in das Gewoge der Welt. Das sind die «weisen Frauen», die hinter den Dingen wesen, die gestaltend sind, die alles gestalten. Er sieht wiederum in dieser Gestalt seine eigene Gestalt, als er zwar noch nicht eine Bewußtseinsseele hatte, aber doch schon eine Verstandesseele. Weise walten diese Wesen hinter den Dingen. Und weil er sich ihnen innig verwandt sieht, so fühlt der Mensch sehr häufig, wenn er in einem solchen Zwischenzustand ist: Was ich da als die weisen weiblichen Wesen sehe, das ist etwas, was eigentlich mir verwandt ist. Daher sehen wir, daß hier im Märchen sehr häufig der «Schwester»-Begriff auftritt, wenn diese weiblichen Wesenheiten erscheinen.

Nun gibt es, wenn der Mensch in einem solchen Bewußtseinszustande ist, noch etwas, was er in seiner Seele erlebt, was man eigentlich nur ganz intim erfassen kann. Der Mensch ist in einem solchen Seelenzustand der gewöhnlichen physischen Wahrnehmung entrückt. Jetzt sagt er sich: Ja, was ich da sehe, das ist eigentlich in dem enthalten, was ich bei Tag sehe, was bei Tag meiner Verstandesseele klar wird; aber wenn ich das bei Tag sehe, dann ist es gerade umgekehrt. – Wenn sich der Mensch im Zwischenzustände an die Tageseindrücke erinnert, da erscheinen sie ihm umgekehrt dem, was er empfindet, wenn er sich bei Tag an die Zwischenzustände erinnert, an die verschiedenen hinhuschenden Gestalten seines Astralsystems. Jetzt, wenn er sich der Tageseindrücke erinnert, ist es ihm, wie wenn sich ihm das, was eigentlich die feinen, ätherischen Gestalten hinter der gewöhnlichen Wirklichkeit sind, in steifen Gestalten darstellt. Daher erscheinen dem Menschen die Tagesgegenstände so, wie wenn sie wie verzaubert in sich das enthalten, was ihre Wesenheit ist. Überall, wo Gestalten auftreten, die verzaubert sind, ob sie nun in Pflanzen verzaubert sind oder in etwas anderes, ist dies auf diese Weise entstanden: Der Mensch sieht den Inhalt eines weisen Wesens, das hinter der physischen Erscheinung ist, und er erinnert sich: Ja, bei Tag ist das nur eine Pflanze, und getrennt ist es von meiner Verstandesseele, so daß ich es eigentlich nicht erreichen kann bei Tag. – Wenn der Mensch nun diese Fremdheit fühlt zwischen den Tagesgegenständen und dem, was dahinter ist, zum Beispiel dem Tagesgegenstand der Lilie und dem, was dahinter ist, der Gestalt, die mit seiner eigenen Verstandesseele verwandt ist, dann fühlt er das Sich-Verbindenwollen seiner Verstandesseele mit dem, was hinter dem Gegenstande ist bei Tag wie eine «Vermählung», wie ein

Zusammenwachsen der nächtlichen Gestalt mit der Tages-gestalt.

Was die Bewußtseinsseele ist, das entstand ja im Menschen zu einer Zeit, als er schon sehr weit sich von den Naturkräften entfernt hatte, als er schon sozusagen gar nicht mehr hinter die Geheimnisse des Daseins schauen konnte. Weit, weit weg ist das, was die Bewußtseinsseele vermag, von jenen starken Kräften, die wir vorhin geschildert haben. Schlauheit ist die Fähigkeit der Bewußtseinsseele, aber weit entfernt von Stärke, von einer großen Kraft. Mit der Bewußtseinsseele sehen wir diejenigen geistigen Wesenheiten an, die auf der Stufe stehengeblieben sind, wo der Mensch erst nur die Hülle des Ich hatte. Diese Wesenheiten sieht da der Mensch leben; sie können nicht viel, ihre Kräfte sind klein. Und da der Mensch in den Bildern die Gestalten ihrer inneren Natur angemessen sieht, so erscheinen sie als «Zwerge». So bevölkert sich dann in solchen Zwischenzeiten dadurch, daß der Mensch frei ist von der Sinneswahrnehmung, das ganze Reich, das hinter der Sinneswahrnehmung ist, mit solchen Gestalten. Wenn der Mensch in seinen gewissermaßen höheren Augenblikken fühlt, daß er diese Beziehung zur geistigen Welt hat, dann erscheinen ihm die äußeren Ereignisse des Lebens, was sie ja auch in Wirklichkeit sind, als ein Ausdruck dieser ganzen Beziehungen zur geistigen Welt. Und wenn der Mensch dann im Leben besonders schlau ist, wenn er nicht nur trocken und prosaisch auf das Leben sieht, sondern sich die Beziehungen des Lebens zur geistigen Wirklichkeit klarlegt, insbesondere in solchen Zuständen, wo die Menschen noch etwas wissen können von der geistigen Wirklichkeit, dann kann ihm folgendes geschehen.

Nehmen wir einmal an, er ist ein etwas sinniger Mensch und beobachtet, daß gewisse Menschen schlau sind und durch allerlei Schlauheit die rohen Kräfte überwinden, die sonst im Menschenleben walten. Da sagt sich der Mensch:

Was im Leben da eigentlich geschieht, wo das durch die Schlauheit Angesponnene die rohen Kräfte überwindet, das verdankt man jenen hinter uns stehenden Mächten, mit denen wir verwandt sind, und die geschehen lassen, daß in uns selber eine Kraft bewußt geworden ist, die durch Intelligenz die rohen Kräfte überwindet, die wir selbst noch in uns gehabt haben, als wir auf der Stufe der Riesen waren. – Und die Geschehnisse seines Inneren erscheinen dem Menschen als die Spiegelbilder der äußeren Weltereignisse, die sich zurückgezogen haben, aber in der geistigen Welt noch wahrzunehmen sind. In der geistigen Welt spiegeln sich ab die Kämpfe derjenigen Wesenheiten, die schwächer sind an Körperkraft, aber dafür stärker geworden sind an geistiger Kraft. Überall, wo im Märchen die Besiegung der rohen Kräfte oder der Riesen auftritt, da ist zugrundeliegend die Wahrnehmung in einem solchen Zwischenzustand. Der Mensch will sich aufklären über sich selbst. Die geistige Welt ist ihm entschwunden, aber er sagt sich: Ich kann mich aufklären, wenn ich in einem solchen Zwischenzustände bin. Da werde ich so weise, daß Klugheit und Schlauheit über die rohen Kräfte den Sieg davontragen! – Und da erscheinen die Gewalten, die in der Tat in der geistigen Welt da sind und die unseren Klugheitskräften entsprechend sind. Die erscheinen und handeln und klären den Menschen auf über das, was in der geistigen Welt geschieht.

Da erzählt dann der Mensch das, was sich in der geistigen Welt zugetragen hat, und er muß es so erzählen, daß er sagt: Was ich gesehen habe und erzähle, das ist einmal geschehen; aber das geschieht eigentlich immer hinter der sinnlichen Welt, in der geistigen Welt, wo andere Lebensverhältnisse sind. – Es kann sein, daß jedesmal, wenn der Betreffende in einem solchen Zustande das geschaut hat, dieses Ereignis schon abgestorben ist, und die Bedingungen, unter denen eine solche Handlung sich abspielen kann, schon verflossen sind. Aber es kann noch da sein. Das hängt davon ab, ob irgendwo einer in einem Zwischenzustände auftritt, der das beobachtet. Es ist auch nicht da und nicht dort, sondern überall, wo jemand ist, der das beobachten kann. Daher muß jedes Märchen, das stilgemäß ist, damit beginnen: Es hat sich einmal etwas zugetragen – wo war es denn nur? Ja, wo war es denn eigentlich nicht?

Das ist der richtige Anfang eines Märchens. Und jedes Märchen muß damit schließen: Ich habe das einmal gesehen; und wenn das, was in der geistigen Welt sich zugetragen hat, nicht dem Tode verfallen, nicht gestorben ist, so lebt es noch heute.

Ganz in dem Stile ist das, wie jedes Märchen erzählt werden muß. Man ruft die richtige Empfindung hervor von dem, was erzählt wird, wenn man es immer in dieser Weise beginnen und schließen läßt.

Nehmen wir einmal an, es hätte jemand, wie unser König im zweiten Märchen, die Gattin zu suchen. Er sucht ein Wesen, das ihm möglichst genau in der Menschenwelt das abbildet, was der Mensch als sein Urbild in der geistigen Welt finden kann, was gefunden werden kann im weisen Walten derjenigen Mächte, die durch die Verstandesseele wahrgenommen werden können. Im äußeren Leben ist das nicht zu finden. Darum muß er den äußeren Menschen dem intimeren Menschen unterwerfen. Auf dem physischen Plan ist der Mensch dem Irrtum unterworfen. Darum muß er die tieferen Kräfte walten lassen, wenn er so etwas finden will. Das kann er, wenn er sich, selbst heute noch, in jenen Zwischenzustand versetzt und sich selbst in eine Beziehung bringt zu den Kräften, die da walten. Diese Leute aber, die Träger solcher Kräfte sind, leben in der Verborgenheit, wo sie nicht abgelenkt werden durch die großen Lebensverhältnisse. Daher muß der König zu dem Freund gehen, zu dem Einsiedler, der arm und einsam lebt, der aber das Geheimnis von Kräften kennt, die den Menschen an die geistige Welt binden, und der ihm den Rosmarinstengel geben kann. Und der König kann nicht durch irgendwelche äußeren Veranstaltungen das finden, was nur an seinen Urbildern aus der geistigen Welt heraus entschieden werden kann. Daher träumt er zunächst, es komme das Goldvögelchen, und er bleibt auch weiter in einer Art Traum-Wachzustand. Und da macht er durch jenes klare Tasten, in dem man sich befindet, wenn man in der geistigen Welt ist, alles das durch, was ich Ihnen gezeigt habe. Er kommt allmählich dazu, aus denjenigen Kräften, die der menschlichen Reinheit und menschlichen Hoheit widerstreben, das herauszufinden, was sich bewahrt hat bis in unsere Tage hinein, diese reine Beglückungsmöglichkeit im Menschen. Es kann ihn nicht dahin tragen irgendeine von den Kräften, die heute an die physische Welt gebunden sind, sondern nur eine solche, die ihm erscheint, wenn sich die Verstandesseele oder überhaupt die innere Seelenkraft auf die geistige Welt richtet. Das erscheint ihm da im Bilde, hier als das Zauberpferd. Aber dieses Pferd in der physischen Welt ist nur das Schattenbild des Geistigen, das dahintersteht. Die in der physischen Welt befindlichen schädlichen Seelenkräfte, diese Kräfte, die in der physischen Welt verkörpert sind, haben dem Pferde den Pfeil in den Leib getrieben. In dem Augenblick aber, wo diese Kräfte heraus sind, als es davon befreit ist, da wird rege die Kraft, die den König dazu bringt, die Verhältnisse zu beurteilen, so daß er, wenn er nicht nur auf das Äußere schaut, dasjenige finden kann, was für ihn geeignet ist. Mit dem gewöhnlichen Verstande könnte er weit in der Welt herumgehen, würde er Menschen da und dort finden, aber die Gattin, die er sucht, an ihr würde er vorbeigehen; denn die Verhältnisse, die da in Betracht kommen, die dagegenspielen, die versteht er gar nicht. Da haben sich die früheren Verhältnisse erhalten.

Die Verhältnisse, die er sucht, sind da, aber entstellt durch die äußere physische Welt, wo die Dinge überhaupt verwandelt erscheinen. In der physischen Welt haben wir die Kräfte überhaupt nicht in ihrer Wahrheit. Aber im verwandelten gläsernen König erscheint ihm in seiner wahren Gestalt diejenige Persönlichkeit, die ihn dort hinweisen kann, wo er die Gattin suchen soll. Durch die widerstrebenden Kräfte der äußeren Welt ist er gerade verwandelt worden. Und diese Kräfte machen sich geltend durch das, wodurch der Mensch ganz verstrickt ist in die äußeren Weltverhältnisse. Der gläserne König ist erst ganz verstrickt in die äußeren Weltverhältnisse. Das hat ihn innerlich anders gemacht, als er eigentlich sein könnte. Der Mensch hat Dinge in seinem Karma, die eigentlich wie ein Unrecht sind, die ihn stören, wie eine böse Brummbrummfliege. Das zeigt sich alles im Bilde, was in Wahrheit da zugrunde liegt. Die ganze Situation muß man sich vorstellen: wie durch die im König rege gemachten Kräfte dasjenige gefunden werden könnte, was hinter den physischen Erscheinungen ist. Wenn seine Seelenkräfte in ihm erregt werden und wenn er sie richtig leitet, dann findet der König das, was die äußeren physischen Kräfte ihm verhüllen: die «Gattin».

Eine äußere Erscheinung, die sich zuträgt, irgendein Geschehnis, sagen wir eine Brautwerbung, wird dargestellt, die sich aber nicht abspielt unter den gewöhnlichen Verhältnissen, sondern unter den Verhältnissen, wo jemand zusammenkommt mit einem solchen Seelenführer, wie es der Einsiedler für den König ist, der in ihm tiefere Kräfte regsam macht. Dadurch wird der Mensch geführt zu den Kräften, durch die alles, was in der physischen Welt ist, für eine Weile als unwahr erscheint, und die er braucht, wenn es ihm möglich gemacht werden soll, die Wahrheit zu durchschauen. So sehen wir, wie zwar äußere Verhältnisse zugrunde liegen, wie aber andere

Bewußtseinszustände, die wirkliches Schauen hervorrufen, vorhanden sind.

So kann im Grunde jedes Märchen gedeutet werden; aber man muß es deuten aus der hinter der ganzen Märchenwelt liegenden geistigen Wirklichkeit, und alles, was uns in einem Märchen, auch als einzelne Züge, auftritt, das können wir nach und nach finden und deuten. Zum Beispiel jene geheimnisvolle Verbindung, die da ist zwischen den lebendig wahrnehmenden Kräften und zwischen den geheimnisvollen Kräften des bloßen Lebens, sie kann sichtbar werden, wenn man innerlich schaut. Sie symbolisiert sich wunderbar in der Berührung des Rosmarinzweiges mit der Lilie. In der Lilie ruhen zwar feinere, höhere geistige Kräfte, aber sie müssen erst berührt werden von dem Rosmarinzweige; dann erst sind sie da.

So liegt der Märchenwelt der begründete Glaube zugrunde, daß alles, was wir um uns herum haben, die verzauberte geistige Wirklichkeit ist, und daß der Mensch zur Wahrheit kommt, wenn er die verzauberte geistige Welt wieder entzaubert. Freilich müssen wir uns darüber klar sein, daß ein Märchen ursprünglich allerdings die Wiedergabe eines astralisch geschehenden Ereignisses ist, daß es aber weitererzählt worden ist. Und da haben die Menschen ja dann ein solches Talent, einzelne Züge zu verändern! Sobald man die Märchen aus dem Munde des Volkes sammelt, hat man zwar den Überrest eines alten, astralisch gesehenen Bildes, aber es können einzelne Züge verändert sein. Da kann dann der Erklärer sehr leicht den Fehler machen, diese hinzugekommenen Züge besonders geistreich zu deuten, während man bei der richtigen Märchenerklärung nie verkennen darf und es sich gefallen lassen muß, daß man auf die Urgestalt zurückgehen und sie erkennen muß. Alles entspricht solchen astralischen Erlebnissen.

So kann namentlich die Frage vor uns auftreten: War denn der Mensch in einer früheren Zeit, die also festge-

halten wird in den geistigen Erlebnissen der Zwischenzustände, von einer solchen Gestalt wie heute? Nein,
das war er nicht. Der Mensch hat ganz andere Gestalten
durchgemacht und sich erst zu der heutigen Gestalt hin
entwickelt. Aber auch das, was der Mensch überwunden
hat, was er aus sich herausgesetzt hat, das erscheint in einer
ganz bestimmten äußeren Gestalt. Der Mensch mußte, um
sich seiner Riesengewalt zu entfremden, die Riesengestal-
ten aus sich heraussetzen, sie überwinden, seine Kräfte
verfeinern und sie heraufheben zur Verstandesseele und
zur Bewußtseinsseele. Es gibt nun auch Wesen, die auf
der Stufe der rohen Kräfte stehengeblieben sind. Überall, wo dem Menschen etwas als schlecht erscheint, das
überwunden werden müßte, das aber stehengeblieben ist
auf dem Astralplan, erscheint dieses als «Drachen» und
dergleichen, die nichts anderes sind als groteske, seither
in der geistigen Welt umgewandelte Formen dessen, was
der Mensch umwandeln und aus sich heraussetzen mußte.
Und auch da müssen wir uns wieder bewußt sein, daß das
einer ganz bestimmten Tatsache entspricht.

Nun möchte ich Ihnen zum Schluß, wie zu Ihrer eigenen Verarbeitung, noch ein Märchen erzählen, welches die
mannigfaltigsten Motive, die wir jetzt haben sich abspielen sehen, wenn der Mensch in eine Beziehung zum Astralischen kommt, in sich vereinigt zeigen wird. Und wenn
Sie das, was wir gesagt haben, anwenden auf dieses etwas
komplizierte Märchen, dann können Sie den Faden fast
von selber darinnen finden. Dieses Märchen ist wie eine
Synthese, wie eine Zusammenfassung der allerverschie-
densten ineinanderspielenden Kräfte.

Es geschah einmal – wo war es denn nur? Ja, es könnte
eigentlich überall geschehen sein, wo war es denn nicht
geschehen? –, da lebte ein alter König. Der hatte drei
Söhne und drei Töchter. Als es zum Sterben ging, sagte
der König zu den drei Söhnen: Gebt die drei Töchter

denen, die als erste um sie anhalten, damit sie nicht unverheiratet bleiben. Das ist die erste Lehre, die ich euch gebe. Die zweite ist diese, daß ihr euch nicht an einen bestimmten Platz begeben sollt, und besonders nicht in der Nacht! Und er wies ihnen diesen Platz unter einem Pappelbaum des Waldes.

Als der König gestorben war, trachteten die Söhne danach, seine Weisungen auch zu befolgen. Am ersten Abend rief etwas zum Fenster hinein, man möchte ihm doch eine Königstochter geben. Die Brüder taten es und warfen die eine Schwester zum Fenster hinaus. Am zweiten Abend rief wieder etwas zum Fenster hinein, man möchte ihm doch eine Königstochter geben. Da warfen die Brüder die zweite Schwester zum Fenster hinaus. Und am dritten Abend rief auch wieder etwas zum Fenster hinein, man möchte ihm doch eine Königstochter geben, und da warfen die Brüder die dritte Schwester zum Fenster hinaus. Jetzt waren sie allein.

Aber nun waren sie neugierig und wollten doch gerne wissen, was es mit dem Pappelbaum für eine Bewandtnis habe. Sie gingen also eines Abends hinaus und setzten sich unter den Pappelbaum, zündeten ein Feuer an und schliefen ein. Der Älteste mußte Wache halten. Wie er da so mit dem Säbel auf und ab ging, zeigte sich etwas, das am Feuer fraß, und als er näher zusah, da war es ein dreiköpfiger Drache. Da begann er mit dem dreiköpfigen Drachen zu kämpfen. Er besiegte ihn, begrub ihn, aber sagte seinen Brüdern nichts davon, und am anderen Morgen gingen sie nach Hause. Am nächsten Abend gingen sie wieder hinaus. Sie zündeten wieder ein Feuer an und legten sich hin. Diesmal mußte der zweite Bruder Wache halten. Da sah er bald etwas, das am Feuer fraß; und als er näher hinsah, war es ein sechsköpfiger Drache. Da fing er an, mit dem sechsköpfigen Drachen zu kämpfen. Er besiegte ihn und begrub ihn, aber sagte weiter nichts, und die Brüder glaubten, es wäre nichts geschehen. Und sie gingen am anderen Morgen nach Hause. Am dritten Abend machten sie es ebenso, zündeten ein Feuer an, und diesmal mußte der jüngste Bruder Wache halten. Kaum daß die anderen eingeschlafen waren und er mit dem Säbel auf und ab ging, da sah er, wie etwas am Feuer fraß. Er sah sich das genauer an und zögerte etwas und dadurch verging einige Zeit. Dann fing er an, mit dem Drachen, der jetzt ein neunköpfiger war, zu fechten. Aber als er ihn besiegt hatte, da war das Feuer ausgegangen. Nun wollte er den Brüdern die Überraschung nicht bereiten, und er machte sich auf den Weg, um etwas Licht zu finden. Da sah er zwischen den Zweigen etwas Licht; das wollte er holen, aber es reichte nicht aus. Da sah er etwas kämpfen in den Lüften und fragte, was denn das wäre, und die kämpfenden Wesen sagten: Wir sind die Sonne und die Morgenröte; wir kämpfen um den Tag. – Da schnürte er sich das Band los, mit dem er seine Beinkleider zusammengebunden hatte, und knüpfte damit die Sonne und die Morgenröte zusammen, so daß der Tag nicht beginnen konnte. Dann ging er weiter, um sich Licht und Feuer zu holen. Da kam er dann dahin, wo bei einem mächtigen Feuer drei Riesen schliefen. Er nahm sich Feuer, aber wie er dann über den einen Riesen hinwegsetzen wollte, fiel etwas Feuer auf den Riesen, daß er erwachte. Der griff mit der Hand nach ihm, zeigte ihn den anderen und sagte: Guckt mal, was ich da für eine Mücke gefangen habe! – Der Königssohn war im höchsten Maße unglücklich, denn die Riesen wollten ihn töten. Aber vorher wollten sie noch etwas von ihm haben und schlossen daher mit ihm einen Vertrag. Sie wollten sich nämlich drei Königstöchter holen; aber da waren ein Hund und ein Hühnchen, und die machten solchen Spektakel, daß sie nicht hinkommen konnten. Der Königssohn versprach, ihnen zu helfen, und die Riesen wollten ihn dafür freilassen.

Es wurde nun ein Fadenknäuel angebunden, und der Königssohn ging mit dem Fadenknäuel weiter. Es war ausgemacht, daß jedesmal einer der Riesen nachkommen sollte, wenn er an dem Faden ziehen würde. Er kam bald an einen Fluß, über den er aber nicht hinüber konnte. Die Brüder schliefen unterdessen ja noch. Er zog an dem Faden – da kam der eine Riese herbei, warf einen Baumstamm über den Fluß, und er konnte weitergehen. Dann kam er an das Königsschloß, wo die Schwestern sein sollten. Er ging hinein und kam in die eine der Kammern. Da sah er die eine Schwester. Die lag auf einem kupfernen Bett und hatte ein goldenes Ringlein am Finger. Das zog er ihr ab, steckte es an seinen eigenen Finger und ging weiter. Da kam er in die zweite Kammer, wo die zweite Schwester auf einem silbernen Bett lag, und ein goldenes Ringlein hatte sie am Finger. Das zog er ab und steckte es selbst an. Dann kam er in die dritte Kammer. Da lag auf einem goldenen Bett die dritte Schwester, und ihren goldenen Ring steckte er ebenfalls an. Als er sich weiter umsah, da entdeckte er, daß an dem Schloß ein Eingang mit einer sehr kleinen Öffnung war. Nun zog er an dem Faden und da kam der erste Riese herbei. Aber in demselben Augenblick, als er durch das Tor wollte und als er mit dem Kopfe schon hindurch, der Körper jedoch noch draußen war, da schlug er schnell dem Riesen den Kopf ab. Und mit dem zweiten und dritten Riesen machte er es ebenso. Jetzt hatte er die drei Riesen getötet. Nun ging er zu seinen Brüdern zurück, nachdem er zunächst losgebunden hatte Sonne und Morgenröte. Die sahen sich an und sagten: Ach, es war doch eine lange Nacht! – Ja – sagte er –, es war eine lange Nacht! – und kam nun zu seinen Brüdern. Aber wie es die anderen gemacht hatten, so sagte auch er ihnen weiter nichts, und sie gingen also nach Hause.

Nach einiger Zeit wollten die drei Brüder heiraten, und der jüngste Bruder sagte den anderen, er wisse, wo drei Königstöchter wären, und führte sie hin nach jenem Schlosse. Die drei Brüder heirateten – der Jüngste heiratete die Schönste, die, welche auf dem goldenen Bette gelegen hatte. Der Jüngste war der Erbe seines Schwiegervaters, und er mußte daher in einem fremden Lande leben. Als aber einige Zeit verflossen war, wollte er sein Heimatland besuchen und auch seine Gattin mitnehmen. Da sagte ihm aber der Schwiegervater: Wenn du die Reise antrittst, so wird dir an der Grenze deine Gattin entrissen werden, und vielleicht auf Nimmerwiedersehen! Sie wollten aber doch reisen, reisten auch und nahmen zum Schutz dreißig Reisige mit. Als sie aber an die Grenze kamen, wurde wie von einer unbekannten Macht die Gattin herausgerissen. Er ging nun zurück und fragte seinen Schwiegervater, wie und wo er seine Gattin wiederfinden könne. Der Schwiegervater sagte ihm: Wenn schon, so kannst du sie nur in dem weißen Lande finden. Er also machte sich nun auf die Reise, um seine Gattin wiederzufinden. Er wußte aber gar nicht, wo der Weg zu dem weißen Lande ging.

Da kam er zunächst an ein Schloß und wollte nun dort vorfragen, wo der Weg zu dem weißen Lande wäre. Als er in das Schloß hineinkam, sah er die Schloßfrau sitzen, und da sah er, daß das die eine seiner Schwestern war, welche die Brüder vorher zum Fenster hinausgeworfen hatten, und er fragte nach dem Gatten. Der wurde hineingerufen. Das war ein vierköpfiger Drache – und er wurde gefragt nach dem Weg zum weißen Lande. Der vierköpfige Drache aber meinte, er wisse nicht, wo das weiße Land läge; die Tiere wüßten es aber vielleicht. Die Tiere wurden hineingerufen, aber keines wußte den Weg zum weißen Lande. Der Königssohn ging also weiter und kam nun an ein zweites Schloß. Dort fand er die zweite seiner Schwestern, welche die Brüder weggegeben hatten. Er fragte nach ihrem Gatten. Der wurde gerufen – da war es ein achtköpfiger Drache. Aber auch er wußte nichts von einem weißen Lande.

Vielleicht aber, meinte er, wüßten es die Tiere. Die Tiere wurden wieder zusammengerufen, aber keines kannte den Weg zum weißen Lande, und der Königssohn mußte weitergehen. Nach einer Weile kam er zu einem dritten Schlosse. Als er eintrat, fand er die dritte der Schwestern dort. Er sagte, was er wollte – sie antwortete ihm sehr traurig. Der Gatte wurde gerufen, da war es ein zwölfköpfiger Drache. Er wurde gefragt nach dem weißen Lande, aber er sagte, er wisse es nicht, es könnte aber sein, daß es vielleicht eines seiner Tiere wüßte. Die Tiere wurden also gerufen, aber auch von ihnen kannte keines das weiße Land. Ganz zuletzt kam ein lahmer Wolf. Der erzählte: Ja, ich bin einmal eingefallen in ein Land, da hat man mich verwundet, so daß ich jetzt lahm bin. Ich weiß das weiße Land, leider weiß ich es! – Da sagte der Königssohn: Ich will dahingeführt werden! – Aber der Wolf wollte nicht, und wenn ihm ganze Schafherden versprochen würden. Aber zuletzt ließ er sich doch herbei, den Königssohn so weit zu führen, daß er von einem Berge aus in das weiße Land hineinsehen könnte. Sie kamen dann auch an diesen Berg, und da verließ ihn der lahme Wolf.

Da traf der Königssohn eine Quelle. Er trank daraus und fühlte sich wunderbar erfrischt von dem Wasser. Da kam eine Frau heran, die er gleich als seine geraubte Gattin erkannte. Und sie, die ihn auch gleich wiedererkannte, sagte ihm: Wiedererringen kannst du mich doch nicht; denn würdest du es tun, dann würde der Zauberer, der mich jetzt hier zur Gattin hat, mich doch gleich wieder holen auf seinem Zauberpferde. Das kann so schnell durch die Luft fliegen wie der Gedanke! – Da sagte der Königssohn: Ja, was sollen wir denn da tun? – Und sie antwortete: Es gibt ein Mittel, und das ist: wir müßten ein schnelleres Pferd haben. Du gehst zu der alten Frau, die an der Grenze des Landes wohnt. Bei der verdingst du dich als Knecht. Sie wird dir zwar schwere Sachen aufgeben, aber du wirst schon sehen, wodurch du bestehen kannst; und du verlangst als Lohn das jüngste Fohlen und einen Sattel und sagst der alten Frau: der oben auf dem Boden liegt und ganz voll Hühnermist ist –, und als drittes verlangst du einen ganz alten Zaum!

Mit diesem Unterricht ging der Königssohn fort und kam an einen Bach. Als er dort rastete, sah er am Rande des Bächleins auf dem Lande einen Fisch liegen. Der bat ihn: Nimm mich, und wirf mich wieder ins Wasser hinein, da tust du mir eine große Wohltat! – Er tat es – aber während er es tun wollte, gab ihm das Fischlein eine Pfeife und sagte zu ihm: Wenn du etwas brauchst, so nimm nur die Pfeife und pfeife, und ich will dir einen Dienst erweisen! – Er nahm auch das Pfeifchen zu sich und ging weiter. Nach einer Weile traf er eine Ameise, die von ihrer Feindin, die eine Spinne war, verfolgt wurde. Er befreite sie, und die Ameise gab ihm dafür ein Pfeifchen und sagte ihm, wenn er einmal in Not wäre und damit pfeifen würde, so wird ihm Hilfe werden. Er steckte es zu sich und ging weiter. Da fand er bald einen Fuchs. Der war verwundet und hatte einen silbernen Pfeil in sich; und der Fuchs sagte zu ihm: Wenn du mir den Pfeil herausziehen wirst und mir für meine Wunde etwas Pfahlkraut gibst, so soll dir in einer schwierigen Lage geholfen werden! – Der Königssohn tat es, und der Fuchs gab ihm auch wieder eine Pfeife. Mit diesen drei Pfeifchen begab sich der Königssohn nun zu der alten Frau an der Grenze des Landes. Er sagte ihr, er wolle sich bei ihr als Knecht anstellen lassen. Das kannst du wohl, meinte sie, aber der Dienst ist bei mir recht schwer; es hat ihn bis jetzt noch keiner bestanden. – Und damit nahm sie ihn hinaus auf das Feld. Da hingen neunundneunzig Menschen. Die Alte sagte: Das sind alles diejenigen, welche sich bei mir haben als Diener anstellen lassen, aber es ist keiner, der den Dienst bei mir besteht. Wenn du also Lust hast und nicht bestehst, so kannst du ja der hundertste werden! – Aber er verdingte sich doch bei ihr auf ein Jahr, aber dort in der Gegend hat das Jahr nur drei Tage.

Am ersten Tage kochte ihm die alte Frau eine Traumsuppe, und dann schickte sie ihn mit drei Pferden fort. Aber er hatte ja die Traumsuppe getrunken, und daher schlief er bald ein, und als er wieder erwachte – da waren die drei Pferde fort. Er dachte an die Pfeifen, zog das erste Pfeifchen heraus und pfiff. Es war nun da an der Stelle eine Art von Quelle. Da kamen drei Goldfischchen geschwommen, und als er sie berührte, verwandelten sie sich in die drei Pferde. Und er brachte nun die Pferde der alten Frau zurück. Sie hatte ja selbst erst die Pferde in die Goldfische verwandelt. Als sie ihn daher nun mit den Pferden sah, schimpfte sie und warf sich von einer Seite zur anderen.

Am nächsten Tage kochte ihm die alte Frau wieder eine Traumsuppe und schickte ihn dann mit den Pferden fort. Er schlief wieder von der Traumsuppe ein, und als er erwachte, waren die Pferde verschwunden. Da pfiff er auf dem zweiten Pfeifchen, und in diesem Augenblick erschienen drei Goldameisen. Als er sie berührte, da waren es seine drei Pferde wieder, die er nun der alten Frau zurückbrachte. Da wurde die Alte ganz wild, weil sie ja die Pferde selbst verzaubert hatte, und schalt noch mehr auf die Pferde. Aber der Königssohn war gerettet.

Am dritten Tag sagte sich die Alte: Jetzt muß ich die Sache noch viel schlauer anstellen! Sie kochte ihm wieder eine Traumsuppe und schickte ihn mit den Pferden hinaus. Als er von der Traumsuppe einschlief, verwandelte sie die Pferde in drei goldene Eier, und diese Eier dirigierte sie unter ihren eigenen Sitz – und setzte sich also darauf. Der Königssohn erwachte, die Pferde waren fort, und da pfiff er nun auf dem dritten Pfeifchen, und – nun denken Sie, wie schlau die Dinge wirken –, jetzt kam der Fuchs herbei. Der Fuchs sagte: Diesmal ist die Sache doch etwas schwieriger, aber wir wollen es schon machen. Ich will nach dem Hühnerhof gehen und dort ein großes Geheul anstellen. Da wird die Alte herausspringen, und in dieser Zeit berührst du dann die drei goldenen Eier unter ihrem Sitz; und wenn du sie berührst, werden sie verwandelt sein. – Und so kam es. Der Fuchs ging zum Hühnerhof, machte dort ein großes Geheul, die Alte sprang auf, lief hinaus, der Königssohn berührte die goldenen Eier, und als die Alte wiederkam, da waren die drei Pferde da. Jetzt konnte die Alte nun nicht anders, als den Königssohn fragen: Was willst du als Lohn haben? – Sie dachte ja, er würde etwas ganz Besonderes haben wollen. Da sagte er: Ich will nur das Fohlen, das heute nacht geboren ist, dazu den Sattel oben auf dem Boden, der von Hühnermist ganz bedeckt ist, und einen alten Zaum. – Das bekam er. Das Pferd war noch klein. Er mußte es auf dem Rücken tragen. Als es Abend war, sagte das Pferdchen: Jetzt kannst du eine Weile schlafen; ich will zu einer Quelle gehen und Wasser trinken. Am Morgen kam es wieder. Am zweiten Tage konnte es schon mit einer Riesengeschwindigkeit laufen. In der zweiten Nacht ging es wie in der ersten. Und am dritten Tage führte es ihn zu dem Bannort seiner Gattin. Da wurde die Gattin auf das Pferdchen gesetzt, und – das ist jetzt ein Zug, der für jeden, der die Sache kennt, so tief beweisend ist für den okkulten Ursprung des Märchens – nun sagte der Königssohn: Mit welcher Geschwindigkeit werden wir jetzt durch die Luft fahren? – Und es antwortete die Gattin: Mit der Geschwindigkeit des Gedankens. – Als nun der unrechtmäßige Besitzer das bemerkte, setzte er sich ebenfalls auf sein Zauberpferd, um ihnen nachzueilen. Da fragte ihn das Pferd: Mit welcher Geschwindigkeit werden wir durch die Luft fahren? – Und er sagte: Mit der Geschwindigkeit des Willens oder des Gedankens! – Es sauste ihnen nach, kam näher und immer näher, und als es schon ganz nahe war, da sagte das

Pferd zu dem voranfliegenden, es solle warten. Ich werde erst warten, wenn du ganz nahe bist – war die Antwort. In dem Augenblick erhob sich das andere Pferd und warf den Räuber ab, vereinigte sich mit dem ersten Pferde und die Königin war befreit. Nun konnte der Königssohn wieder mit seiner Gattin zurückkehren, und sie lebten in ihrem Lande weiter. Und wenn das Ereignis nicht verblichen ist, so leben sie noch heute.

Das ist jetzt ein anderes, etwas komplizierteres Märchen, das die mannigfaltigsten Züge enthält. Bis wir in der Lage sein werden, hier Weiteres zur Deutung gerade dieses Märchens zu sagen, wollen wir es uns durch die Seele ziehen lassen, um die verschiedenen Züge, die gerade in diesem Märchen wunderbar zusammenklingen, selber zu enträtseln. Natürlich wird das, was durch falsche Tradition hinzugekommen ist, ausgesondert werden müssen. Aber Sie werden, wenn Sie es nach dem Prinzip betrachten, das heute geschildert worden ist, für alles, was hier auftritt, den Faden finden können: das Drachenmotiv, das Motiv der drei Schwestern, die herausgeworfen werden, das Überwindungsmotiv der Drachen am Feuer, das Klugheitsmotiv, das Vermählungsmotiv der Verstandesseele mit der äußeren Welt; jetzt wieder in einzigartiger Weise das Klugheitsmotiv der feineren Zauberkräfte. Dann tritt auf in einer merkwürdigen Weise Nemesis, Karma, indem der Königssohn seinen Schwestern wieder entgegentritt: Ihre höhere schwesterliche Natur haben die drei Brüder hinausgeworfen, daher das Drachentöten am Feuer und so weiter.

Solche Märchenerzählungen sind Erfahrungen von Leuten aus dem Volk, die in solchen Zwischenzuständen sind. So sind ebenfalls die großen Göttermythen der Völker die Darstellung dessen, was die Eingeweihten auf dem astralischen Plan und den höheren Planen erleben. Die Märchen verhalten sich zu den großen Völkermythen folgendermaßen: Die großen Völkermythen können wir enthüllen, wenn wir die großen, umfassenden Verhältnisse des Kosmos zugrunde legen, und die Märchen enthüllen wir, wenn wir die Geheimnisse des Volkes zugrunde legen. Alles im Märchen tritt so auf, daß die verschiedenen Vorgänge und Bilder nichts anderes sind als Wiedererzählungen astralischer Erlebnisse. Solche astralische Erlebnisse hatten in einer gewissen Urzeit alle Menschen. Dann wurden sie immer seltener und seltener. Die einen Menschen erzählten sie den anderen, die anderen nahmen sie auf, und so wanderten die Märchen von Gegend zu Gegend. In den verschiedensten Sprachen traten sie auf, und wir merkten die Ähnlichkeit des Märchenschatzes über die ganze Welt, wenn wir die ihnen zugrundeliegenden astralischen Erlebnisse herausschälen können.

Wer heute als sinniger Mensch durch die Welt wandert, der kann die letzten Reste des atavistischen Hellsehens wohl noch finden. Da oder dort tritt ihm jemand entgegen, und der erzählt, was er als eigene Erlebnisse in der astralischen Welt geschaut hat. Ein solcher Mensch, der so durch die Länder wandert, kann dann hören von solchen, die noch eine Ahnung haben von der wahren Wirklichkeit, die Märchengeschichten. So werden sie in unseren Büchern aufgezeichnet. So haben die Brüder Grimm die Märchen gesammelt. So haben sie andere gesammelt, die meist selbst nicht Hellseher waren, sondern die Märchen aus dritter, vierter, fünfter Hand bekamen, ja manchmal auch erst aus zehnter Hand, so daß sie ihnen in einer mannigfaltig entstellten Gestalt entgegentraten. Aber es neigte sich die Zeit der Abenddämmerung, wo die Menschen noch ihren intimen Zusammenhang mit der geistigen Welt hatten, der jetzt eben charakterisiert worden ist. Immer mehr und mehr treten die Menschen von dieser geistigen Welt zurück. Das atavistische Hellsehen wird immer seltener und seltener werden, wenigstens das als gesund zu bezeichnende, und wahres Hellsehen wird immer mehr und mehr das bloß durch Schulung dem Menschen zuteil gewordene sein können. Und von dem, was die Menschen in alten Zeiten gesehen haben, werden die meisten Menschen, die noch etwas wissen von den Dingen, in einer gewissen Zukunft sagen können: Es war einmal, daß alte Leute aus ihren astralischen Erlebnissen heraus dieses oder jenes erzählten. Wo war es doch? Es kann eigentlich überall gewesen sein. – Aber heute findet man nur noch sehr selten irgend jemanden, der das aus einer wirklichen Quelle heraus erzählen wird. Und man wird von den Märchenerlebnissen sagen können: Sie ereigneten sich einmal – und wenn sie nicht gestorben sind, diese Märchenerlebnisse, so leben sie heute noch. Aber für die meisten Menschen, die innerlich sich mit dem physischen Plan verstricken, sind sie eben längst gestorben.

Auch die Märchensammler des 19. Jahrhunderts waren davon überzeugt, daß das Erzählen von Märchen in früheren Zeiten – wenn man von den Schwänken und Anekdoten absieht – nicht nur einen Unterhaltungswert hatte, sondern durch sie tiefere Weisheiten vermittelt wurden. «Gemeinsam allen Märchen sind die Überreste eines in die älteste Zeit hinaufreichenden Glaubens, der sich in bildlicher Auffassung übersinnlicher Dinge ausspricht.» So hatte sich schon Wilhelm Grimm geäußert (1856). An diese Vorstellung läßt sich Rudolf Steiners Mythen- und Märchenverständnis unmittelbar anschließen. Er hat sie «gedeutet», aber seine «Deutungen» bestanden nicht in Abstraktionen, sondern in einer Konkretisierung dieser «übersinnlichen Dinge», denn das ist in seinem Sinne Anthroposophie. Insofern ist «anthroposophische Märchendeutung» nicht voraussetzungslos. Sie setzt voraus, daß

Übersinnliches erlebbar und sogar exakt erforschbar ist. Dazu läßt sich bemerken, daß methodische Voraussetzungen bei allen Weltanschauungen und auch bei der modernen Naturwissenschaft vorhanden sind.

Rudolf Steiner sprach im Hinblick auf Mythen und Märchen von verschiedenen Stufen oder Schichten des Verständnisses. Eine erste, kindlich-naive Stufe nimmt die Bilder einfach elementar hin, ohne sie weiter zu hinterfragen. Auf einer zweiten Stufe versucht man, sie gedanklich zu durchdringen, ihre Symbole auszulegen. Danach aber besteht die Möglichkeit, noch tiefer hineinzudringen:

Zunächst leben die Sagen in irgendeinem Volke und sie werden exoterisch, äußerlich-wörtlich genommen. Dann beginnt der Unglaube an diese wörtliche Auffassung der Sagen, und es versuchen die Gebildeten eine symbolische, eine sinnbildlich Deutung der Sagen. Hinter diesen zwei Deutungen stecken aber noch fünf andere Deutungen, denn jede Sage hat sieben Deutungen. Die dritte ist diejenige, wo Sie in der Lage sind, die Sagen wiederum in einer gewissen Weise wörtlich zu nehmen. Allerdings müssen Sie erst die Sprache verstehen lernen, in der die Sagen verfaßt sind.

Am Ende des Vertrags greift er diesen Gedanken nochmals auf:

Es gibt also drei Ausdeutungen der Sagen: erstens die exoterisch-wörtliche, zweitens die allegorische – der Kampf der menschlichen Natur – drittens die okkulte Bedeutung, wo wieder eine wörtliche Interpretation der Mythen eintritt. Daraus können Sie ersehen, daß diese Sagen alle –

wenigstens alle diejenigen, welche eine solche Bedeutung haben – aus den Mysterienschulen herrühren und nichts anderes sind als die Wiedergabe dessen, was in den Mysterienschulen als das große Drama des Menschheitsschicksals dargestellt worden ist.

> Bedenkt man die Möglichkeit einer solchen stufenweise sich vollziehenden Vertiefung, so kann man auch verstehen, daß Rudolf Steiner sich gelegentlich sehr kritisch über das «Deuten» geäußert hat. Er meinte damit ein abstrakt-intellektuelles «Hineininterpretieren». Nach seiner Ansicht reichen die Quellen des Märchens sehr tief, und es ist wenig gewonnen, wenn man oberflächliche Kommentare gibt.

Solange wir uns auf unserem Boden noch nicht gründlich abgewöhnt haben, nach Symbolen und Allegorien zu suchen und immer noch fragen, was bedeutet das und jenes, solange wir noch Mythen und Sagen allegorisch und symbolisch auslegen, statt den lebendigen Hauch des durch den ganzen Kosmos webenden Geistes zu verspüren und einzusehen, wie lebendig eindringt in die Gestalten der Mythen- und Märchenwelt das, was im Kosmos lebt, solange kommen wir nicht zur wahren geistigen Erkenntnis.

> Die zwei ersten Stufen der Märchenbetrachtung, von denen oben die Rede war, die naive und die symbolisierende, sind wohl unmittelbar verständlich. Aber auch die dritte Stufe zu erschließen, die okkulte, ist uns möglich. Was heißt es denn, die Märchen wiederum in gewissem Sinne wörtlich zu nehmen?

Es scheint mir hier darum zu gehen, vollkommen in das Märchen unterzutauchen, sich mit ihm zu identifizieren, hineinzuschlüpfen, nicht nur in den persönlichen Lieblingshelden, sondern in alle Gestalten, in den Dummling *und* in die Hexe, in den Riesen *und* in die schöne Königstochter. Die Art, wie man dann mit dem Märchen verwächst, kann man eigentlich nicht mehr als «Deuten» bezeichnen.

Das Deuten der Symbole ist eigentlich etwas Unsinniges. Alles Spintisieren über Symbole ist etwas Unsinniges. Das richtige Verhalten zu Symbolen ist das, daß man sie macht und erlebt, so wie man schließlich auch Fabeln, Legenden, Märchen nicht bloß im Abstrakten aufnehmen soll, sondern sich damit identifizieren soll. Es gibt immer etwas im Menschen, wodurch man in alle Gestalten des Märchens hineingehen kann, eins werden kann mit dem Märchen.

Schließlich unterscheidet man sich nicht mehr von den Bildern. Man nimmt sie ganz in sich auf. Dadurch verlieren sie ihren Vorstellungscharakter und verwandeln sich in innere Kräftewirkungen. Ob man dies nun als dritte Stufe bezeichnet oder dadurch noch höhere erreicht, bleibe dahingestellt.

Dieser Vorgang des Eintauchens in ein Märchen benötigt Zeit. Daß Rudolf Steiner sich nicht auf schnelle begriffliche «Deutungen» einließ, zeigt folgendes humorvolle Beispiel aus einer Fragenbeantwortung:

Ein Teilnehmer fragt nach dem tieferen Sinn des Märchens von den Bremer Stadtmusikanten, ob es etwas zu tun habe mit dem Zusammenhang der menschlichen Wesensglieder.

71

Ich habe einmal in Berlin einiges gesagt und auch einige Beispiele angeführt von der Art und Weise, wie man mit Geisteswissenschaftlichem dem Verständnisse der Märchen nahekommt, und ich habe tatsächlich recht, recht viele Forschungsmühen anzuwenden gehabt, um hinter die Märchen zu kommen. Denn, sehen Sie, zu denjenigen Menschen möchte ich wirklich nicht gehören, die dem Spruch entsprechen:

> Im Auslegen seid ihr frisch und munter;
> Denn legt ihr's nicht aus, so legt ihr's eben unter.

Das war niemals mein Grundsatz, sondern es hat mich immer viel Mühe gekostet, hinter dasjenige zu kommen, das aufgesucht werden muß, manchmal in allen möglichen Regionen des Forschens, wenn man gerade einem Märchen beikommen will. Und da muß ich deshalb schon sagen: Es wäre mir ja, selbst wenn ich noch müder wäre, als ich heute bin, es wäre mir die größte Freude, Sie beglücken zu können mit einer Auslegung, einer Erklärung des Märchens von den Bremer Stadtmusikanten. Aber ich habe mich nie damit beschäftigt und weiß deshalb nichts darüber zu sagen. Und ich bitte Sie daher, damit zu warten, bis sich in diesem oder in einem nächsten Leben einmal eine Gelegenheit dazu bietet, nachdem die Sache erforscht worden ist.

Eine solche Äußerung finden wir bei Rudolf Steiner, der ja auf viele Fragen Antworten wußte, selten.

Rosenkreuzerisches Weistum in der Märchendichtung

Im Sommer 1910 wurde das erste Mysteriendrama aufgeführt, im August 1911 folgte das zweite. Dieses enthält als Einschub ein Rückschauerlebnis, das dem Capesius ein früheres, mittelalterliches Erdenleben im Umfeld einer Templerburg vor Augen führt. Die Szenen spielen in der Zeit kurz vor der völligen Vernichtung dieses Ordens. Darauf bereitet der Großmeister seine Ordensbrüder vor, indem er sie ermahnt, daß es ihnen gezieme, freudig zu sterben. Er erinnert sie an die Ziele, denen ihr Werk gewidmet ist: geistige Keime in Menschenseelen zu pflanzen.

Sie sollen reifen dann, wenn jene Menschen
Die Rückkehr finden aus dem Geisterland
Zu einem spätern Erdenleben.

Der Gedanke der Reinkarnation war es, der den Rittern im Mysteriendrama half, das grausame Geschick ihres Untergangs zu ertragen.

Worin hatte nun ihre geistige Wirksamkeit bestanden? Sie waren ja durchaus auch ganz praktisch äußerlich wirksam, indem sie ein Bergwerk betrieben. In einer der Szenen erfahren wir aber, daß die in der Burg Arbeitenden von dort Märchen mitbrachten und sie weitererzählten. Es heißt da:

Die Märchen sind ein wahrer Seelenschatz.
Was sie dem Geiste geben, bleibt erhalten
noch über unsern Tod hinaus, und wird

in spätern Erdenleben Früchte bringen.
Sie lassen uns das Wahre dunkel ahnen,
und aus der Ahnung machen unsre Seelen
Erkenntnis, die uns nötig ist im Leben.

Auch hier finden wir das Bild von den Keimen, die in
einem Leben gelegt werden, um im nächsten Früchte
zu bringen. Schon einmal hatte Steiner den Reinkar-
nationsgedanken in Zusammenhang mit den Märchen
gebracht. In einem Vortrag vom 10. Juni 1904 heißt
es:

Der Menschengeist, dem ich heute die Märchen einpräge,
wird, wenn er sich wieder inkarnieren wird, dazu vorbereitet sein, die Wahrheit in einer vollkommeneren Form zu
erfassen. Alle diese Märchen sind unter der Voraussetzung
gemacht, daß der Geist sich wieder inkarniert, um dann
eben später die Wahrheit um so leichter zu erfassen. Diesen Märchen liegt nicht der Glaube, sondern die Erkenntnis, die Erfahrung der Reinkarnation zugrunde.

Wenn man nun dazunimmt, was einige Jahre zuvor in
einem Vortrag über die Templer gesagt worden war, so
versteht man, daß gerade in der Vorbereitungszeit zum
zweiten Drama ein Vortrag über «Rosenkreuzerisches
Weistum in der Märchendichtung» gehalten wurde.
Das Zitat lautet:

Die Rosenkreuzer sind nichts anderes als die Fortsetzer
des Templerordens; sie wollten nichts anderes als die Tem-
pelritter und was auch die Theosophie will: sie alle arbeiten am großen Tempel der Menschheit.

In dem Vortrag über das «rosenkreuzerische Weistum» wird ausgeführt, daß die Märchenerzähler früherer Zeiten – er nennt sie dort Rhapsoden – keineswegs irgendwelche beliebigen Leute aus dem Volk waren, sondern daß sie dieses Erzählen in den Schulen, in den «Tempeln» der Rosenkreuzer gelernt hatten.

Immerzu senden die geistigen Zentren ihre Abgesandten in die Welt, damit in einem jeden Zeitalter das, was in den Tiefen des Geistes ruht, an die Menschenseelen herangebracht werden kann.

Wenn Rudolf Steiner von Rosenkreuzern sprach, so meinte er entweder im weiteren Sinne eine besondere esoterische Geistesströmung, die sich zurückverfolgen lasse bis in die Zeit der Atlantis, oder aber im engeren: die Schüler des im späten Mittelalter lebenden Christian Rosenkreutz, dessen Lebensdaten gewöhnlich mit 1378–1484 angegeben werden. Manchmal ist das Rosenkreuzertum für ihn praktisch identisch mit der Anthroposophie (bis 1913: Theosophie, siehe Anmerkung S. 269), manchmal setzt er sich auch deutlich dagegen ab. Man muß also immer beachten, in welchem Zusammenhang eine Mitteilung steht.

Im vorliegenden Fall sind ziemlich sicher die mittelalterlichen Rosenkreuzer gemeint, über die er gerade in jenen Jahren noch mehrfach sehr konkret gesprochen hat. Hier ist besonders zu verweisen auf die Vorträge in Neuchâtel im September 1911, wo er, anknüpfend an die «Fama fraternitatis» von 1614, über die Biographie des Christian Rosenkreutz sprach, den er, im Gegensatz zur historischen Forschung, durchaus als geschichtliche Persönlichkeit ansah, eine Persönlichkeit, die tatsächlich gelebt hat, deren Ätherleib sich aber nach dem Tode nicht aufgelöst hat wie bei gewöhnlichen Menschen, sondern fortdauert und weiterhin Menschen inspirieren kann. Besteht da nicht vielleicht ein Zusammenhang zwischen dieser Mitteilung und der allgemein als Wundergeschichte aufgefaßten Legende in der «Fama», wonach die Rosenkreuzerbrüder den Leichnam des Christian Rosenkreutz «unversehrt und ohne alles Verwesen» in seiner Grabstätte aufgefunden haben? Es könnte darin durchaus ein Hinweis auf eine okkulte Realität gesehen werden.

Was aber sollen wir unter den «Tempeln» der Rosenkreuzer verstehen, die es im physischen Sinne sicher nicht gab? Hierüber sagt Rudolf Steiner folgendes:

[…] die Tempel der Rosenkreuzer waren tief verborgen für das äußere physische Erleben. Viele wirkliche Rosenkreuzer waren Besucher der Tempel, aber kein äußeres physisches Menschenauge konnte die Tempel finden. Schüler aber konnte es geben, die kamen zu diesen alten Rosenkreuzern, die da und dort wie Eremiten des Wissens und der heiligen Menschentat zu finden waren. […] Den Rosenkreuzer-Meister fand man, wenn man sich erst die Fähigkeit erworben hatte, im physischen milden Augenglanz die Himmelsprache vernehmen zu können. Dann fand man in anspruchslosester Umgebung, unter den anspruchslosesten Verhältnissen, gerade im 14., 15. Jahrhundert in Mitteleuropa diese merkwürdigen Persönlichkeiten, die in ihrem Innern gotterfüllt waren, die in ihrem Innern zusammenhingen mit den geistigen Tempeln, die vorhanden waren, zu welchen aber der Zugang wirklich so schwierig war wie derjenige, der als Zugang zum Heiligen Gral in der bekannten Legende geschildert wird.

Die wirklichen Märchenerzähler waren also Schüler solcher gotterfüllten Menschen. Sicher haben sie die Märchen nicht erfunden, es gibt ja viele Märchenmotive, die erheblich älter sind, aber sie haben sie gestaltet, «so daß die Zusammenfügung, die Komposition gemäß den geistigen Geheimnissen ist». Und sie haben sie – man kann das wohl so sagen – «verchristlicht», sie haben ihnen eine solche Gestalt gegeben, daß sie «christliche Gedankenformen» anregen können. Darüber enthält der Vortrag über die Rosenkreuzer auch eine nicht ganz leicht zu verstehende Andeutung. Daß der Stil der europäischen Volksmärchen sich von den übrigen auf der Welt gerade auch hinsichtlich der Struktur unterscheidet, ist eine bekannte Tatsache.

Was damals den Menschen in Bildern vermittelt wurde, das hat heute die Form gedanklich-geisteswissenschaftlicher Erkenntnisse angenommen. In dem genannten Vortrag geht Steiner so vor, daß er immer etwas, was wir heute aus der Anthroposophie heraus bemerken, in Parallele setzt zu etwas, was ein Märchenerzähler «damals» äußerte. Das kann als Methode sehr anregend sein. «Heute sagen wir ... damals sagte man», dies wird in dem Vortrag oftmals wiederholt. Es wird also nicht zuerst ein Bild gegeben und danach erläutert, sondern ein umgekehrter Weg eingeschlagen. Vielleicht kann man diese Methode in Zusammenhang bringen mit dem im Oktober des gleichen Jahres gehaltenen Vortragszyklus *Von Jesus zu Christus* (GA 131), wo Steiner die rosenkreuzerische Methode, mit Bildern (in diesem Falle der Evangelien) umzugehen, sehr dezidiert absetzt von der von den Jesuiten geübten. Letztere machten die Evangelienbilder ohne gedanklichen Vorgriff unmittelbar zum Meditationsinhalt, wodurch eine starke Wirksamkeit auf den Willen ausgeübt wird. Zur Geist-Initiation der Rosenkreuzer hingegen gehört es, so führt er aus, zunächst durch gedankliche Arbeit ein Gefühl herauszubilden, das sich erst später zum Meditationsbild gestalten soll. Diese Methode hat Rudolf Steiner als Übungsanweisung in seiner *Geheimwissenschaft im Umriß* (GA 13) im Hinblick auf die Meditation des Rosenkreuzes sehr genau geschildert. Für den heutigen Menschen ist beim Umgang mit Bildern die gedankliche Vorarbeit offensichtlich von besonderer Wichtigkeit. Die Gedanken als solche sollen dann allerdings bei der Vertiefung in das Bild nicht mehr im Bewußtsein haften, wohl aber soll die dadurch gewonnene Wachheit und Klarheit erhalten bleiben.

Wir in unserem theosophischen Leben, wie wir es pflegen, wissen, daß diesem Leben die Strömung zugrundeliegt, die wir die Rosenkreuzerströmung nennen, und wir haben es öfter betont, daß die Meister der Rosenkreuzerweisheit seit dem 11., 12., 13. Jahrhundert vorbereitet haben, was seit dem Ende des 19. Jahrhunderts begonnen hat zu geschehen und was im 20. weiter geschehen wird. Was Rothe in Heidelberg zum Beispiel als eine Zukunft bezeichnet, was er ersehnt und erhofft, das soll ja für uns schon Gegenwart sein. Und es wird für uns immer mehr und mehr Gegenwart. Aber das haben seit langen Zeiten diejenigen vorbereitet, welche diese geistige Strömung zuerst auf eine dem Menschen unwahrnehmbare Weise in die Seelen haben einfließen lassen. In spezifischem Sinne ist dasjenige, was wir den Rosenkreuzerweg nennen seit dem 12., 13., 14. Jahrhundert, in unserer theosophischen Bewegung in bewußterer Gestalt vorhanden – was seit dem 11., 12., 13., 14. Jahrhundert einströmte in die Herzen, in die Wissenschaft, was den Geist der Menschen Europas geprägt hat.

Kann man sich denn aus den Vorgängen, die sich in unserer Kultur abgespielt haben, eine Vorstellung davon machen, wie dieser Geist eigentlich gewirkt hat? Ich sagte, seit dem 11., 12., 13., 14. Jahrhundert hat er als eigentlicher Rosenkreuzergeist gewirkt; aber er war immer da, hat nur die letzte Rosenkreuzerform angenommen seit dem genannten Zeitraum. Dieser Geist, der jetzt als Rosenkreuzergeist wirkt, geht zurück bis in alte Menschheitszeiten. Er hat schon in der alten atlantischen Zeit seine Mysterien gehabt. Und was in der neueren Zeit seine Wirksamkeit entfaltet, das strömte, immer bewußter und bewußter werdend, in älteren Zeiten, in Zeiten, die gar nicht lange hinter den unsrigen liegen, unbewußt in die Herzen und Seelen der Menschen herein.

Machen wir uns eine Vorstellung, wie dieser Geist unbewußt in die Menschheit hereinströmte. Sie sitzen hier zusammen. Wir pflegen miteinander das, was uns zeigt: In dieser oder jener Weise entwickelt sich die Menschenseele, um nach und nach hinaufzukommen in die Regionen, wo sie verstehen kann das geistige Leben, wo sie vielleicht auch schauen kann das geistige Leben. Viele von Ihnen haben sich schon seit Jahren bemüht, die Begriffe und Ideen, die uns das geistige Leben abbilden, in die Seele hereinfließen zu lassen, um aus diesen Begriffen und Ideen ihre geistige Nahrung zu haben. Sie kennen die Art und Weise, wie wir uns verständigen über die Rätsel der Welt. Oftmals ist es von mir gesagt worden, wie die verschiedenen Stufen der Entwicklung der Seele vor sich gehen, wie die Seele sich hinauflebt in die höheren Welten. Es ist gesagt worden, wie der Mensch einen höheren Teil seines Selbst von einem niederen Teil zu unterscheiden hat, es ist geschildert worden, wie der Mensch herübergekommen ist von anderen planetarischen Zuständen, wie er durchgemacht hat eine Saturn-, eine Sonnen- und eine Mondentwicklung, in der sich sein physischer Leib, sein Ätherleib und sein

Astralleib ausbildete, und wie er dann seine Erdenentwicklung angetreten hat. Es ist gesagt worden, wie etwas in uns wohnt, das hier seine Schulung haben soll, um zu einem Höheren aufzusteigen. Auch das ist gesagt worden, daß gewisse Wesenheiten auf dem Monde als luziferische Wesenheiten zurückgeblieben sind, die sich dann später als Verführer heranmachten an den menschlichen Astralleib, um dem Menschen das zu geben, was sie ihm geben konnten. Dann haben wir oftmals davon gesprochen, wie der Mensch zu überwinden hat in seinem niederen Selbst dieses oder jenes, wie er zu besiegen hat dieses oder jenes, um hinaufzukommen in die Sphären, denen sein höheres Selbst angehört, wie er, um hinaufzukommen in die höheren Regionen des geistigen Lebens, das Goethe-Wort zu erfüllen hat:

Und so lang du das nicht hast,
Dieses Stirb und Werde,
Bist du nur ein trüber Gast
Auf der dunklen Erde!

Wir haben weiter gesagt, daß die menschliche Entwicklung, die heute möglich ist, und die uns Kraft und Sicherheit und wirklichen Lebensinhalt geben kann, dadurch zu erreichen ist, daß wir uns aneignen zum Beispiel die Kenntnis von der Mehrgliedrigkeit der Menschennatur, daß wir verstehen lernen, daß dieser Mensch nicht chaotisch zusammengefügt ist, sondern aus physischem Leib, Ätherleib, Astralleib und Ich besteht. Wir haben das damit Gemeinte nicht als bloße Worte empfunden, sondern durch die Charakterisierung der verschiedenen Temperamente, durch die Betrachtung der Erziehung des Menschen, wie sie verläuft als Entwicklung des physischen Leibes bis zum siebenten Jahr, des Ätherleibes bis zum vierzehnten Jahr, des Astralleibes bis zum einundzwanzigsten Jahr, da haben wir diese Dinge zu bestimmten Vorstellungen gebracht. Und aus Betrachtungen über die Mission der Wahrheit, der Andacht, des Zornes und so weiter haben wir ersehen, wie es nicht abstrakte Begriffe bleiben, was wir als physischen Leib, Ätherleib, Astralleib, Empfindungsseele, Verstandes- oder Gemütsseele und Bewußtseinsseele kennengelernt haben, sondern wie sie die Anschauungen vom Leben beleben, wie sie uns durchsichtig, klar und inhaltvoll unsere Umgebung machen.

So verständigen wir uns über die Rätsel der Welt. Wir können uns heute darüber verständigen. Und wenn es auch draußen noch viele Menschen gibt, die, bewußt oder unbewußt, im Materialismus verharren, so ist doch eine gewisse Anzahl von Seelen vorhanden, welche es als eine Notwendigkeit des Lebens empfinden, auf solche Darstellungen, wie sie gegeben werden können, hinzuhorchen. Viele von Ihnen würden nicht seit Jahren hier sitzen, mitleben und mitempfinden, was wir hier treiben, wenn es nicht eine Notwendigkeit des Lebens für sie wäre. Warum gibt es heute Seelen, die dies so verstehen, die in den Begriffen und Anschauungen, die wir hier entwickeln, den menschlichen Lebensweg verfolgen können? Das ist aus folgendem Grunde der Fall. Wie Sie heute mit solchen Sehnsuchten hereingeboren wurden in eine Welt, wie ich sie gerade vorhin zu schildern versuchte, so wurden unsere Vorfahren in Europa, das heißt eine große Anzahl von den heute hier anwesenden Seelen, durch die verflossenen Jahrhunderte hereingeboren in eine andere Umgebung, in eine andere Welt, als es die des 19. Jahrhunderts ist. Blicken wir zurück auf das 6., 7. oder auch auf das 12., 13. Jahrhundert, wo viele von den hier sitzenden Seelen damals inkarniert waren, und schauen wir auf das, was solche Seelen damals erlebten.

In jenen Zeiten gab es allerdings keine Theosophische Gesellschaft, wo man so über alles redete, wie wir es heute tun; sondern damals hörte die Seele etwas ganz anderes von ihrer Umgebung. Versuchen wir uns zu vergegenwärtigen, was damals die Seelen hörten – von denen hörten, die nicht herumreisten, um geisteswissenschaftliche Vorträge zu halten, sondern die als Rhapsoden vortrugen oder in einer andern Weise von Dorf zu Dorf, von Stadt zu Stadt zogen, um vom Geiste zu künden. Was sprachen solche Leute damals für Worte? Wir wollen es einmal in einem einzelnen Falle vor uns hintreten lassen. Damals sagte man noch nicht: Es gibt eine Theosophie, eine Lehre vom niederen und höheren Ich; der Mensch hat einen physischen Leib, Ätherleib, Astralleib und so weiter; sondern da zogen Rhapsoden herum, das heißt solche Menschen, die berufen waren, vom Geiste zu künden, und erzählten etwa folgendes – und ich will einiges von dem, was damals durch Mittel- und Osteuropa besonders vorgetragen wurde, jetzt einmal wiederholen:

Es war einmal ein Königssohn. Der ritt hinaus und kam an einen Graben und hörte dort, wie es aus dem Graben herauf wimmerte. Er folgte dem Lauf des Grabens, um zu sehen, was da wimmerte, und fand darin eine alte Frau. Da ließ er sein Pferd stehen, stieg herunter in den Graben und half der alten Frau herauf, denn sie war hinuntergefallen in den Graben. Als er nun sah, daß sie nicht gehen konnte, weil sie sich das Bein verletzt hatte, fragte er sie, wie sie zu diesem Unfall gekommen wäre. Da erzählte ihm die Frau: Ich bin eine alte Frau und muß früh nach Mitternacht fort in die Stadt, um Eier zu verkaufen; da bin ich in den Graben gefallen. Da sagte der Königssohn zu ihr: Sieh, du kannst jetzt nicht in deine Wohnung gehen, da will ich dich auf mein Pferd setzen und in deine Wohnung bringen. Und das tat er. Da sagte ihm die Frau: Du bist, trotzdem du von hoher Geburt bist, doch ein lieber und guter Mensch, und du sollst, weil du mir geholfen hast, von mir eine Belohnung erhalten. Und er ahnte jetzt, daß sie mehr als eine alte Frau war, denn sie sagte: Weil du solche Güte an mir bewiesen hast, sollst du den Lohn bekommen, der deiner guten Seele gebührt. Willst du die Tochter der Blumenkönigin heiraten? – Ja! sagte er. Und sie sprach weiter: Dazu brauchst du, was ich dir leicht geben kann. Und da gab sie ihm ein Glöckchen mit den Worten: Wenn du es einmal läuten wirst, kommt der Adlerkönig mit seinen Scharen und hilft dir in einer Lage, in welche du schon kommen wirst; wenn du es zweimal läutest, kommt der Fuchskönig mit seinen Scharen und hilft dir in einer Lage, in welche du schon kommen wirst; und wenn du es dreimal läutest, kommt der Fischkönig mit seinen Scharen und hilft dir in einer Lage, in die du schon kommen wirst. – Der Königssohn nahm das Glöckchen und ging nach Hause und sagte dort, daß er die Tochter der Blumenkönigin aufsuchen wolle, und ritt davon. Er ritt lange und lange, und niemand konnte ihm sagen, wo die Blumenkönigin mit ihrer Tochter wohnte. Da war dann sein Pferd schon unbrauchbar geworden und ging vollends zugrunde, so daß er die Wanderung zu Fuß fortsetzen mußte. Da kam er zu einem Greis, den er fragte, wo die Wohnung der Blumenkönigin sei. Ich kann es dir nicht sagen, gab ihm dieser zur Antwort, aber gehe nur fort, weiter und immer weiter, und du wirst meinen Vater finden, der wird es dir vielleicht sagen können. Der Königssohn ging also weiter, viele, viele Jahre, und fand einen uralten Greis. Den fragte er: Kannst du mir sagen, wo die Wohnung der Blumenkönigin ist? Der aber antwortete ihm: Ich kann es dir nicht sagen. Aber gehe nur weiter, immer weiter, durch lange Jahre noch; da wirst du meinen Vater finden, und der wird dir ganz gewiß sagen können, wo die Wohnung der Blumenkönigin ist. Der Königssohn ging also weiter und fand endlich einen uralten Greis, den er fragte, ob er ihm sagen könne, wo die Blumenkönigin mit ihrer Tochter wohne. Da sagte ihm der Greis: Die Blumenkönigin wohnt fern in einem Berge, den du hier von weitem siehst. Sie wird aber bewacht von einem wilden Drachen. Du kannst zunächst nicht heran, denn der Drache schläft nie in dieser Zeit; er hat nur eine gewisse Zeit, wo er schläft, und jetzt ist gerade Wachenszeit. Aber du mußt ein Stück weitergehen, zu dem andern Berg; da lebt die Drachenmutter, durch die wirst du dein Ziel erreichen. – Mutig ging er also weiter, kam zum ersten Berg, kam zum zweiten Berg und fand dort die Drachenmutter, das Urbild der Häßlichkeit. Er aber wußte, daß es von ihr abhing, ob er die Tochter der Blumenkönigin finden könnte. Da sah er in ihrer Umgebung sieben andere Drachen, die alle gierig darnach waren, die Blumenkönigin und ihre Tochter zu bewachen, die in alter Gefangenschaft waren und durch den Königssohn erlöst werden sollten. Da sagte er zu der Drachenmutter: O ich erkenne, daß ich dein Knecht werden muß, wenn ich die Blumenkönigin finden will! – Ja, sagte sie, du mußt mein Knecht werden, aber du mußt einen Dienst tun, der nicht leicht ist. Hier ist ein Pferd, das mußt du auf die Weide führen, den ersten Tag, den zweiten Tag und den dritten Tag. Wenn du es gesund nach Hause bringst, dann kannst du vielleicht nach drei Tagen erreichen, was du willst. Bringst du es aber nicht gesund nach Hause, so fressen dich die Drachen auf – wir alle fressen dich auf! – Der Königssohn ging darauf ein, und am nächsten Morgen wurde ihm das Pferd übergeben. Er wollte es auf die Weide führen, aber bald war es verschwunden. Er suchte es, aber er konnte es nicht finden und wurde darüber ganz unglücklich. Da erinnerte er sich an das Glöckchen, das ihm die alte Frau gegeben hatte, zog es heraus und läutete es einmal. Da versammelten sich viele Adler, geführt vom Adlerkönig, die suchten das Pferd, und er konnte es so der Drachenmutter wiederbringen. Die sagte zu ihm: Weil du das Pferd zurückgebracht hast, gebe ich dir einen kupfernen Mantel, damit kannst du an dem Ball teilnehmen, der heute nacht in dem Kreise der Blumenkönigin und ihrer Tochter stattfindet. – Am zweiten Tage sollte er dann das Pferd wieder auf die Weide führen. Es wurde ihm wieder übergeben, bald aber war es wieder verschwunden, und er konnte es nirgends finden. Da zog er sein Glöckchen heraus und läutete es zweimal. Alsbald erschien der Fuchskönig, gefolgt von vielen seiner Heeresfolge, die suchten das Pferd, und er konnte es wieder der Drachenmutter überbringen. Da sagte sie ihm: Heute bekommst du einen silbernen Mantel, damit kannst du wieder zu dem Ball gehen, der heute nacht im Kreise der Blumenkönigin und ihrer Tochter stattfindet. – Auf dem Balle aber sagte ihm die Blumenkönigin: Verlange am dritten Tage ein Füllen von diesem Pferde! Mit diesem Füllen kannst du mich erlösen, und wir werden vereinigt sein. – Am dritten Tage wurde ihm dann wieder das Pferd übergeben, um es auf die Weide zu führen. Bald war es wieder verschwunden, denn es war sehr wild. Er zog daher das Glöckchen heraus, läutete es dreimal, und es kam der Fischkönig mit seiner Heeresfolge, die suchten ihm das Pferd, und er brachte es so zum dritten Mal nach Hause. Glücklich hatte er seine Aufgabe vollendet. Da gab ihm die Drachenmutter als Lohn einen goldenen Mantel, als seine dritte Hülle, damit konnte er am dritten Tage an dem Ball bei der Blumenkönigin teilnehmen. Und außerdem konnte er als sein ihm gebührendes Geschenk das Füllen jenes Pferdes bekommen, das er gehütet hatte. Mit dem konnte er dann die Blumenkönigin und ihre Tochter hinführen zu ihrer eigenen Burg. Und um die Burg herum, da alle die andern die Tochter rauben wollten, ließ sie eine dichte Mauer von Gesträuchwerk wachsen, so daß die Burg nicht eingenommen werden konnte. Und da sagte dann die Blumenkönigin zu dem Königssohn: Du hast dir meine Tochter erworben; du sollst sie fernerhin haben, aber nur unter einer Bedingung:

du darfst sie nur ein halbes Jahr haben, das andere halbe Jahr muß sie zurück unter die Oberfläche der Erde, damit sie mit mir vereint sein kann, denn nur so ist es möglich, daß du mit ihr vereinigt sein kannst. – So also bekam er die Tochter der Blumenkönigin und lebte mit ihr immer ein halbes Jahr, während sie die andere Hälfte des Jahres bei ihrer Mutter war.

In viele, viele Seelen zogen diese und andere Geschichten damals ein. Die Seelen horchten hin und nahmen es auf – nahmen es aber nicht auf, um es etwa nach der Weise von sonderbaren Theosophen der Neuzeit allegorisch auszulegen, denn als symbolische und allegorische Auslegungen sind diese Dinge nichts wert. Nein, die Menschen nahmen es auf, weil sie ihre Lust und ihr Vergnügen daran hatten, weil sie das warme Leben bei solchen Erzählungen durch ihre Seele ziehen fühlten. Und nichts weiter wollten sie, wenn dies durch ihre Seele zog, wenn ihnen erzählt wurde von dem Königssohn, von seinen Taten mit dem Glöckchen und seiner Erwerbung der Tochter der Blumenkönigin. Und viele Seelen leben jetzt, die damals so etwas gehört und in Lust und Freude aufgenommen haben. Und wenn so etwas aufgenommen wird zum Entzücken und zur Befriedigung der Seele, so lebt es weiter in der Seele. Dann nehmen solche Seelen Gedankenformen in Gefühlen und Empfindungen auf, und dann sind sie etwas anderes geworden, als sie vorher waren. Das bringt Früchte, das gibt Kräfte den Seelen, und diese Kräfte verwandeln sich, werden zu etwas anderem. Was sind sie denn geworden? Zu dem sind sie geworden, was jetzt in den Seelen ist als Sehnsucht nach einer höheren Auslegung derselben Geheimnisse, als Sehnsucht nach der Geisteswissenschaft. Damals haben die Rhapsoden nicht erzählt: Es gibt einen Menschen, der strebt zum höheren Selbst hinauf und muß dazu überwinden, was ihn herunterdrücken will als sein niederes Selbst. Sondern sie haben erzählt: Einen Königssohn gab es; der zog aus und fand einen Graben, aus dem es herauf wimmerte, und tat das, was eine gute Tat war. Heute sagen wir: Der Mensch muß etwas tun, was eine gute Tat, eine Tat der Liebe, des Opfers ist. Damals erzählte man ein solches Tun im Bilde. Heute sagen wir: Der Mensch muß in sich jene Stimmung des Geistes bekommen, durch die er eine Ahnung erhält von der geistigen Welt, einen Zusammenhang mit ihr und durch die er fähig wird, seine Kräfte so zu entwickeln, daß er mit der geistigen Welt in eine Beziehung kommen kann. Damals sagte man das im Bilde: Die alte Frau gab dem Königssohn ein Glöckchen, das läutete er. Heute wird gesagt: Der Mensch hat in sich aufgenommen die übrigen Naturreiche; was da ausgebreitet vorhanden ist, das hat der Mensch in sich harmonisch vereinigt. Er muß aber verstehen, wie das in ihm lebt, was draußen ausgebreitet ist, und kann seine niedere Natur nur dadurch überwinden, daß er das, was in den Naturreichen wirkt, in das rechte Verhältnis zu sich bringt, so daß es ihm zu Hilfe kommen kann.

Wie oft haben wir gesprochen von der Entwicklung des Menschen durch die Saturn-, Sonnen- und Mondenzeit hinauf, wie er zurückgelassen hat die andern Reiche und das, was das Beste ist, aus ihnen herausgezogen hat, um hinaufzusteigen zu einer Höhe. Wozu hat er sich da entwickelt? Zu dem, wofür schon Plato ein Bild gebraucht, um hinzudeuten auf das, was in des Menschen Seele lebt: das Bild des Pferdes, mit dem er dahinreitet von Inkarnation zu Inkarnation. Damals stellte man das Bild hin von dem Glöckchen, das geläutet wurde, damit die Naturreiche in ihren Repräsentanten, dem Adlerkönig, dem Fuchskönig und dem Fischkönig, kamen, um das, was Beherrscher der drei Naturreiche werden soll, in das rechte Verhältnis zu bringen.

Die Seele des Menschen ist wild, und nur dadurch, daß Liebe und Weisheit sie ergreifen und glätten, kommt der

Mensch in das rechte Verhältnis. Damals trat es in bildhafter Weise vor die Menschen hin. Gelenkt wurde die Seele dahin, daß sie das, was wir heute anders erzählen, verstehen kann. Damals wurde erzählt: Wenn er das Glöckchen einmal läutete, kam der Adlerkönig, wenn er es zweimal läutete, kam der Fuchskönig, und wenn er es dreimal läutete, kam der Fischkönig; die brachten das Pferd zurück. Das heißt, die Stürme der Menschenseele, die wild dahinstürmt, müssen erkannt werden, und wenn wir sie erkennen, kann auch die Seele von dem Niederen befreit und in Ordnung gebracht werden.

Wir sagen: Der Mensch muß kennenlernen, wie seine eigenen Leidenschaften, Zorn und so weiter, in seiner eigenen Entwicklung zusammenhängen mit seiner Entwicklung von sieben zu sieben Jahren, das heißt, wie wir in dem menschlichen Leben kennenlernen müssen die dreifache Hüllennatur des Menschen. Damals stellte man das grandiose Bild hin: Jedesmal wenn der Königssohn mit dem Glöckchen geläutet hatte, das heißt, wenn er eines der Reiche in seine Macht gezwungen hatte, so bekam er eine Hülle. – Wir sagen heute: Wir studieren die Natur des physischen Leibes. Damals brauchte man das Bild: Die Drachenmutter gab ihm einen Mantel aus Kupfer. Wir sagen: Wir lernen kennen die Natur unseres Ätherleibes. Damals: Die Drachenmutter gab ihm das zweitemal einen silbernen Mantel. Wir sagen weiter: Wir lernen unsern Astralleib kennen mit allen auf- und abwogenden Leidenschaften und so weiter. Damals sagte man im Bilde: Die Drachenmutter gab ihm am dritten Tage einen goldenen Mantel. – Was wir heute in unsern Begriffen über die dreifache Hüllennatur des Menschen lernen, das wurde damals angeregt durch das Bild vom kupfernen, silbernen und goldenen Mantel. Und für die Seelen, die damals die Gedankenformen von dem kupfernen, dem silbernen und dem goldenen Mantel aufgenommen haben, sagen wir heute dasjenige, was ihnen Verständnis erwecken kann für den dichten physischen Leib, der sich zu den andern Hüllen des Menschen verhält wie das Erz des Kupfers zu Silber und Gold. – Wir sagen heute: Es sind auf dem Monde zurückgeblieben luziferische Wesenheiten, siebenerlei Arten, die machen sich an den Astralleib des Menschen heran. Damals sagte der Rhapsode: Als der Königssohn zu dem Berge kam, wo er die Vereinigung mit der Tochter der Blumenkönigin finden sollte, traf er sieben Drachen, die wollten ihn auffressen, wenn er sein Tagewerk nicht richtig erfüllte. Wir wissen: Wenn unsere Entwicklung nicht in der richtigen Weise geschieht, so wird durch die Kräfte der luziferischen Wesenheiten, die siebenfacher Art sind, unsere Entwicklung eben verdorben. – Wir sagen heute: Indem wir eine geistige Entwicklung durchmachen, finden wir unser höheres Selbst. Damals stellte man das Bild hin: Der Königssohn vereinigte sich mit der Blumenkönigin. – Und wir sagen: Die menschliche Seele muß in einen gewissen Rhythmus hineinkommen.

Vor einigen Wochen habe ich gesagt: Die menschliche Seele muß, wenn in ihr irgendeine Idee aufgestiegen ist, diese in der Zeit ausreifen lassen, und sie wird dabei einen gewissen Rhythmus beobachten können, denn nach sieben Tagen ist die Idee in die Tiefe der Seele eingedrungen, nach vierzehn Tagen kann die reifer gewordene Idee die äußere Astralsubstanz ergreifen und sich vom Weltengeiste taufen lassen; nach einundzwanzig Tagen ist sie wieder reifer geworden, und erst nach vier mal sieben Tagen ist sie so weit, daß wir sie als unser Persönliches der Welt übergeben können. Das ist ein innerer Rhythmus der Seele. Und nur der kann in günstigem Sinne schaffen, der nicht gierig das, was ihm einfällt, in die Welt hineinpreßt, sondern der da weiß, daß sich die Regelmäßigkeit der äußeren Welt in seiner eigenen Seele wiederholt, daß wir so leben müssen, daß wir in uns mikrokosmisch den Makrokosmos wiederholen. – Der Rhapsode sagte: Der Mensch muß seine Seelenkräfte in Einklang versetzen, muß die Tochter der Blumenkönigin suchen und mit ihr eine Ehe eingehen, wo er den einen Teil des Jahres mit der Tochter lebt und sie den andern Teil des Jahres der Mutter überläßt, die in den Tiefen wirkt. Das heißt, der Mensch setzt sich in einen Rhythmus, und der Rhythmus seines Lebens verläuft wie der Rhythmus des Makrokosmos.

Diese Bilder – und wir könnten Hunderte solcher Bilder anführen – regten durch ihre Gedankenformen die Seelenkräfte an, so daß heute die entsprechenden Seelen reif geworden sind, die andere Form, die wir in der Geisteswissenschaft pflegen, zu hören. Aber es mußte so kommen, daß, man möchte sagen, durch die Entbehrung die Sehnsucht erst recht groß wurde; erst mußte gleichsam alles, was in der Seele an geistiger Sehnsucht lebte, in der physischen Welt verschwinden. In der ersten Hälfte des 19. Jahrhunderts ist so vieles verschwunden. Mit der zweiten Hälfte des 19. Jahrhunderts kam dann die materialistische Kultur, und öde wurde es in bezug auf das geistige Leben. Um so größer aber wurde die Sehnsucht und um so bedeutungsvoller das Ideal der spirituellen Bewegung. Nur wenige Menschen gab es, die wie in einem stillen Martyrium in der ersten Hälfte des 19. Jahrhunderts noch empfanden, wie die Ideen, die einmal erschaut worden sind, die dann erzählt wurden, fortlebten, aber im Untergange waren.

Da war im Jahre 1803 ein Mensch geboren worden. In seiner Seele war noch so recht etwas von dem Nachklang der alten Weistümer der Vorzeit lebendig. Es lebte etwas in ihm, was ganz verwandt war mit unserer theosophischen Idee. Seine Seele war voll von dem, was wir heute nennen die geisteswissenschaftliche Lösung der Welträtsel: es ist Julius Mosen. Seine Seele konnte nur dadurch bestehen, daß sein Leib während des größten Teiles seines

Lebens an das Bett gefesselt war. Es paßte die Seele nicht mehr zusammen mit dem Leibe, denn durch die Art und Weise, wie er diese Dinge gefaßt hatte und sie doch wieder nicht spirituell durchdringen konnte, hatte er seinen Ätherleib aus dem physischen Leib herausgezogen, der dadurch gelähmt war. Die Seele aber erhob sich in die geistigen Höhen. Im Jahre 1831 schrieb er ein merkwürdiges Werk, «Ritter Wahn». Er war gewahr geworden, daß in Italien eine wunderbare Sage lebte, eine alte italienische Volkssage vom Ritter Wahn, und indem er diese Sage betrachtete, sagte er sich: Darin lebt Geist vom Weltengeist; diese Volkssage ist so entstanden, diese Bilder sind dadurch geformt worden, daß diejenigen, welche sie geformt haben, durchdrungen waren von dem lebendigen Spirituellen der Weltenführung. – Und was brachte er damit zustande? 1831 schrieb er ein Werk, wunderbar und hinreißend groß. Es ist natürlich vergessen worden – wie alle Dinge, die so dem geistig Großen entstammen.

Ritter Wahn geht aus, den Tod zu überwinden. Auf seinem Wege findet er drei Greise. Es ist Julius Mosen nun gelungen, in merkwürdiger Weise den Namen des einen Greises, il mondo, zu übersetzen mit Ird; denn er wußte, daß etwas Eigentümliches darin liegt, um es in die deutsche Sprache herüberzubringen. Ird, Zeit und Raum sind die drei Greise, die Ritter Wahn findet, als er auszieht, um den Tod zu überwinden. Aber er kann diese drei Greise nicht brauchen, denn sie sind dem Tode unterworfen. Ird ist alles das, was unterworfen ist den Gesetzen des physischen Leibes und somit dem Tode. Zeit, der Ätherleib, unterliegt der Vergänglichkeit. Und der dritte, der niedere Astralleib, der uns die Anschauung des Raumes gibt, ist auch dem Tode unterworfen. Unsere Individualität geht von Inkarnation zu Inkarnation; worinnen wir aber als in unserer dreifachen Hülle stecken, das lebt nach der italienischen Volkssage in Ird, Zeit und Raum.

Was ist Ritter Wahn? Wir haben oft von dem gesprochen, was als Maya in uns einzieht. Wir sind es selbst, wir Menschen, die von Inkarnation zu Inkarnation schreiten und hinausschauen in die Welt und die große Täuschung empfangen. Wir sind ein jeder der Ritter Wahn und gehen ein jeder aus, indem wir ein Leben im Geiste führen, den Tod zu besiegen. Da treffen wir auf die drei Greise, unsere Hüllen. Alt sind sie! Der physische Leib besteht seit der Saturnzeit, der Ätherleib seit der Sonnenzeit, der Astralleib seit der Mondenzeit, und was als Ich im Menschen lebt, hat sich während der Erdenzeit eingefügt. Julius Mosen stellt es nun so dar, daß Ritter Wahn mit der Seele, durch die er den Tod besiegen will, zunächst dahinzustürmen sucht als Reiter – nach dem platonischen Bilde, das in ganz Mitteleuropa und weit darüber hinaus gelebt hat. So stürmt Ritter Wahn heran und will den Himmel erobern mit dem materialistischen Denken – wie die Menschen, die sich an den Sinnenschein hängen, weil sie befangen bleiben in Täuschung und Maya. Wenn sie aber dann auch eintreten in die geistige Welt mit dem Tode, dann geschieht, was Julius Mosen so schön dargestellt hat: Sie haben ihr Leben nicht ausgelebt, sie sehnen sich wieder herunter auf die Erde zur Weiterentwicklung der Seele. Und Ritter Wahn kommt wieder herunter. Und als er die schöne Morgane erblickt, die Seele, die angeregt werden soll durch alles Irdische und – wie die Tochter der Blumenkönigin – darstellen soll die Vereinigung mit alledem, was uns nur durch die Erdenschule gegeben werden kann, da, als er so verbunden ist mit der schönen Morgane, als er wieder mit der Erde verbunden ist, da verfällt er auch dem Tode – das heißt, er geht durch den Tod hindurch, um diese eigene Seele, die als Morgane auftritt, immer weiter emporzubringen während einer jeden Inkarnation.

Aus diesen Bildern, die den Stempel von Jahrtausenden an sich tragen, fließen die Ideen herein, die sich ausleben in Künstlern wie bei Julius Mosen, bei dem sie sich herausrangen aus einer Seele, die zu groß war, um während der heranrückenden materialistischen Zeit in einem Leibe gesund zu leben, so daß er das stille Martyrium auf sich nehmen mußte für die Größe seiner glühenden Seele. Das war 1831. Das lebte in einem Menschen der ersten Hälfte des 19. Jahrhunderts. Das soll wieder auferstehen, aber jetzt so, daß es der Menschen Stärke, der Menschen Kräfte befeuert. Und es wird wieder auferstehen! Und das gibt uns das Bewußtsein von der Bedeutung dessen, was wir als theosophischen Geist erkennen und was als Rosenkreuzergeist in die Menschen einziehen soll.

Jetzt ahnen wir, daß immer vorhanden war, was wir selbst pflegen. Wir verfallen den Täuschungen des Ritters Wahn, wenn wir annehmen wollten, daß irgend etwas in der Welt gedeihen kann, ohne daß dieser Geist durch die Adern der Menschen wirkt. Woher kamen denn die Rhapsoden des 7., 8. oder des 12. Jahrhunderts, die hinauszogen in die Welt, um die Gedankenformen zu erregen, damit die Seelen jetzt etwas anderes fassen können? Wo war das Zentrum dieser Rhapsoden? Wo hatten sie gelernt, solche Bilder vor die Menschen hinzustellen? – In denselben Tempeln hatten sie es gelernt, die wir als die Schulen der Rosenkreuzer anzusehen haben. Sie waren Schüler der Rosenkreuzer, und ihnen sagten die Lehrer: Heute könnt ihr noch nicht hinausziehen und in Ideen zu den Menschen sprechen, wie dies später der Fall sein wird; heute müßt ihr von dem Königssohn, von der Blumenkönigin und von dem dreifachen Mantel erzählen, damit die Gedankenformen sich bilden, die in den Seelen leben sollen. Und wenn die Seelen wiederkommen werden, dann werden sie verstehen, was sie dann brauchen zum weiteren Fortschritt. – Immerzu senden die geistigen Zentren ihre Abgesandten in die Welt, damit in einem jeden Zeitalter das, was in den Tiefen des Geistes ruht, an die Menschenseelen herangebracht werden kann.

Es ist eine triviale Anschauung, wenn heute die Menschen glauben, aus ihren Phantasien heraus Märchen formen zu können. Die alten Märchen, die Ausdruck sind der alten geistigen Geheimnisse der Welt, sind so entstanden, daß die, welche sie für die Welt geformt haben, hinhorchten und lauschten bei denen, die ihnen die geistigen Geheimnisse erzählen konnten, so daß die Zusammenfügung, die Komposition gemäß den geistigen Geheimnissen ist. Deshalb können wir sagen: Es lebt in ihnen der Geist der ganzen Menschheit, des Mikrokosmos und des Makrokosmos.

Von denselben Tempeln heraus wurden die Rhapsoden geschickt, um inhaltsvolle Märchen zu erzählen, und aus denselben Tempeln stammen die Erkenntnislehren der heutigen Zeit, die eintreten in die Seelen und Herzen der Menschen, um die Kultur möglich zu machen, welche die Menschheit braucht. So schreitet der Geist, welcher der Menschheit zugrundeliegt, von Epoche zu Epoche. Diejenigen Wesenheiten, welche in der vorchristlichen Zeit die Individualitäten, die in den heiligen Tempeln saßen, unterwiesen und das lehrten, was sie sich selbst aus früheren planetarischen Zuständen mitgebracht hatten, unterstellten sich der Führung des Christus, dieser einzigartigen Individualität, um in dessen Sinne weiterzuwirken. Der große Lehrer, der Menschenführer ist der Christus geworden. Und wenn ich Ihnen heute noch erzählen könnte, daß die Märchen, die seit Jahrhunderten leben, auf dieselbe Weise entstanden sind, und daß sie innerhalb der ganzen westlichen Kultur Gedankenformen angeregt haben, die dasselbe ausdrükken, nur im Bilde, wie das, was wir heute vom Christus zur Welt sprechen, dann würden Sie sehen, wie in der Zeit nach dem Mysterium von Golgatha die geistige Führung der Menschheit an ihren zentralen Stätten sich in der Tat unterstellt hat der Führung des Christus. So steht alles in der geistigen Führung im Zusammenhange mit dem Christus.

Was bedeutet die Märchenstimmung in unserer Zeit?

Wenn Menschen in einer früheren Inkarnation, beispielsweise im Mittelalter, Märchen gehört haben, so wurden ihre Seelen dadurch so vorbereitet, daß sie im gegenwärtigen Leben seelisch beweglich und offen für Spirituelles sind. So wird es in dem Vortrag «Rosenkreuzerisches Weistum in der Märchendichtung» dargestellt. Heißt das nicht, daß Märchen einem früheren, kindlicheren Bewußtseinszustand angemessen sind und für den heutigen Erwachsenen keine Bedeutung mehr haben?

Wie Rudolf Steiner diese Frage sah, wird sehr deutlich dadurch, wie er die Gestalt eines Wissenschaftlers, des Professors Capesius, in seine Mysteriendramen hineingestellt hat, für den die Märchen ein besonderes Lebenselixier sind und mehr noch als das. Gleich im ersten Bild berichtet Capesius seinen Freunden von der besonderen Wirkung, die die Märchen auf ihn haben.

Es ist wichtig, daß wir voll fassen, was Capesius erzählt. Auf dem physischen Plan gibt es eine Frau, der er gern zuhört, die mit ihrem Munde Sachen spricht, die von okkulten Quellen voll sind. Sie kann es nicht in besondere Worte kleiden. Wenn es aber in die Ohren des Capesius kommt, dann kann er so sprechen:

Berühren muß ich,

Will davon ich erzählen
Ein Ding, das wahrlich wunderbarer mir erscheint
Als manches, was ich hier gehört,

Weil mehr zu meiner Seele sprechend.
Ich könnte kaum an andrem Orte
Die Worte aus dem Munde bringen,
Die hier so leicht mir werden.
Für meine Seele gibt es Zeiten,
Wo sie wie ausgepumpt und leer sich fühlt.
Es ist mir dann, als ob des Wissens Quelle
In mir erschöpft sich hätte;
Als ob kein Wort ich finden könnte,
Das wert zu halten wäre
Gehört zu werden.

Es gibt so etwas. Solche Menschen, wenn sie auch noch so viel wissen, fühlen sich dann, als ob es nicht mehr weitergehen könnte.

Empfind' ich solche Geistesöde,
Dann flüchte ich in dieser guten Leute
Erquickend stille Einsamkeit.

Jetzt geht ihm selber die Seele auf, weil da für ihn das Tor in die okkulte Welt hinein ist.

Und Frau Felicia erzählt
In Bildern wunderbar
Von Wesen, die im Traumeslande wohnen
Und in den Märchenreichen
Ein buntes Leben führen.
Es ist der Ton der Rede
Wie Sagenweise aus den alten Zeiten.
Ich frage nicht, woher sie ihre Worte hat.
Ich denke dann an eines nur mit Klarheit,
Wie meiner Seele neues Leben fließt,
Und wie hinweggebannt
Mir alle Seelenlähmung ist.

Wie so etwas in der Realität ist, das sieht auf dem physischen Plan Johannes Thomasius, der dabei ist, der aber erst in die astralische Welt hineinschauen muß, um es sich erklären zu können. In dem astralischen Bilde erscheint ihm daher gerade Frau Balde, die er jetzt sieht, wie sie in der Gestalt der physischen Welt ist. Und sie gibt dem Geist der Elemente eines ihrer Märchenbilder, wie sie Capesius Hunderte erzählt hat. Jetzt kommt aber das Wechselspiel zu dem, was unter der Schwelle des Bewußtseins vorgeht.

Sie erzählt dem Capesius die Märchen. Und hat sie eines erzählt, was sie selber nicht versteht, dann gehen in seiner Seele die Kräfte auf, welche seine Seelenlähmung hinwegbannen, dann kann er wieder seinen Hörern etwas erzählen. Das klingt dann ganz anders als das, was Frau Felicia erzählt hat. Da spielen geheime Kräfte aber auch bei Capesius. Wenn man diesen nachgeht, findet man ihren Ursprung in der astralischen Welt. Dort ist dann zu schauen, wie sie Gegenströmungen hervorrufen. Und ein solches Echo, wie die Worte der Frau Felicia hervorrufen in der Seele des Capesius, rufen sie hervor überall dort, wo elementarische Gewalten sind.

Frau Balde schöpft ihre Märchen aus «okkulten Quellen», wird hier gesagt. Es geht aber offensichtlich nicht nur um den Inhalt, sondern auch um den konkreten Vorgang des Erzählens, durch den eine Beziehung zum Quell der Lebenskräfte, zur Welt der elementarischen Wesenheiten hergestellt wird. Hier mag eine kurze Bemerkung am Platz sein, die Rudolf Steiner einmal über Dorothea Wild, die spätere Gattin von Wilhelm Grimm, machte. Sie war gebürtige Schweizerin und kannte aus ihrer Heimat viele Märchen, die sie den Brüdern natürlich erzählt hat. Sie erzählte – so Rudolf Steiner «wie in einem Elementarwesen darinnen stehend». So war es sicher auch bei Frau Balde.

Capesius kann durch diese Anregung aus der Welt des Lebendigen sein Denken in Bewegung bringen. Das dient ihm nicht nur zur Erfrischung, sondern bildet für ihn eine Brücke zu übersinnlichen Erlebnissen. Indem Steiner es so darstellt, gibt er dem Umgang mit Märchen in heutiger Zeit einen sehr hohen Stellenwert innerhalb des anthroposophischen Schulungsweges. Die «Märchenstimmung» braucht der Mensch, damit «seine Seele erzogen werden kann, um auf eine neue Weise in die geistigen Welten hineinzukommen». In dem nun folgenden Vortrag vom Dezember 1911 spricht Rudolf Steiner von der «Welthistorik der Märchenstimmung in unserer Zeit». Der Titel, unter dem er veröffentlicht wurde, lautet: «Die Symbolik und die Phantasie mit Bezug auf das Mysterium ‹Die Prüfung der Seele›».

Wir wollen heute anknüpfen an das zweite unserer Mysterienspiele, an «Die Prüfung der Seele».

Sie werden gesehen haben, daß es sich bei all diesen Darstellungen, hauptsächlich aber bei der «Prüfung der Seele», um den Versuch handelt, dramatische Vorgänge an unsere geisteswissenschaftliche Weltanschauung heranzubringen. Insbesondere in dieser «Prüfung der Seele» ist versucht worden, die Wiederverkörperungsidee in ihrem Hineinwirken in das menschliche Seelenleben real zur Darstellung zu bringen. Ich brauche wohl nicht zu bemerken, daß die Vorgänge in der «Prüfung der Seele» nicht rein ausgedacht sind, sondern tatsächlich den Beobachtungen des okkulten Lebens in einer gewissen Weise voll entsprechen, so daß also die Darstellung in einem gewissen Sinne voll realistisch ist. Was zunächst zur Sprache kommen soll, ist für den heutigen Abend ein Blick auf den Umstand, daß es nötig geworden ist, eine Art Übergang zu schaffen von dem bisherigen Leben des Capesius zu der Versenkung des Capesius in ein vorzeitliches Leben, in eine Zeit, in welcher er selbst eine vorhergehende Inkarnation durchgemacht hat.

Ich habe mich oftmals selber, seit diese «Prüfung der Seele» fertig geworden ist, gefragt, was für Capesius den Übergang bilden kann aus seinem Leben in einer Welt, in welcher er nur dasjenige gekannt hat – wenn auch in einer geistvollen Weise –, was die äußere Sinnesanschauung und diejenige Anschauung der Welt bietet, welche an das Instrument des Gehirnes gebunden ist, was, sage ich, für ihn den Übergang bilden kann aus einer solchen Welt in die Welt, in welche er sich dann versenkt, welche man sich nur durch die okkulten Sinnesorgane erschließen kann? Ich habe mich oft gefragt, warum das Märchen mit den drei Gestalten einen solchen Übergang für Capesius bilden muß. Denn selbstverständlich ist nicht aus irgendeinem Verstandesbegriff oder aus irgendeiner Überlegung heraus das Märchen an diese Stelle gestellt, sondern weil es die Phantasie so ergeben hat. Fragen kann man sich höchstens hinterher, warum ein solches Märchen notwendig geworden ist? Und es ergaben sich mir in einer Anknüpfung an die «Prüfung der Seele» Gesichtspunkte, die mir aufklärend erscheinen überhaupt über die Märchenpoesie und über die Poesie im Zusammenhange namentlich mit der anthroposophischen Weltanschauung.

Wenn der Mensch einmal praktisch in sein eigenes Leben die Tatsache einführen wird, die zum Ausdruck kommt in der Gliederung der Seele in Empfindungsseele, Verstandes- oder Gemütsseele und Bewußtseinsseele, dann werden sich ihm rein elementar-gefühlsmäßig in bezug auf seine Stellung, sein Verhältnis zur Welt gewisse Empfindungsrätsel ergeben; Rätsel, die sich gar nicht aussprechen lassen in unserer gewöhnlichen Sprache und unseren gewöhnlichen Begriffsformen, aus dem einfachen

Grunde nicht, weil wir heute doch in einer zu intellektua-
listischen Zeit leben, um durch das Wort und durch alles,
was durch das Wort möglich ist, jene feinen Beziehungen
zum Ausdruck zu bringen, die sich ergeben zwischen den
drei Seelengliedern. Das kann man viel eher, wenn man ein
Mittel wählt, durch welches die Beziehung der Seele zur
Welt selber als eine vieldeutige und dennoch als eine ganz
bestimmte und ausgesprochene erscheint. Was durch die
ganze «Prüfung der Seele» hindurch spielt als eine Beziehung aller Vorgänge zu dem, was in den drei Gestalten
Philia, Astrid und Luna ausgedrückt ist, das bedurfte eines
Ausdruckes in nicht scharfen Konturen, der aber dennoch
durch bestimmte seelische Kraftwirkungen etwas hat, was
das Verhältnis des Menschen zur Welt anschaulich machen
kann. Und das konnte auf keine andere Weise gegeben
werden, als indem gezeigt wurde, wie durch die Erzählung dieses Märchens von den drei Gestalten in Capesius'
Seele hervorgerufen wird ein ganz bestimmter Drang, ein
ganz bestimmter Vorgang, der ihn reif macht, nun hin-
unterzusteigen in diejenigen Welten, die erst jetzt wieder
beginnen, reale, wirkliche Welten für den Menschen zu
werden.

Es soll nun zunächst dieses Märchen zur Darstellung
gebracht werden, damit dann die Betrachtung an dieses
Märchen angeknüpft werden kann.

> Es war einmal ein Knabe,
> Der wuchs als armer Förstersleute einzig Kind
> In Waldeseinsamkeit heran. –
> Er lernte außer seinen Eltern
> Nur wenig Menschen kennen.
> Er war von schwachem Gliederbau:
> Durchscheinend fast war seine Haut.
> Man konnte lang ins Aug' ihm schaun;
> Es barg die tiefsten Geisteswunder.

Und wenn auch wenig Menschen nur
Des Knaben Lebenskreis betraten,
Es fehlte ihm an Freunden nicht.
Wenn in den nahen Bergen
Erglühte golden Sonnenhelle,
Dann sog des Knaben sinnend Auge
Das Geistesgold in seine Seele ein:
Und seines Herzens Wesen,
Es ward so morgensonnengleich. –
Doch wenn durch finstre Wolken
Der Morgensonne Strahl nicht drang
Und düstre Stimmung alle Berge überzog,
Da ward des Knaben Auge trüb
Und wehmutvoll sein Herz – –.
So war er hingegeben ganz
Dem Geistesweben seiner engen Welt,
Die er nicht fremder fühlte seinem Wesen
Als seines Leibes Glieder.
Es waren ihm ja Freunde auch
Des Waldes Bäume und die Blumen;
Es sprachen Geisteswesen aus den Kronen,
Den Kelchen und den Wipfeln –,
Verstehen konnte er ihr Raunen – –.
Geheimer Welten Wunderdinge
Erschlossen sich dem Knaben,
Wenn seine Seele sich besprach
Mit dem, was leblos nur
Den meisten Menschen gilt.
Und sorgend oft vermißten abendlich
Die Eltern den geliebten Sprossen. –
An einem nahen Orte war er dann,
Wo aus den Felsen eine Quelle drang
Und tausendfach zerstäubend
Die Wassertropfen über Steine sprengte.
Wenn Mondeslichtes Silberglanz

In Farbenfunkelspielen zauberhaft
Sich spiegelt' in des Wassers Tropfenstrom,
Da konnt' der Knabe stundenlang
Am Felsenquell verharren.
Und Formen, geisterhaft gebildet,
Erstanden vor dem Knabenseherblick
Im Wassertreiben und im Mondenlichtgeflimmer.
Zu dreien Frauenbildern wurden sie,
Die ihm von jenen Dingen sprachen,
Nach denen seiner Seele Trieb gerichtet. –
Und als in einer milden Sommernacht
Der Knabe wieder an der Quelle saß,
Ergriff der Frauen eine viele tausend Stäubchen
Des bunten Wassertropfenwesens
Und reichte sie der zweiten Frau.
Die formte aus den Tropfenstäubchen
Ein silberglänzend Kelchgefäß
Und reichte es der dritten Frau.
Die füllte es mit Mondessilberlicht
Und gab es so dem Knaben.
Der hatte alles dies geschaut
Mit seinem Knabenseherblick. –
Ihm träumte in der Nacht,
Die dem Erlebnis folgte,
Wie er beraubt des Kelches
Durch einen wilden Drachen ward. –
Nach dieser Nacht erlebte jener Knabe
Nur dreimal noch das Quellenwunder.
Dann blieben ihm die Frauen fort,
Auch wenn der Knabe sinnend saß
Am Felsenquell im Mondensilberlicht. –
Und als dreihundertsechzig Wochen
Zum dritten Mal verstrichen waren,
War längst der Knabe Mann geworden
Und von dem Elternhause und dem Waldesgrund

In eine fremde Stadt gezogen.
Da sann er eines Abends,
Von harter Arbeit müde,
Was ihm das Leben wohl noch bringen möge.
Es fühlte sich der Knabe plötzlich
Nach seinem Felsenquell entrückt;
Und wieder konnte er die Wasserfrauen schauen.
Und dieses Mal sie sprechen hören.
Es sagte ihm die erste:
Gedenke meiner jeder Zeit,
Wenn einsam du dich fühlst im Leben.
Ich lock' des Menschen Seelenblick
In Ätherfernen und in Sternenweiten,
Und wer mich fühlen will,
Dem reiche ich den Lebenshoffnungstrank
Aus meinem Wunderbecher. –
Und auch die zweite sprach:
Vergiß mich nicht in Augenblicken,
Die deinem Lebensmute drohen.
Ich lenk' des Menschen Herzenstriebe
In Seelengründe und auf Geisteshöhn.
Und wer die Kräfte sucht bei mir,
Dem schmiede ich die Lebensglaubensstärke
Mit meinem Wunderhammer. –
Die dritte ließ sich so vernehmen:
Zu mir erheb' dein Geistesauge,
Wenn Lebensrätsel dich bestürmen.
Ich spinne die Gedankenfäden
In Lebenslabyrinthen und in Seelentiefen,
Und wer zu mir Vertrauen hegt,
Dem wirke ich die Lebensliebesstrahlen
Auf meinem Wunderwebestuhl. – – –
Es träumt' in jener Nacht,
Die dem Erlebnis folgte,
Dem Manne, daß ein wilder Drache

In Kreisen um ihn her sich schlich –
Und nicht ihm nahen konnte:
Es schützten ihn vor jenem Drachen
Die Wesen, die er einst am Felsenquell geschaut
Und die aus seiner Heimat
Mit ihm zum fremden Ort gezogen waren.

Die Märchenstimmung ist, wie mir scheint, überhaupt etwas, was sich in einer voll berechtigten Weise hineinstellt zwischen die äußere Welt und all das, was der Mensch einstmals in der alten Zeit des ursprünglichen menschlichen Hellsehens in den geistigen Welten schaute, was er auch heute noch schauen kann, wenn er sich etwa durch besondere abnorme Anlagen oder durch ein regelrecht geschultes Hellsehertum zu den geistigen Welten erheben kann. Zwischen dieser Welt und der Welt der äußeren Wirklichkeit und des Verstandes und der Sinne ist die Welt des Märchens vielleicht das allerberechtigtste Zwischenglied. Es scheint mir notwendig, eine gewisse Erklärung zu finden für die ganze Stellung des Märchens und der Märchenstimmung zwischen diesen Welten. Nun ist es außerordentlich schwierig, die Brücke zwischen diesen beiden Gebieten wirklich zu schlagen. Aber da kam es mir vor Augen, als wenn sie durch ein Märchen selber zu schlagen wäre. Und besser als alle theoretischen Erklärungen scheint mir ein sehr einfaches Märchen diese Brücke wirklich zu schlagen, das man etwa so erzählen könnte:

Es war einmal ein armer Bursche. Der hatte eine kluge Katze. Und die kluge Katze verhalf dem armen Burschen, der nichts hatte außer ihr selber, zu einem großen Besitz. Sie bewirkte es nämlich, daß man dem Könige hinterbrachte, der arme Bursche hätte einen großen, wunderschönen, merkwürdigen Besitz, den sogar ein König mit Neugierde betrachten könnte. Und die kluge Katze brachte es dahin, daß der König sich aufmachte und durch allerlei höchst merkwürdige Gegenden fuhr. Überall wurde dem König weisgemacht, durch die Veranstaltungen der klugen Katze, daß der weite Besitz von Gefilden und von allerlei Baulichkeiten höchst merkwürdigster Art diesem Burschen gehöre. Da kam der König zuletzt auch noch zu einem großen zauberhaften Schloß. Aber er kam für die Verhältnisse, die im Märchen spielen, etwas spät. Denn schon war die Zeit herangerückt, wo der große Riese oder Troll nach Hause heimkehrte von der Weltenwanderung und wieder hineingehen wollte in den Palast, der eigentlich diesem Riesen gehörte. Der König war eben in dem Palast und wollte sich alles Zauberhafte und Wundersame anschauen. Da legte sich denn die kluge Katze vor die Tür hin, damit der König nicht merke, daß das alles dem Riesen gehöre, dem Troll. Da der Riese heimkehrte gegen die Morgenstunde, begann die Katze dem Riesen eine Geschichte zu erzählen, von der sie ihm klarmachte, daß er sie anhören müßte. Und sie erzählte ihm mit großer Geschwätzigkeit, wie der Bauer sein Feld pflügt, wie er seinen Acker düngt, wie er dann wieder umpflügen muß, wie er dann die Samen holt, die er in den Acker streuen will, wie er dann die Samen in den Acker bringt. Kurz, sie erzählte ihm eine so lange Geschichte, daß es Morgen wurde und die Sonne aufging. Und da sagte die kluge Katze, jetzt müsse der Riese, der doch noch niemals die goldene Jungfrau im Osten gesehen hat, bleiben und sich die goldene Jungfrau ansehen, müsse sich die Sonne ansehen. Aber – so ist es nach einem Gesetz, dem die Riesen unterstehen – als der Riese sich umdrehte und die Sonne ansah, da zerplatzte er. Und die Folge war, daß jetzt tatsächlich durch die Hintanhaltung des Riesen der Palast dem armen Burschen zugefallen war. Und er hatte nicht nur durch die Machinationen der klugen Katze all den Besitz, den sie ihm vorher nur zugesprochen hatte, sondern er besaß jetzt wirklich den Riesenpalast und alles, was dazugehörte.

Man kann sagen: Eigentlich muß man das kleine, anspruchslose Märchen wirklich außerordentlich bezeichnend finden, man möchte sagen für die Welthistorik der Märchenstimmung in unserer Zeit. Denn wahrhaftig, wenn wir den Menschen in seiner Entwicklung im Erdengange betrachten, so sind unter allen Menschen, die sich auf der Erde entwickelt haben, oder von allen Inkarnationen, durch welche Menschen hindurchgegangen sind, oder unter den gegenwärtig inkarnierten Seelen die meisten das, was man mit dem armen Burschen vergleichen kann. Ja, wir sind im Grunde genommen in unserer Gegenwart, im Verhältnis zu den anderen Zeiten, wirklich der arme Bursche und haben nichts als eine kluge Katze. Aber die kluge Katze haben wir ganz zweifellos. Denn die kluge Katze ist gerade unser Verstand, unser Intellekt. Und das, was der Mensch gegenwärtig durch seine Sinne besitzt, was er für die äußere Welt hat durch den Verstand, der an das Gehirn gebunden ist, ist wahrhaftig im Verhältnisse zu der gesamten kosmischen Welt, zu alledem, was der Mensch durchgemacht hat durch die Saturn-, Sonnen- und Mondenzeit, etwas recht Armseliges. Der arme Bursche sind wir im Grunde genommen alle, und nur unseren Verstand haben wir, der sich ein wenig hermachen kann, um einen gewissen imaginären Besitz uns zuzusprechen. Kurz, wir sind in der gegenwärtigen Lage der arme Bursche, und wir haben die kluge Katze. Aber wir sind nicht bloß der arme Bursche. Wir sind es für unser Bewußtsein. Unser Ich aber wurzelt in verborgenen Tiefen des Seelenlebens. Diese verborgenen Tiefen des Seelenlebens hängen zusammen mit unzähligen Welten und unzähligen kosmischen Geschehnissen. Die alle spielen herein in das Menschenleben. Nur ist der Mensch der Gegenwart ein armer Bursche geworden und weiß von dem allem nichts mehr, kann sich höchstens durch die kluge Katze, durch die Philosophie, allerlei erklären lassen über den Sinn und die Bedeutung dessen, was er mit den Augen sieht oder mit den sonstigen Sinnen wahrnimmt. Und wenn dann der Mensch in der Gegenwart doch von irgend etwas sprechen will, was über die Sinneswelt hinausgeht, wenn er sich irgend etwas verschaffen will, was über die Sinnenwelt hinausgeht, dann tut er es – und er tut es schon seit vielen Jahrhunderten – in der Kunst und in der Dichtung.

Aber gerade unsere Zeit – diese in vieler Beziehung so merkwürdige Übergangszeit – zeigt uns so recht, wie der Mensch doch sich nicht viel hinausfühlt über die Stimmung des armen Burschen, auch wenn er Dichtung und Kunst in die gegenwärtige Welt der Sinne hereinstellen kann, wie sie ihm gegeben ist. Denn in unserer Zeit strebten die Menschen aus einem gewissen Unglauben an die höhere Kunst und an die höhere Dichtung hin zum Naturalismus, zu einer rein äußerlich gehaltenen Wiedergabe der äußeren Wirklichkeit. Und wer möchte leugnen, daß unsere Zeit etwas von jener Stimmung hat, die, wenn im Glanze der Kunst und der Dichtung die Wirklichkeit dargestellt wird, doch immer wieder seufzt: Ach, das alles sind doch Scheingebilde, das alles ist doch keine Wahrheit. – Wieviel hat nicht unsere Zeit von einer solchen Stimmung? So daß in der Tat der König im Menschen, der urständet aus der geistigen, aus der spirituellen Welt heraus, gar sehr der Überredung bedarf durch die kluge Katze, durch den Verstand, der dem heutigen Menschen gegeben ist, um einzusehen, wie dasjenige, was der Phantasie erwächst und erwacht in der Kunst, doch in einer gewissen Weise wahrer Menschenbesitz ist. Überredet wird der Mensch, der König im Menschen zunächst. Aber das taugt doch eigentlich nicht viel, taugt nur für eine gewisse Weile. Es kommt dann an den Menschen in einer Zeit – wir leben jetzt gerade am Ausgangspunkte dieser Zeit – die Notwendigkeit heran, wieder den Zugang zu finden zu der höheren, geistigen, zu der eigentlichen spirituellen Welt. Es kommt an den

Menschen heran, und überall ist heute zu fühlen, wie an den Menschen dieser Drang herankommt, wieder aufzusteigen in die Sphären der geistigen Welt.

Da muß ein gewisser Übergang eintreten. Und es ist kaum durch irgend etwas anderes dieser Übergang in leichterer Weise zu machen als durch eine sinngemäße Wiederbelebung der Märchenstimmung. Die Märchenstimmung hat wirklich, rein äußerlich gesprochen, das an sich, was es dem Menschen der Gegenwart am allerleichtesten macht, seine Seele vorzubereiten auf das Erleben solcher Ereignisse, die hereinleuchten aus höheren, übersinnlichen Welten. Gerade die Art und Weise, wie das Märchen anspruchslos vor uns hintritt und zunächst nicht den Anspruch darauf macht, in irgendeinem Zuge Abbild der äußeren Wirklichkeit zu sein, sondern wie das Märchen kühn sich hinwegsetzt über alle äußeren Gesetze der äußeren Wirklichkeit, gibt aus dem Märchen heraus die Möglichkeit, die menschliche Seelenstimmung vorzubereiten für das Wiederempfangen der höheren, geistigen Welt. Der grobe Glaube, der für die geistige Welt in der alten Zeit dadurch erreicht worden ist, daß die Menschen noch auf einer primitiveren Stufe standen und ein gewisses Hellsehen in ihrer Seele war, muß zerplatzen wie der Riese Troll vor einer äußeren Wirklichkeit. Man kann ihn nur hinhalten durch die klugen Katzenfragen und durch die Katzenerzählungen, die man breit über die äußere Wirklichkeit hinspinnt. Gewiß, man kann lange an so klugen Katzenerzählungen spinnen und zeigen, wie da und dort die Wirklichkeit notwendig macht, daß man zu geistigen Erklärungen seine Zuflucht nimmt. Man kann in breiter Philosophie ausspinnen, wie da und dort manche Frage nur durch das Beziehen auf die geistige Welt beantwortet werden kann. Da behält man etwas wie ein Andenken aus alter Zeit. Man hält den Riesen durch das, was aus den alten Zeiten stammt, eine Weile hintan. Aber gegenüber der klaren Sprache der Wirklichkeit wird das, was aus der alten Zeit geblieben ist, nicht standhalten können, das zerplatzt wie der Riese gegenüber der aufgehenden Sonne. Aber diese Stimmung, das Zerplatzen des Riesen, muß man erst kennen. Und hier berühren wir etwas, wodurch die Psychologie des Märchens in einer gewissen Weise gegeben werden kann. Ich kann diese Dinge nicht theoretisch auseinandersetzen, ich kann das Psychologische des Märchens nur durch Seelenbetrachtung auseinandersetzen und möchte dazu folgendes sagen.

Denken Sie sich einmal, es stünden in lebendiger Imagination, wie wir das jetzt auch wieder skizzenhaft in den Vorträgen über Pneumatosophie geschildert haben, mancherlei von den Gebilden der geistigen Welt vor irgendeiner Seele. Gewiß, wir in dem Gebiet der Anthroposophie erzählen vieles aus den geistigen Welten. Das muß lebendig zunächst vor irgendwelcher Seele stehen. Aber es käme nicht viel zustande für die äußere Darstellung, wenn man nur das darstellen wollte, was sich da vor die Seele hindrängt, auch vor die hellseherische Seele. Es kommt eine merkwürdige Disharmonie in der Seele heraus, nicht nur wenn man in die grauenvollen Gespinste des gegenwärtigen Gedankens hineingeheimnissen soll solche Wahrheiten, wie sie hier in unserem Zweige in den letzten drei Stunden über die Saturn-, Sonnen- und Mondenzustände auseinandergesetzt werden mußten. Da fühlt man sich gegenüber den Dingen, die da vor der Seele stehen, überall eingeengt. Und was so einfangen muß die Geheimnisse über die höheren Welten, das kommt sich im Menschen selbst recht trollhaft vor. Ein patschiger, trolliger Riese ist man eigentlich, wenn man die Gebilde der geistigen Welt einfangen will. Und vor der Sonne des Tages muß man dann in einer gewissen Weise freiwillig zerplatzen lassen diese Gebilde, um sie der Stimmung der Gegenwart anzupassen, muß sie sozusagen freiwillig hellseherisch zerplatzen lassen an der äußeren Wirklichkeit, kann aber etwas zurückbehalten. Man kann das zurückbehalten, was der arme Bursche zurückbehält. Was Besitz werden kann von der geistigen Welt für unsere unmittelbare Gegenwartsseele, das ist die Umwandlung, aber die sachgemäße Umwandlung des gigantischen Gehaltes der imaginativen Welt in dem Vieldeutigen einer Märchenstimmung. Dann fühlt sich wirklich diese menschliche Seele wie der König, der hingeführt wird zu dem, was zunächst dieser Seele gar nicht gehört, was der Armen-Burschen-Seele gar nicht gehört. Sie kommt aber in diesen Besitz dadurch, daß der gigantische Riese zerplatzt, daß man gegenüber der Wirklichkeit die imaginative Welt aufgibt und sie in den Palast, den die Phantasie zimmern kann, hereinbekommt. Während nämlich in den alten Zeiten die Phantasie der Menschen – die Phantasie des armen Burschen – durch die imaginative Welt gespeist worden ist, kann sie das heute gegenüber der Entwicklungsstufe unserer Seele nicht mehr. Aber dennoch, wenn man zunächst einmal die ganze imaginative Welt aufgibt und das Ganze hereinpreßt in die vieldeutige Märchenstimmung, die sich nicht an die äußere Wirklichkeit hält, dann kann uns etwas in der Phantasie des Märchenspieles zurückbleiben, was eine tiefe, tiefe Wahrheit ist. Das heißt, der arme Bursche, der eigentlich nichts hat als die Katze, als den klugen Verstand, kann gerade in der Märchenstimmung dasjenige haben, was er braucht für die Gegenwart, damit seine Seele erzogen werden kann, um auf eine neue Weise in die geistigen Welten hineinzukommen.

Daher scheint es mir eine richtige Psychologie des Capesius zu sein, der so ganz aus der Ideenwelt der Gegenwart herausgewachsen ist, daß er aus einer allerdings vergeistigteren Auffassung der gegenwärtigen Welt in die Welt der Märchen hineinkommt, die sich als ein Neues, als eine wirkliche Beziehung zur okkulten Welt ihm erschließen soll. So muß denn auch so etwas wie ein Märchen hingestellt werden an der Stelle, die den Übergang bilden soll zwischen dem Stehen des Capesius in der Welt der äußeren Wirklichkeit und der Welt, in die er untertauchen soll, um sich selber in einer früheren Inkarnation zu schauen.

Was ich Ihnen jetzt gleichsam rein als ein persönliches Aperçu sagte, als etwas, was sich mir ergeben hat als Grund, warum damals gerade der notwendige Einfall kam, dieses Märchen an diese Stelle zu stellen, stimmt mit dem überein, was wir nennen können etwa die Geschichte von der Entstehung der Märchen überhaupt in der menschheitlichen Entwicklung. Es stimmt in einer ausgezeichneten Weise überhaupt zu der Art, wie die Märchen in der Menschheit heraufgekommen sind. Wenn wir auf die früheren Zeiten menschheitlicher Entwicklung zurückblicken, finden wir überall bei den Völkern in den Urzeiten ein gewisses primitives Hellsehen, ein Hineinschauen in die geistige Welt. Wir müssen daher in jenen Zeiten nicht nur unterscheiden die beiden wechselnden Zustände von Wachen und Schlafen, oder höchstens als einen chaotischen Übergangszustand noch das Träumen, sondern wir müssen noch einen Übergangszustand zwischen Wachen und Schlafen bei den alten Völkern annehmen, der diese Menschen nicht traumhaft, sondern als in eine Wirklichkeit schauend, in die Möglichkeit versetzte, mit dem geistigen Dasein zu leben. Der gegenwärtige Mensch ist mit seinem Bewußtsein in der Welt beim Tagwachen, aber nur mit seinem sinnlichen Bewußtsein und mit seinem Verstande. Er ist arm geworden wie der arme Bursche, der nichts hat als die kluge Katze. Dann aber kann er auch in der geistigen Welt sein, nämlich in der Nacht. Da schläft er aber, da hat er kein Bewußtsein von den geistigen Welten. Zwischen diesen zwei Zuständen hatte der Urmensch noch den dritten, der ihm etwas vor die Seele zauberte wie gewaltige Bilder. Er lebte dann in dem, was der Hellseher, der die Kunst des Hellsehens erreicht hat, auch hat, nur daß er es nicht traumhaft und nicht in einem Chaos, sondern in einer wirklichen Welt hat. Aber doch hatte es der alte Mensch so, daß er mit einem klaren Bewußtsein seine Imaginationen umspannen konnte. In diesen drei Zuständen lebte der Urmensch. Und wenn er so seine Seele hinaus erweitert fühlte in das geistige All, überall zusammenhängend mit geistigen Wesen anderer Art, angrenzend an die Hierarchien, an die geistigen Wesen, die in den Elementen, in Erde, Wasser, Luft und Feuer leben, wenn er so sein Wesen über die engen Grenzen seines Seins hinaus erweitert fühlte, dann fühlte er sich wohl in solchen Zwischenzuständen als der Riese, der aber immer platzte, wenn die Sonne aufging und er in den Wachzustand übergehen mußte.

Diese Schilderungen nämlich sind gar nicht so unrealistisch. Heute, wo man gar nicht mehr das ganze Schwergewicht der Worte fühlt, wird man vielleicht glauben, es wäre mit Zerplatzen nur gedankenlos ein Wort hingestellt, wie man sonst ein Wort an das andere reiht. Aber es entspricht das Zerplatzen bildlich einer Art Tatbestand. Es ist für den alten Menschen so gewesen, wie wenn er sein Wesen in eine ganze Summe von Welten hinauswachsen fühlte, und wenn dann die goldene Jungfrau am Morgen herankam und sein Auge an die äußere Wirklichkeit sich gewöhnen mußte, dann kam ihm der Streif der äußeren Wirklichkeit vor wie etwas, was ihm auseinandertrieb, was er vorher schaute, was zum Zerplatzen brachte, was er vorher war. Es entspricht das in einer gewissen Weise tatsächlich einer Art von Tatbestand.

Das aber, was im Menschen wirksam ist, was der eigentliche König in der Menschennatur ist, ließ sich nicht abhalten, etwas hereinzutragen in die Welt der gewöhnlichen Wirklichkeit aus der Welt, in der die Seele eigentlich wurzelt. Und was da hereingetragen wurde, ist eben die

Projektion, das Schattenbild des Erlebten in unsere Welt herein, ist die Welt der Phantasie, der wirklichen Phantasie, nicht der phantastischen, die einfach die Lappen des Lebens zusammenstellt, sondern der wirklichen Phantasie, die ihren Sitz im Inneren der Seele hat, die zu allen Einzelheiten des Schaffens von innen heraus getrieben wird. Naturalistische Phantastik würde gerade den umgekehrten Weg machen von dem, welcher der Weg der wirklichen Phantasie ist. Naturalistische Phantastik würde da und dort ein Motiv aufgreifen, würde die Modelle zu jeder Kunst auch in der äußeren Wirklichkeit suchen und diese Lappen der Wirklichkeit so zusammenfügen, wie es durch eine kombinatorische Phantasie entsteht, wie sie in den Zeiten niedergehender Kunstperioden einzig und allein vorhanden ist. In derjenigen Phantasie, die ein Schattenbild der Imagination ist, arbeitet etwas, was nicht diese, nicht jene einzelne Gestalt hat, was zunächst in äußeren Formen nicht weiß, was sie schaffen soll, wo von innen heraus der Stoff nach dem Schaffen drängt. Dann tritt wie eine Verdunkelung des Lichtprozesses das auf, was sich hingebend als bildhaft nachgestaltende Kunst zu der realen Wirklichkeit neigt. Es ist genau der entgegengesetzte Prozeß zu dem, der im heutigen künstlerischen Schaffen so vielfach zu bemerken ist. Aus einem Zentrum heraus geht alles zu dieser Phantasie, das als ein Geistiges – zunächst einer imaginativen Wirklichkeit – hinter unserer Sinneswirklichkeit steht. Und was da zustande kommt, ist eine Phantasiewirklichkeit. Aber es ist tatsächlich dasjenige, was legitim aus den spirituellen Welten in unsere Wirklichkeit hereinwachsen kann, was sozusagen ein legitimer Besitz des armen Burschen werden kann, das heißt des gegenwärtigen Menschen, der auf die Armut der äußeren Sinneswelt beschränkt ist. Und von allen Dichtungsformen am wenigsten an die äußere Wirklichkeit gebunden ist gerade das Märchen. Gehen

wir zur Sage, zum Mythos, zur Legende: überall finden
wir, daß die Züge, die nur übersinnlichen Gesetzen folgen,
durchtränkt werden in Sage und Mythos von den Gesetzen der realen Wirklichkeit, weil man aus dem Geistigen
in die äußere Welt hinausgeht, und daß die Quellen, welche historische Quellen sind oder in irgendeiner Weise mit
der Historie zusammenhängen, nun mit der historischen
Gestalt in Beziehung gesetzt werden. Nur das Märchen
läßt sich gar nicht gestalten wie reale Gestalten, es schaltet
ganz frei gegenüber den realen Gestalten. Es kann alles,
was es in der Wirklichkeit gibt, in beliebiger Weise verwenden und hat es verwendet. Daher ist das Märchen der
reinste Sproß des alten primitiven Hellsehens, ist etwas
wie eine Abschlagzahlung für das frühere Hellsehen. Mag
der Nüchterling, der Pedant, der in allem nur zu einer pro-
fessoralen Daseinsbetrachtung kommt, es nicht empfinden; er braucht es nicht zu empfinden, aus dem einfachen
Grunde nicht, weil er immer bei jeder Wahrheit fragt: Wie
stimmt sie zu aller Wirklichkeit?

Eine Gestalt wie Capesius strebt über alles hinaus zur
Wahrheit. Er kann nicht zufrieden sein mit der Frage:
Wie stimmt eine Wahrheit zur Wirklichkeit? – Denn er
sagt sich: Ist eine Wahrheit denn abgetan, wenn man sagt,
sie stelle etwas dar, was zur äußeren Welt stimmt? – Die
Dinge können wahr und wahr und wahr sein und können
richtig und richtig und richtig sein und könnten gerade
ebensoviel Beziehung zu der Realität haben wie die Wahrheit jenes semmelholenden Dorfjungen, der ganz richtig
gerechnet hat, aber es hatte seine Rechnung keinen Bezug
zur Realität, weil er rechnete, er hätte für seine zehn Kreu-
zer nur fünf Semmeln zu bekommen. Der Semmeljunge
machte es ebenso wie der, welcher über die Wirklichkeit
philosophiert. Aber man bekam eben in jenem Dorfe auf
fünf Semmeln eine drauf, das ist etwas, was mit keiner
Philosophie, mit keiner Logik rechnet, das ist eine Wirk-

lichkeit. So kommt für Capesius eben nicht in Frage: Wie stimmt die eine oder die andere Idee, der eine oder der andere Begriff zu der Wirklichkeit? – Capesius aber fragte zuerst: Was erlebt die Menschenseele bei irgendeinem Begriff, den sie sich zunächst bildet? – Daher erlebt die Menschenseele bei alledem, was nur äußere Wirklichkeit sein kann, Öde, Austrocknung, Anlage zu fortwährendem Absterben in der Seele. Daher braucht Capesius die Auffrischung durch die Märchen der Frau Felicia, braucht gerade das, was im Sinne der äußeren Wirklichkeit am allerwenigsten wahr zu sein braucht, einen Inhalt, der real ist, der aber im gewöhnlichen Sinne gar nicht wahr zu sein braucht. Dieser Inhalt bereitet ihn vor, den Weg in die okkulte Welt zu finden.

Im Märchen ist dem Menschen etwas geblieben, was sich wie ein Nachkomme dessen auslebt, was die Menschen im alten Hellsehen erlebt haben, in einer Form, die gerade dadurch so legitim ist, daß keiner, dem sich das Märchen in die Seele ergießt, Anspruch darauf macht, daß seine Züge mit der äußeren Wirklichkeit stimmen. Und in der Märchenphantasie hat der arme Bursche, der sonst nur die kluge Katze hat, einen Palast, der in die unmittelbare Wirklichkeit hereinragt. Daher kann das Märchen für jedes Lebensalter ein wunderbares geistiges Nahrungsmittel sein. Wenn wir die geeigneten Märchen dem Kinde erzählen, regen wir die kindliche Seele so an, daß sie nicht allein in der Weise der Wirklichkeit zugeführt wird, daß sie immer nur in der Stimmung verharrt bei irgendeinem Begriff, der mit der äußeren Realität stimmt. Denn ein solches Verhältnis zur Wirklichkeit vertrocknet und verödet die Seele, dagegen wird die Seele lebendig und frisch gehalten, so daß sie die Gesamtorganisation des Menschen durchdringt, wenn sie das, was real im höheren Sinne ist, in den gesetzmäßigen Gestalten der Märchenbilder fühlt, die aber doch die Seele ganz über die äußere Welt hinwegheben. Kräftiger für das Leben, lebendiger das Leben erfassend wird der Mensch, wenn in seiner Kindheit Märchen auf seine Seele gewirkt haben.

Für Capesius sind Märchen die Anreger für die imaginative Erkenntnis. Nicht was in ihnen enthalten ist, was sie mitteilen, sondern wie sie verlaufen, wie ein Zug sich an den anderen gliedert, das wirkt und webt in seiner Seele. Der eine Zug läßt gewisse Seelenkräfte nach aufwärts streben, ein anderer andere nach abwärts, wieder durch andere werden aufstrebende und abwärtsstrebende durchkreuzt. Dadurch kommt er in seiner Seele in Bewegung, dadurch wird herausgeholt aus seiner Seele das, was ihn zuletzt befähigt, hineinzuschauen in die geistige Welt. Für viele kann gerade das Märchen das Alleranregendste sein. Deshalb finden wir bei den Märchen, die in früheren Zeiten entstanden sind, immer etwas, was zeigt, wie Züge des alten hellseherischen Bewußtseins in die Märchenzüge hereinspielen. Die ersten Märchen sind nicht so entstanden, daß sie jemand ausgedacht hat, nur die Theorien der gegenwärtigen Märchenprofessoren, welche die Märchen erklären, sind so entstanden. Die Märchen sind nirgends ausgedacht, sind die letzten Reste des alten Hellsehens, die von den Menschen, welche noch die Kräfte dafür hatten, im Traume erlebt waren. Was im Traume gesehen wurde, das wurde erzählt, so wie das Märchen vom gestiefelten Kater, das nur eine Umbildung ist des Märchens, das ich Ihnen heute erzählte. Alle Märchen waren schließlich vorhanden als letzte Reste des ursprünglichen Hellsehens. Daher kann ein wirkliches Märchen nur entstehen, wenn – entweder bewußt oder unbewußt – in der Seele des Märchendichters die Imagination vorhanden ist, die sich hineinprojiziert in die Seele, sonst ist es nicht richtig. Ein beliebig ausgedachtes Märchen kann nie richtig sein. Wenn heute noch da oder dort durch irgendeinen Menschen ein wirkliches Märchen entsteht, so entsteht es auch nicht anders als dadurch, daß in dem Menschen die Sehnsucht erwacht nach den alten Zeiten, welche die Menschheit einstmals durchgemacht hat. Diese Sehnsucht ist vorhanden, nur schleicht sie sich manchmal in gar verborgene Seelentiefen ein, und der Mensch verkennt in dem, was er bewußt schaffen kann, oft sehr, wie vieles aus den verborgenen Tiefen des Seelenlebens heraufkommt, und wie vieles nur durch das entstellt ist, was der Mensch mit seinem gegenwärtigen Bewußtsein machen kann.

Da möchte ich doch einmal auch hier darauf hinweisen, daß alles, was in die dichterische Form geprägt werden kann, im Grunde genommen niemals auf Wahrheit beruhen kann, wenn es nicht zurückgeht auf ein sich erfüllendes Sehnen nach dem alten hellseherischen Eindringen in die Welt, oder wenn es nicht irgendwie mit neuem, wirklichem Hellsehen zusammenhängt, das ja nicht voll herauszukommen braucht, das in den Seelentiefen verborgen leuchten kann und sich in den Seelentiefen nur abschattieren kann. Deshalb bleibt aber dieses Verhältnis doch vorhanden.

Das sind Dinge, die ich Ihnen heute gern ganz anspruchslos und unzusammenhängend vorbringen wollte. Sie sollten Ihnen zeigen, wie in einer gewissen Weise wiederbelebt werden muß, was der Mensch verloren hat und was sich hinübergerettet hat in unsere Zeit, was aber wiedergewonnen werden muß, wie es Capesius gewinnt, damit der Mensch dann in das Zeitalter hineinwachsen kann, das uns doch bevorsteht, und in welchem er wieder der höheren Welten teilhaftig werden kann.

Daß Rudolf Steiner hier als Beispiel für die «Märchenstimmung» das eher heitere Märchen vom armen Burschen und seiner klugen Katze gewählt hat, zeigt, daß er unter «Märchenstimmung» etwas durchaus anderes verstand, als wir spontan damit assoziieren. Es handelt sich um nichts Gefühlvolles oder gar Sentimentales. Die Stimmung, die durch das Bild des Zerplatzens des Riesen an der Morgensonne hervorgerufen wird, ist eher eine nüchterne, wenn man so will eine Morgenstimmung. In ihr liegt das Befreiende, das wir erleben, wenn wir aus einem dumpfen, vielleicht beängstigenden Traum erwachen. Der Riese ist ja gefährlich, er könnte Besitzansprüche geltend machen. Interessanterweise sieht Steiner in ihm nicht nur die heraufdrängenden Bilder eines alten traumhaft-atavistischen Ur-Bewußtseins, das immer noch in den Untergründen unserer Seele lagert, zum Beispiel als Neigung zum Aberglauben, sondern durchaus auch Imaginationen, die sich «durch ein regelrecht geschultes Hellsehertum» vor die Seele drängen. Diese, so führt er aus, haben wenig Bedeutung, wenn man sie einfach als solche zur Darstellung bringt. Das ist ebenso problematisch, wie wenn man sie «in die grauenvollen Gespinste des gegenwärtigen Gedankens hineingeheimnissen soll». Zwischen diesen beiden Extremen weist uns unsere kluge Katze, das Verstandesbewußtsein, auf die Wohlstrukturiertheit und Linienschärfe echter Märchen als ein vermittelndes Bindeglied hin. An der Klarheit seiner Urbilder kann sich die Dumpfheit des Traumbewußtseins lichten und sich so dem Tagesbewußtsein annähern. Andererseits kann durch das Irreale des Märchens, das «kühn sich hinwegsetzt über alle äußeren Gesetze der äußeren Wirklichkeit», das begriffliche Denken aus seiner Starrheit befreit und in Bewegung gebracht werden.

Um die Zusammenhänge, die Rudolf Steiner in diesem Märchen sieht, in ihrer Gänze zu erfassen, ist es sehr hilfreich, die bereits erwähnte Übung zu machen:

sich gesamthaft mit dem Märchen zu identifizieren. Das heißt, daß alle geschilderten Vorgänge auf der Bühne der eigenen Seele durchspielen: Ich bin sowohl der arme Bursche als auch die kluge Katze, sowohl der alte König als auch der Troll. In mir ist auch das Schloß, das zunächst dem Troll gehört, dann aber in den Besitz des armen Burschen übergeht, und das alles nur durch die Hilfe der klugen Katze!

Rudolf Steiners Quelle für das Märchen von der klugen Katze war wahrscheinlich Ludwig Laistners Mythengeschichte «Das Rätsel der Sphinx» (siehe Anmerkung zu S. 15). Laistner muß es der norwegischen Sammlung von Asbjørnsen und Moe entnommen haben. Es heißt dort «Der Herr Peter», und es lohnt sich, auch den von Rudolf Steiner unberücksichtigt gelassenen Schluß mit zu bedenken, in dem der Katze der Kopf abgeschlagen wird, worauf sie sich in eine schöne Prinzessin verwandelt. (Siehe Abdruck des Märchens S. 251.)

Eine Variante davon bildet das Märchen vom «Gestiefelten Kater» der Brüder Grimm, das wiederum auf den französischen Märchensammler Perrault zurückgeht («Der Meisterkater»). Die von Rudolf Steiner speziell behandelte Stelle vom zerplatzenden Troll kommt aber weder bei Grimm noch bei Perrault vor.

Märchen als Seelennahrung

Im Jahre 1913 griff Rudolf Steiner das Märchenthema erneut auf, zunächst, am 6. Februar, im Rahmen einer öffentlichen, gut besuchten Vortragsreihe im Architektenhaus in Berlin. Dieser Vortrag «Märchendichtungen im Lichte der Geistesforschung» wurde während der ersten konstituierenden Generalversammlung der Anthroposophischen Gesellschaft vom 3. bis 8. Februar gehalten, die sich damals aus der Theosophischen Gesellschaft herauslöste und selbständig machte. Das räumt ihm einen besonderen Stellenwert ein und erklärt, warum er zwischen einen Vortrag über Raffael und einen über Leonardo eingeschoben wurde.

Es gibt mancherlei, was es gewagt erscheinen läßt, gerade über Märchendichtung im Lichte der Geistesforschung zu sprechen. Das eine ist die Schwierigkeit des Gegenstandes, denn in der Tat müssen die Quellen in der menschlichen Seele, aus denen die Märchenstimmung, die echte wahre Märchenstimmung fließt, so tief in dieser menschlichen Seele gesucht werden, daß jene Methoden der Geistesforschung, die von mir ja immer wieder geschildert worden sind, komplizierte und lange Wege durchzumachen haben, bis gerade diese Quellen gefunden werden können. Viel tiefer als man eben meint, liegen in der menschlichen Seele die Quellen, aus denen echte, wahre Märchendichtungen fließen, wie sie als etwas Zauberhaftes aus allen Jahrhunderten der Menschheitsentwicklung zu uns sprechen.

Das zweite ist, daß man gerade dem Zauberhaften der Märchendichtungen gegenüber in einem erhöhten Maße das Gefühl hat, daß durch Betrachtungen, durch ideelles

Durchdringen des Wesens des Märchens für die Seele das Elementare, der ursprüngliche Eindruck vernichtet werde, ja, das ganze Wesen der Märchenwirkung selbst. Hat man schon, und das mit vollem Recht, Erklärungen, Kommentierungen von Dichtungen gegenüber das Urteil, daß sie den unmittelbaren ästhetischen Eindruck, den unmittelbaren Lebenseindruck zerstören, den die Dichtung machen soll, wenn man sie einfach elementar auf sich wirken läßt, so sollte man noch viel mehr Erklärungen nicht gelten lassen gegenüber dem unendlich Feinen und unendlich Zauberhaften jener Dichtung, die als Märchen aus scheinbar so tiefen und scheinbar so unergründlichen Quellen des Volksgemütes oder des einzelnen Menschengemütes hervorquillt. Es ist wirklich so, als ob man die Blüte einer Pflanze zerstören würde, wenn man mit der Urteilskraft in das eingreifen wollte, was so ursprünglich aus der Menschenseele hervorquillt wie diese Märchendichtung.

Dennoch scheint es, daß es auf der einen Seite den Methoden der Geistesforschung möglich ist, wenigstens einigermaßen in jene Regionen des Seelenlebens hineinzuleuchten, aus denen Märchendichtung und Märchenstimmung hervorquillt. Auf der anderen Seite scheint eine Erfahrung auch gegen das zweite Bedenken zu sprechen. Gerade weil man die Quellen der Märchendichtung und Märchenstimmung so tief in der Seele suchen muß, kommt man, ganz erfahrungsgemäß, zu der Überzeugung, daß das, was man dann wie eine geisteswissenschaftliche Erklärung zu geben hat, doch nur etwas bleibt, was so leise die charakterisierte Quelle berührt, daß sie durch eine solche Forschung nicht nur nicht ruiniert wird, sondern im Gegenteil: das Bedeutungsvolle, Wesenstiefe in der menschlichen Seele, aus dem die Märchenstimmung quillt, liegt so, daß man das Gefühl hat, die Dinge, die da liegen, sind jederzeit für diese Menschenseele doch wiederum so neu, so individuell, so ursprünglich, daß man sie selbst am liebsten in einer Art von Märchen zum Ausdruck bringen möchte, weil man fühlt, wie unmöglich alles andere ist, um aus diesen tiefen Quellen heraus zu sprechen.

Es könnte durchaus sein, daß es eine ganz natürliche Stimmung ist, daß gerade jemand, der etwa so wie Goethe neben seiner künstlerischen Betätigung tief hineinzudringen versuchte in die Quellen und Gründe des Daseins, dann, wenn er ein tiefstes Erleben der Menschenseele zu geben hat, doch nicht zu theoretischen Auseinandersetzungen greift, doch nicht durch Forschung die Märchenquelle zerstört, sondern daß er gerade dann, wenn er in diese Quelle einen Einblick gewonnen hat, für die höchsten Aussprüche und Auslebungen der menschlichen Seele naturgemäß wieder zum Märchen greift. So hat es Goethe ja getan in seinem «Märchen» von der grünen Schlange und der schönen Lilie, als er in seiner Art jene tiefen Erlebnisse der Menschenseele zum Ausdruck bringen wollte, die Schiller mehr philosophisch abstrakt in seinen Briefen «Über die ästhetische Erziehung des Menschen» zum Ausdruck gebracht hat. Gerade die Natur des Märchenhaften bringt es mit sich, daß Märchenerklärung und Märchen-Verstehen wohl niemals die produktive Stimmung gegenüber dem Märchen zerstören können, denn wer vom Standpunkte der Geistesforschung zu den besagten Quellen vorzudringen versucht, der findet etwas ganz Eigentümliches. Sollte ich alles sagen, was ich gern über das Wesen des Märchens sagen möchte, dann müßte ich viele Vorträge halten. Daher wird es heute nur möglich sein, einige Andeutungen und Forschungsergebnisse zu bringen.

Wer vom Standpunkte der Geistesforschung aus zu den besagten Quellen vorzudringen versucht, findet nämlich, daß diese Quellen zur Märchendichtung eigentlich viel tiefer in der Menschenseele liegen als die Quellen der schaffenden und Geistiges genießenden Menschenseele, welche sich auslebt auch in den hinreißendsten sonstigen Kunstwerken, zum Beispiel in den erschütterndsten Tragödien. Die Tragödie bringt zur Darstellung, was die Menschenseele erleben kann an den Mächten, von denen der Dichter sagt, daß sie herrühren von dem großen, gigantischen Schicksal, das den Menschen erhebt, indem es den Menschen zermalmt. Tragödienerschütterungen rühren her von diesem Schicksal und seiner Schilderung, aber so, daß wir sagen können: Es liegen verhältnismäßig die Verwicklungen, die Fäden, welche durch die Tragödie gesponnen und wieder entsponnen werden sollen, in gewissen individuellen Erlebnissen der Menschenseele an der Außenwelt, die gewiß in vieler Beziehung schwer zu ahnen sind, weil man nur schwer in das Individuelle der Menschenseele eindringt, die aber doch geahnt, ergründet werden können, wenn man Sinn für das hat, was in der Menschenseele durch deren Verhältnis zu dem Leben geschieht. Man hat das Gefühl, so oder so ist eine Seele in dieses oder jenes Schicksal des Lebens verstrickt, wenn sie Tragisches erlebt, wie es uns etwa dargestellt wird.

Tiefer als diese Verstrickungen des Tragischen liegen die Quellen der Märchenstimmung und der Märchendichtung. Wir fühlen, daß das Tragische und auch manches andere Künstlerische sich ergibt, wenn wir den Menschen zum Beispiel in einem bestimmten Lebensalter, in einer bestimmten Lebensperiode den oder jenen Schicksalsschlägen ausgesetzt sehen. Wir müssen voraussetzen, wenn eine Tragödie auf uns wirkt, daß der Mensch zu den entsprechenden Verwicklungen hingeführt ist durch ein individuelles Erleben, und wir haben dann das Gefühl: dieser eine Mensch, der uns da in der Tragödie vorgeführt wird mit seinen besonderen Erlebnissen, der ist es, den wir verstehen müssen. Ein gewisser umgrenzter Kreis des Menschlichen tritt uns in der Tragödie und in anderen Kunstwerken entgegen.

Wenn wir verständnisvoll an Märchendichtung und Märchenstimmung herantreten, so haben wir ein anderes Gefühl, nicht dieses eben geschilderte, weil eben die Wirkung des Märchens auf die menschliche Seele eine ursprüngliche und elementare ist, so daß sie zu den unbewußten Wirkungen gehört. Aber wenn wir versuchen, ein Gefühl von dem zu bekommen, was da vorliegt, so ist dieses Gefühl dahingehend, daß wir uns sagen können, was sich in den verschiedenen Märchen zum Ausdruck bringt, ist nicht dasjenige, in was der Mensch durch eine bestimmte Lebenssituation hineingebracht werden kann, ist nicht ein engbegrenzter Kreis menschlichen Erlebens, sondern etwas so Tiefes in den Erlebnissen der Menschenseele, daß es allgemein menschlich ist. Wir können nicht sagen, daß irgendeine Menschenseele in einem bestimmten Lebensalter, die sich in eine bestimmte Situation hineinlebt, so etwas finden kann, sondern was im Märchen zum Ausdruck kommt, wurzelt so tief in der Seele, daß der Mensch das erlebt, gleichgültig, ob er Kind im ersten Kindheitsalter ist, ob er Mensch in mittleren Jahren ist, oder ob er Greis geworden ist.

Durch unser ganzes Leben zieht sich in den tiefsten Seelenerlebnissen dasjenige, was im Märchen zum Ausdruck kommt. Nur ist das Märchen von dem, was Erlebnis ist und als Erlebnis zugrunde liegt, ein freier, oftmals sogar spielerischer, bildhafter Ausdruck. Der ästhetische, künstlerische Genuß des Märchens ist von dem, dem das Märchen in den inneren Seelenerlebnissen entspricht, für die Seele vielleicht so weit entfernt – der Vergleich kann gewagt werden –, wie etwa das Geschmackserlebnis auf der Zunge, wenn wir eine Speise genießen, entfernt ist von den verborgenen, komplizierten Vorgängen, welche diese Speise im Gesamtorganismus durchmacht, um ihrerseits zum Aufbau des Organismus beizutragen. Was da die Speise durchmacht, entzieht sich zunächst der menschlichen Beobachtung und Erkenntnis, und alles, was der Mensch hat, ist der Genuß im Geschmack. Beide haben zunächst scheinbar recht wenig miteinander gemein, und niemand ist imstande, aus dem, wie er eine Speise schmeckt, irgend etwas zu ergründen über die Aufgabe dieser Speise in dem ganzen Lebensprozesse des menschlichen Organismus. So ist das, was der Mensch im ästhetischen Genusse des Märchens erlebt, wohl weit, weit entfernt von dem, was in der menschlichen Seele, tief unten im Unbewußten, geschieht, wenn das, was das Märchen von sich ausströmt und ausgießt, mit der menschlichen Seele sich verbindet, weil diese Seele ein untilgbares Bedürfnis hat, durch ihre geistigen Adern den Stoff des Märchens rinnen zu lassen, wie der Organismus ein Bedürfnis hat, die Nahrungsstoffe, die Nahrungssubstanzen durch sich zirkulieren zu lassen.

Wenn man diejenigen Methoden anwendet, welche hier als die Methoden der Geistesforschung, als die Methoden des Eindringens in die spirituellen Welten geschildert worden sind, dann bekommt man auf einer bestimmten Stufe der geistigen Erkenntnis ein Wissen davon, wie fortwährend, der menschlichen Seele ganz unbewußt, geistige Prozesse sich in den Tiefen dieser Menschenseele abspielen. Im gewöhnlichen normalen Leben ist es mit diesen geistigen Prozessen, welche sich in den Tiefen der Seele abspielen, so, daß sie manchmal nur herauftauchen in leisen, auch für das Bewußtsein zu erhaschenden Traumerlebnissen. Wenn etwa der Mensch unter besonders günstigen Umständen aus dem Schlafe erwacht, kann er das Gefühl haben: Du tauchst auf aus einer geistigen Welt, in der gedacht worden ist, in der gesonnen worden ist, in der sich etwas abspielte in den tief unergründlichen Untergründen des Daseins, was zwar den Erlebnissen des Tages ähnlich ist und was innig zusammenhängt mit deinem ganzen Wesen, was aber diesem bewußten Tagesleben tief verborgen ist.

Wenn der Geistesforscher einige Fortschritte gemacht hat, ja, wenn er schon einige Erfahrungen machen kann in der Welt, in welcher geistige Wesenheiten und geistige Tatsachen sind, so geht es ihm doch oftmals ebenso. Er mag noch so weit vordringen, er kommt doch gleichsam immer wieder nur an das Ufer einer Welt, in welcher ihm geistige Vorgänge aus dem tief Unbewußten entgegenkommen, von denen er sich sagt: Sie hängen zusammen mit deinem Wesen, du kannst sie einfangen fast wie eine Fata Morgana, die vor deinem geistigen Blicke auftritt, aber sie ergeben sich dir doch nicht vollständig.

Das ist das eigentümlichste Erlebnis, das man haben kann, dieses Hineinschauen in das Unergründliche der geistigen Zusammenhänge, in denen die Menschenseele drinnensteht. Beim aufmerksamen Verfolgen gewisser intimer Seelenvorgänge ergibt sich zum Beispiel, daß diejenigen Seelenkonflikte, die der Mensch auch in den Tiefen der Seele erlebt und die er in Kunstwerken, in den Tragödien darstellt, verhältnismäßig leicht zu überschauen sind gegenüber gewissen allgemein menschlichen Seelenkonflikten, von denen das tägliche Leben eigentlich nichts ahnt, und die doch jeder Mensch in jedem Lebensalter durchmacht.

Ein solcher Seelenkonflikt, den man durch die Geistesforschung entdeckt, spielt sich zum Beispiel, ohne daß das alltägliche Bewußtsein etwas davon weiß, jeden Tag beim Aufwachen ab, wenn die Seele aus der Welt heraustritt, in welcher sie unbewußt während des Schlafes ist, wenn sie wieder untertaucht in ihren physischen Leib. Wie gesagt, das alltägliche Bewußtsein ahnt nichts davon, und doch spielt sich da als Erlebnis der Seele alltäglich auf dem Grunde dieser Seele ein Kampf ab, den man auch in der Geistesforschung nur leise erhaschen kann, ein Kampf, der alles das in sich schließt, was man nennen kann den Kampf der in sich geschlossenen, sich in sich erlebenden, einsamen und ihre Geisteswege suchenden Seele mit den gigantischen Kräften des Naturdaseins, denen wir ja im äußeren Leben gegenüberstehen, wenn wir gewissermaßen menschlich-hilflos dastehen und erleben, wie Donner und Blitz, wie die Elemente sich über den hilflosen Menschen entladen.

Aber das alles, und selbst, wenn es so gigantisch auftritt, wie manche nur seltenen elementarischen Naturerlebnisse in ihrem Verhältnis zum Menschen, ist eine Kleinigkeit gegenüber dem Kampfe, der im Unbewußten bleibt, der sich abspielt beim Aufwachen, wenn die Seele, die in sich ihr seelisches Dasein erlebt, sich nun verbinden muß mit den Kräften und Substanzen des rein natürlichen Leibes, in welchen sie untertaucht, um sich ihrer Sinne wieder zu bedienen, die von Naturkräften beherrscht werden, und um sich der Gliedmaßen zu bedienen, in denen Naturkräfte spielen. Es ist wie eine Sehnsucht der Menschenseele, in das rein Natürliche unterzutauchen, eine Sehnsucht, die sich ja bei jedem Aufwachen erfüllt, und zu gleicher Zeit ist es wie ein Zurückbeben, ein Sichhilflosfühlen gegenüber dem, was wieder als ewiger Gegensatz zur Menschenseele existiert, gegenüber dem rein Natürlichen, das in der äußeren Leiblichkeit waltet, in die hinein man erwacht. So sonderbar es klingt, daß ein solcher Kampf sich täglich abspielt auf dem Grunde der Menschenseele, so ist es doch ein Erlebnis, das an der Menschenseele eben unbewußt vorbeizieht. Wissen kann die Menschenseele nicht, was sich da vollzieht, aber sie erlebt diesen Kampf jeden neuen Morgen, und es steht jede Seele, trotzdem sie nichts davon weiß, durch alles, was sie ist, durch ihre ganzen Eigenschaften, durch ihr ganzes Wesen, durch die individuelle Nuance ihres Seins doch unter dem Eindrucke dieses Kampfes.

Ein anderes, was sich in den Tiefen der Menschenseele abspielt und durch die Geistesforschung wie erhascht werden kann, ist das, was der Moment des Einschlafens darstellt. Wenn die Menschenseele sich aus den Sinnen und aus den Gliedmaßen herausgezogen hat, wenn sie gewissermaßen den äußeren Leib in der physisch-sinnlichen Welt zurückgelassen hat, dann tritt an sie heran das, was man nennen kann ein Fühlen ihrer Innerlichkeit. Dann erst erlebt sie unbewußt die inneren Kämpfe, die sich dadurch abspielen, daß diese menschliche Seele im Leben an die äußere Materie gebunden ist und Dinge tun muß, die davon herkommen, daß sie mit der äußeren Materie verstrickt ist. Sie fühlt die Anhängsel mit der Sinneswelt, mit denen sie belastet ist, und sie fühlt diese Anhängsel als die Hindernisse, welche sie moralisch zurückhalten. Eine moralische Stimmung, von der alle äußeren moralischen Stimmungen keinen Begriff geben können, spielt sich unbewußt und nach dem Einschlafen in den Schlaf hinein in der Menschenseele ab, wenn sie mit sich allein ist. Und mancherlei andere Stimmungen gehen in der Seele gerade dann vor, wenn diese Seele leibfrei ist, wenn sie ein rein geistiges Dasein führt vom Einschlafen bis zum Aufwachen.

Aber man darf sich nicht vorstellen, daß diese in der Tiefe der Seele sich abspielenden Ereignisse im wachen Zustande nicht da wären. Geistesforschung zeigt zum Beispiel eines als ein sehr interessantes Ergebnis. Sie zeigt, daß der Mensch nicht etwa nur dann träumt, wenn er zu träumen glaubt, sondern daß er den ganzen Tag hindurch träumt. In Wahrheit ist die Seele immer voll von Träumen, nur merkt sie der Mensch noch nicht, weil das Tagesbewußtsein gegenüber dem Traumbewußtsein das Stärkere ist. Wie ein schwächeres Licht durch die Wirkung eines stärkeren Lichtes ausgelöscht wird, so wird durch das Tagesbewußtsein das ausgelöscht, was sich gerade während des Tageslebens als ein ganz kontinuierliches Traumerlebnis immer abspielt, was immer auf dem Grunde der

Seele vorhanden ist. Der Mensch träumt immer, nur ist er sich dessen nicht immer bewußt, und aus der Fülle von Traumerlebnissen, von unbewußt bleibenden Träumen, die ein Unendliches gegenüber den Erlebnissen des Tagesbewußtseins darstellen, heben sich heraus – wie sich aus einem weiten See ein einzelner Wassertropfen herausheben würde, der in der übrigen Wassermenge enthalten ist – die dem Menschen zum Bewußtsein kommenden Träume. Aber dieses unbewußt bleibende Träumen ist ein geistiges Erleben der Seele. Da gehen also Dinge, Erlebnisse auf dem Grunde der Seele vor. Geistige, tief in unbewußten Regionen gelegene Erlebnisse der Seele gehen so vor sich, wie sich im Leibe chemische Vorgänge abspielen, die im Unbewußten liegen.

Wenn wir nun mit den eben entwickelten Tatsachen eine andere zusammenbringen, die sich uns hier aus diesen Vorträgen schon ergeben hat, so wird noch ein anderes Licht geworfen auf die verborgenen Seiten des Seelenlebens, von denen eben die Rede war. Wir haben es öfter hervorgehoben, und besonders wurde es wieder gelegentlich des letzten Vortrages betont, daß sich im Laufe der Entwicklung der Menschheit auf der Erde das ganze menschliche Seelenleben geändert hat. Wenn wir weit, weit in den Verlauf der Menschheitsentwicklung zurückblicken, dann finden wir die Seele des Urmenschen mit ganz anderen Erlebnissen als die heutige Menschenseele. Wir haben schon davon gesprochen und werden in künftigen Vorträgen noch weiter davon sprechen, daß der Urmensch in frühen Zeiten der Entwicklung ein gewisses ursprüngliches Hellsehen hatte. Dasjenige Anschauen der Welt, welches heute im wachen Zustande der Seele das normale ist, wo wir die Sinneseindrücke hinnehmen durch die äußere Anregung, und wo wir durch Verstand, Vernunft, Gefühl und Wille im heutigen Bewußtsein diese Sinneseindrücke verbinden, dieses Bewußtsein ist nur dasjenige der Gegenwart. Es hat sich herausentwickelt aus älteren Bewußtseinsformen der Menschheit, die, wenn wir das Wort im guten Sinne anwenden, mehr hellseherische Zustände waren, in denen die Menschen in der Lage waren, in gewissen Zwischenzuständen zwischen Wachen und Schlafen in ganz normaler Weise von geistigen Welten etwas zu erleben, so daß der Mensch, wenn er damals auch noch nicht seiner selbst sich bewußt werden konnte, doch für sein normales Bewußtsein weniger fremd war jenen Erlebnissen, die sich in den Tiefen der Seele so abspielen, wie sie heute erwähnt worden sind.

Der Mensch sah in der Urzeit mehr seinen Zusammenhang mit der geistigen Welt außer ihm. Er sah, wie die Dinge, die sich in seiner Seele abspielen, diese tief in der Seele liegenden Ereignisse, zusammenhängen mit gewissen geistigen Tatsachen, die im Universum leben. Er sah diese geistigen Tatsachen durch seine Seele gehen, fühlte sich noch viel mehr verwandt mit den geistig-seelischen Wesenheiten und Tatsachen des Universums. Das war eine Eigenschaft des ursprünglich hellseherischen Zustandes der Menschheit. Und wie man heute nur in ganz besonderen Stimmungen das folgende Gefühl haben kann, so hatte man es in älteren Zeiten oft und oft, hatte es vielleicht nicht nur als künstlerischer Mensch, sondern als ganz primitiver Mensch.

Es kann sich ergeben, daß in den Tiefen der Seele ganz unbestimmt, so unbestimmt wie möglich, ein Erlebnis ruht, das nicht in das Bewußtsein heraufkommt, ein Erlebnis wie die eben geschilderten, das sich in den Tiefen der Seele abspielt. Es kommt gar nichts von diesem Erlebnis in das bewußte Tagesleben herein. Aber es ist etwas da in der Seele, wie im Organismus der Hunger da ist, richtig wie im Organismus Hunger vorhanden ist. Und wie man für den Hunger etwas braucht, so braucht man etwas für diese unbestimmte Stimmung, die aus dem tief in der Seele gelegenen Erlebnis stammt. Dann fühlt man sich gedrungen, zu einem entweder vorliegenden Märchen, zu einer Sage zu greifen, oder vielleicht, wenn man eine künstlerische Natur ist, selber so etwas auszugestalten, was man so empfindet, daß alle Worte, die man theoretisch brauchen kann, einem diesen Erlebnissen gegenüber wie ein Stammeln vorkommen, und so entstehen eben Märchenbilder. Dieses bewußte Erfüllen der Seele mit den Märchenbildern ist dann das, was Nahrung der Seele ist gegenüber dem Hunger, der eben charakterisiert worden ist.

Weil in älteren Zeiten der Menschheitsentwicklung jede Menschenseele noch einem hellseherischen Wahrnehmen der geistigen Innenerlebnisse der Seele näher stand, deshalb konnte unter Umständen das einfache Volksgemüt, indem es viel deutlicher, als es heute der Fall sein kann, den eben charakterisierten Hunger empfand, die Nahrung in solchen Bildern suchen, die dann durch die schaffende Menschenseele entstanden sind und die wir heute in den Märchenüberlieferungen der verschiedenen Völker haben. Verwandt fühlte sich die Menschenseele mit dem, was geistiges Dasein ist. Sie fühlte mehr oder weniger bewußt die inneren Kämpfe, die sie zu durchleben hatte, ohne sie zu verstehen, und prägte sie aus in Bildern, die daher nur eine entfernte Ähnlichkeit mit dem haben, was sich in den Untergründen der Seele abspielte. Und doch – man kann fühlen, wie ein Zusammenhang besteht zwischen dem, was sich im Märchen ausdrückt, und diesen unergründlich tiefen Erlebnissen der Menschenseele.

Ein kindliches Gemüt – die Erfahrung, das Erlebnis kann das durchaus zeigen – kommt oftmals dazu, in seinem Innern sich etwas zu erschaffen wie einen einfachen Genossen, einen Genossen, der eigentlich nur für dieses kindliche Gemüt da ist, der es aber doch begleitet, der mittut bei den verschiedensten Lebensereignissen. Wer sollte zum Beispiel nicht Kinder kennen, welche gewisse unsichtbare Freunde mit sich durchs Leben führen, Freunde, von denen Sie sich vorstellen müssen, daß sie da sind, wenn etwas geschieht, was die Kinder freut, welche teilnehmen müssen als unsichtbare Geistesgenossen, Seelengenossen, wenn das Kind dieses oder jenes erlebt? Man kann im Bereiche des menschlichen Erfahrens recht oft zu dem Erlebnis kommen, wie schlimm es auf das kindliche Gemüt wirkt, wenn dann der «verständige» Mensch kommt und hört, wie das Kind einen solchen Seelengenossen hat, und ihm nun diesen Seelengenossen ausreden möchte, es vielleicht sogar für das Kind heilsam hält, diesen Genossen ihm auszureden. Das Kind trauert um seinen Seelengenossen. Und wenn es empfänglich ist für geistig-seelische Stimmungen, so bedeutet diese Trauer noch viel mehr, kann ein Kränkeln, ein Siechwerden des Kindes bedeuten. Das ist ein durchaus reales Erlebnis, das mit tief innern Ereignissen der Menschenseele zusammenhängt.

Ohne daß wir das «Aroma» des Märchens zerstäuben, können wir dieses einfache Erlebnis fühlen im Märchen vom Kinde und der Unke, das die Brüder Grimm mitgeteilt haben. Sie erzählen uns von dem Kinde, welches immer eine Unke mitessen läßt. Die Unke genießt aber nur die Milch. Das Kind spricht mit dem Tiere wie mit einem Menschen. Da will es eines Tages, daß die Unke auch von seinem Brot mitessen soll. Da hört das die Mutter, sie kommt herzu und schlägt das Tier tot. Das Kind siecht dahin, es kränkelt und stirbt.

Wir fühlen in dem Märchen Seelenstimmungen nachschwingen, die absolut, tatsächlich in den Tiefen der Seele sich abspielen und wirklich so sich abspielen, daß die Menschenseele mit den Stimmungen nicht nur in gewissen Lebensperioden bekannt ist, sondern einfach dadurch, daß der Mensch Mensch ist, gleichgültig, ob Kind oder Erwachsener. Daher kann jede Menschenseele nachschwingen fühlen, wie das, was sie erlebt und nicht versteht, was sie gar nicht einmal ins Bewußtsein heraufbringt, zusammenhängt mit dem, was dann in den Märchen für die Seele ebenso wirkt wie die Speise auf den Geschmack der Zunge. Und dann wird das Märchen etwas Ähnliches für die Seele wie der Nahrungsstoff, wenn er für den Organismus verwendet wird. Reizvoll ist es, in den tiefen Seelenerlebnissen das zu suchen, was dann in den verschiedenen Märchen nachklingt. Es wäre natürlich eine ganz erhebliche Aufgabe, die einzelnen Märchen, die so zahlreich gesammelt sind, wirklich gerade daraufhin zu prüfen. Das würde sehr viel Zeit in Anspruch nehmen. Aber was vielleicht an einzelnen Märchen veranschaulicht werden kann, das kann auf alle Märchen angewendet werden, die man als echte Märchen finden kann.

Nehmen wir ein anderes Märchen, das auch die Gebrüder Grimm gesammelt haben, das Märchen vom Rumpelstilzchen. Der Müller, der von seiner Tochter dem Könige gegenüber behauptet, daß sie Stroh zu Gold spinnen kann, wird vom König aufgefordert, die Tochter ins Schloß kommen zu lassen, damit man dort ihre Kunst gewahr werden kann. Die Tochter kommt ins Schloß. Sie wird in eine Kammer eingesperrt und es wird ihr, damit sie ihre Kunst zeigen kann, ein Bündel Stroh gegeben. Als sie in der Kammer ist, ist sie ganz hilflos. Und wie sie nun so hilflos ist, da erscheint vor ihr ein kleines Männchen. Das sagte zu ihr: Was gibst du mir, wenn ich dir das Stroh zu Gold verspinne? Die Müllerstochter gibt ihm ihr Halsband, und das kleine Männchen verspinnt ihr darauf das Stroh zu Gold. Der König ist darüber sehr verwundert, aber er will noch mehr haben, und sie soll noch einmal Stroh zu Gold verspinnen. Wieder wird die Müllerstochter in eine Kammer eingesperrt, und wie sie vor dem vielen Stroh sitzt, da erscheint wiederum das kleine Männchen und sagt: Was gibst du mir, wenn ich dir das

Stroh zu Gold verspinne? Sie gibt ihm ein Ringlein, und es wird wiederum von dem Männlein das Stroh zu Gold versponnen. Der König aber will noch mehr haben. Und als sie nun zum drittenmal in der Kammer sitzt und das Männlein wieder erscheint, da hat sie nichts mehr, was sie ihm geben kann. Da sagt das Männlein, daß sie, wenn sie einmal Königin sein werde, ihm das erste Kind geben solle, das sie gebiert. Sie verspricht es. Und als das Kind da ist und das kleine Männchen dann kommt und sie an ihr Versprechen erinnert, da möchte die Müllerstochter Aufschub haben. Darauf sagt das Männchen zu ihr: «Wenn du meinen Namen mir nennst, dann kannst du dich von deinem Versprechen befreien.» Die Müllerstochter schickt nun überall herum. Sie will alle Namen wissen und auch jenen Namen, den das Männchen hat. Schließlich gelingt es ihr wirklich, nachdem vorher einige vergebliche Versuche gemacht worden sind, den Namen des Männchens – Rumpelstilzchen –, zu nennen.

Wirklich keinem anderen Kunstwerke als dem Märchen gegenüber hat man so sehr das Gefühl, daß man an dem unmittelbaren Bilde die innerste Freude haben und dennoch wissen kann von dem tiefinneren Seelenerlebnis, aus dem ein solches Märchen herausgeboren worden ist. Wenn auch der Vergleich trivial ist, so könnte er vielleicht doch treffend sein: Geradeso, wie ein Mensch ganz gut die Chemie der Nahrungsmittel kennen und doch Geschmack haben kann an einem guten Bissen, so ist es auch möglich, daß man etwas wissen kann über die tiefen inneren Seelenerlebnisse, die nur erlebt, nicht «gewußt» werden, und die sich auf die angedeutete Weise in den Märchenbildern ausleben. Ja, diese einsame Menschenseele – denn im Schlafe, aber auch während des übrigen Lebens ist sie ja doch für sich einsam, wenn sie auch mit dem Körper verbunden ist –, sie fühlt, aber unbewußt, sie erlebt und versteht es nicht, den ganzen Gegensatz, in welchem sie zu ihren eigenen unendlichen Aufgaben ist, zu ihrem eigenen Hineingestelltsein in die Welt des Göttlichen.

Wie wenig die Menschenseele vermag, das fühlt sie schon, wenn sie ihr Können vergleicht mit dem, was die Natur draußen kann, die alle Dinge ineinander verwandelt, die wirklich die große Zauberin ist, welche die Menschenseele so gern sein möchte. Im Bewußtsein mag es hingehen, leichten Herzens hinwegzukommen über diesen Abstand des menschlichen Innern gegenüber der Allweisheit und Allmacht des Geistes der Natur. Aber in den tiefen Seelenerlebnissen geht die Sache nicht so einfach ab. Da müßte die menschliche Seele zugrunde gehen, wenn sie in sich nicht doch eine noch tiefere Wesenheit in der zunächst wahrnehmbaren Wesenheit fühlen würde, eine Wesenheit, auf die sie bauen darf, von der sie sich sagen darf: Wie unvollkommen du jetzt auch noch dastehen mußt – diese Wesenheit ist klüger in dir, sie waltet in dir, sie kann dich emportragen zu höchstem Können, sie kann dir Flügel verleihen, indem du vor dir eine unendliche Perspektive ausgebreitet siehst in eine unendliche Zukunft hinein. Du wirst können, was du jetzt noch nicht kannst, denn es gibt etwas in dir, was unendlich mehr ist als dein «Wissendes». Das ist dir ein treuer Helfer. Du mußt nur ein Verhältnis dazu gewinnen, du mußt nur wirklich einen Begriff verbinden können mit dieser in dir selber wohnenden klügeren, weiseren, geschickteren Wesenheit, als du selbst bist.

Und nun versuche man wieder, diesen Umgang der Menschenseele mit sich selbst, diesen unbewußten Umgang mit dem geschickteren Teile in der Seele sich zu vergegenwärtigen, und man versuche, nachschwingen zu fühlen in diesem Märchen vom Rumpelstilzchen, was da die Seele erlebt in der Müllerstochter, die nicht das Stroh zu Gold verspinnen kann, die aber in dem Männchen einen geschickten, treuen Helfer findet. Man hat da tief in den Untergründen der Seele liegend, in Bildern, deren Aroma nicht vernichtet wird, wenn man den Ursprung kennt, tiefinneres Seelenleben gegeben.

Oder nehmen wir ein anderes, und seien Sie mir nicht böse, wenn ich dieses andere mit gewissen Dingen verknüpfe, die vielleicht einen scheinbar persönlichen Anstrich haben, die aber durchaus nicht persönlich gemeint sind. Aber es wird sich das, um was es sich dabei handelt, erklären, wenn ich diese kleine persönliche Nuance dabei zur Geltung bringe.

In meiner «Geheimwissenschaft im Umriß» finden Sie eine Schilderung der Weltenevolution. Über diese selbst will ich jetzt nicht sprechen, das kann bei anderer Gelegenheit geschehen. In dieser Weltenevolution wird davon gesprochen, daß unsere Erde selber als Planet im Weltenall gewisse Stadien durchgemacht hat, welche wir mit den aufeinanderfolgenden Leben des einzelnen Menschen vergleichen können. Wie der einzelne Mensch durch aufeinanderfolgende Leben geht, so hat unsere Erde verschiedene planetarische Lebensstufen, Verkörperungen durchgemacht. Aus gewissen Gründen heraus sprechen wir in der Geisteswissenschaft davon, daß die Erde, bevor sie ihr «Erden»-Dasein begonnen hat, eine Art von «Monden»-Dasein durchgemacht hat, und vor diesem eine Art von «Sonnen»-Dasein; so daß wir davon sprechen können, daß ein Sonnen-Dasein als planetarisches Vorgänger-Dasein unseres Erden-Daseins in urferner Vergangenheit vorhanden war, eine uralte Sonne, die noch mit der Erde verbunden war. Dann trat im Laufe der Entwicklung eine Spaltung zwischen Sonne und Erde ein. Aus dem, was ursprünglich Sonne war, spaltete sich auch der Mond ab und die heutige Sonne, die nicht jene ursprüngliche Sonne ist, sondern gleichsam nur ein Stück davon, so daß wir von der ursprünglichen Sonne und sozusagen von ihrer Nachfolgerin, der heutigen Sonne, sprechen können. Und auch von dem heutigen Monde können wir sprechen wie von einem Erzeugnis der alten Sonne. Wenn nun die geisteswissenschaftliche Forschung im rückläufigen Anschauen die Erdenentwicklung bis zu dem Zeitpunkte verfolgt, wo sich die zweite Sonne, die jetzige Sonne, als selbständiger Weltenkörper entwickelte, so muß man sagen, daß damals unter den Wesen, die schon äußerlich sinnlich hätten wahrnehmbar sein können, in der Tierreihe nur die Wesen waren, die hinauf bis zur Anlage der Fische sich entwickelt hatten.

Diese Dinge kann man alle genauer in der «Geheimwissenschaft» nachlesen – und auch einsehen. Gefunden werden können sie allerdings bloß aus den geisteswissenschaftlichen Forschungsmethoden heraus. Damals, als sie gefunden und von mir niedergeschrieben worden sind, das heißt, gefunden wurden sie nicht, als sie gerade in der «Geheimwissenschaft» von mir niedergeschrieben wurden, aber als sie sozusagen für mich gefunden wurden und dann niedergeschrieben worden sind, da war mir – und das ist das Persönliche, was ich einfügen möchte – jenes Märchen ganz unbekannt, und ich kann es sehr genau konstatieren, daß es mir ganz unbekannt war, da ich es erst später in der «Völkerpsychologie» von Wundt fand, dessen Quellen ich dann erst weiterverfolgt habe.

Ich will nun, bevor ich das Märchen kurz skizziere, nur das eine noch vorausschicken: Alles, was so der Geistesforscher in der geistigen Welt erforschen kann – und diese Dinge, die eben angeführt worden sind, müssen ja in der geistigen Welt erforscht werden, denn sie sind ja sonst auch nicht mehr da –, alles was so erforscht wird, stellt doch die Welt dar, mit der die Menschenseele verbunden ist. Wir sind in den tiefsten Untergründen unserer Seele mit dieser Welt verbunden. Sie ist immer da, ja, wir treten sogar unbewußt in diese geistige Welt ein, wenn wir im normalen Leben in Schlaf versinken. Unsere

Seele ist damit verbunden, und sie hat in sich nicht nur jene Erlebnisse, die sie während des Schlafes bekommt, sondern auch diejenigen, welche mit der ganzen Entwicklung zusammenhängen, die eben angedeutet worden ist. Wenn es nicht paradox wäre, möchte man sagen: im unbewußten Zustande weiß die Seele davon, erlebt die Seele sich selber in dem fortgehenden Strome, der da ausging von der ursprünglichen Sonne und dann von der Tochter-Sonne, die wir jetzt am Himmel erglänzen sehen, und von dem Monde, der auch die Nachkommenschaft der ursprünglichen Sonne ist. Und auch das erlebt die Menschenseele, daß sie, geistig-seelisch, ein Dasein durchgemacht hat, in welchem sie noch nicht mit der irdischen Materie verknüpft war, in dem sie aber auf die irdischen Vorgänge hinunterschauen konnte, zum Beispiel auf die Zeit, während welcher die höchsten tierischen Organismen die Fisch-Anlagen waren, wo die jetzige Sonne, der jetzige Mond entstanden und sich von der Erde abspalteten. Im Unbewußten ist die Seele mit diesen Vorgängen verknüpft.

Jetzt verfolgen wir ganz kurz und skizzenhaft ein bei primitiven Völkern sich findendes Märchen. Jene Völker erzählen: Es war einmal ein Mann. Der war aber eigentlich als Mensch von der Wesenheit des Baumharzes und konnte seine Arbeit immer nur während der Nacht verrichten, denn er würde, wenn er bei Tag seine Arbeit verrichtet hätte, von der Sonne zerschmolzen worden sein. Eines Tages passierte es ihm aber, daß er doch bei Tage ausging, um Fische zu fangen. Und siehe da, der Mann, der das Baumharz eigentlich darstellt, schmolz dahin. Seine Söhne beschlossen, ihn zu rächen. Und sie schossen Pfeile. So schossen sie Pfeile, daß diese Pfeile gewisse Figuren bildeten, sich übereinander auftürmten, und daß eine Leiter entstand bis in den Himmel hinauf. Auf dieser Leiter kletterten sie hinauf, der eine während des Tages, der andere während der Nacht. Und es wurde der eine die Sonne, und der andere wurde der Mond.

Es ist nicht meine Gewohnheit, in abstrakter Weise solche Dinge zu deuten und verstandesmäßige Begriffe hineinzubringen. Aber etwas anderes ist es, das Forschungsergebnis zu fühlen, daß die Menschenseele in ihren Tiefen verbunden ist mit dem, was in der Welt geschieht und nur geistig zu erfassen ist, daß diese Menschenseele mit alledem verbunden ist und einen Hunger hat, das, was ihre tiefsten unbewußten Erlebnisse sind, in Bildern zu genießen. Wenn man das fühlt, dann fühlt man nachvibrieren, was die Menschenseele erlebte als die ursprüngliche Sonne und als das Entstehen von Sonne und Mond zur Fischzeit der Erde, wenn man das eben skizzierte Märchen anführt. Und es war mir in gewisser Beziehung – das ist wieder die persönliche Nuance – ein ganz gewichtiges Erlebnis, als ich, lange nachdem diese erwähnten Dinge in meiner «Geheimwissenschaft» standen, dieses Märchen entdeckte. Wenn es mir nun auch durchaus nicht einfällt, in abstrakter Weise dieses Ganze zu deuten, so verschwistert sich mir doch ein ganz bestimmtes Gefühl, das ich habe, wenn ich die Weltenevolution betrachte, mit einem anderen, wenn ich mich dann den wunderbaren Bildern dieses Märchens hingebe.

Oder nehmen wir ein anderes, ein merkwürdiges melanesisches Märchen. Erinnern wir uns, bevor wir von diesem Märchen sprechen, daran, daß die Menschenseele, wie es die Geistesforschung ergibt, eben durchaus zusammenhängt auch mit den gegenwärtigen Ereignissen und Tatsachen des Universums. Wenn das auch zu bildhaft gesprochen ist, so ist es doch geisteswissenschaftlich in einer gewissen Beziehung richtig, wenn wir sagen: Wenn die Menschenseele im Schlafe den physischen Leib verläßt, so führt sie ein Dasein unmittelbar zusammenhängend mit dem ganzen Kosmos, fühlt sich verwandt mit dem ganzen Kosmos. Es gibt eine Möglichkeit, um sich leicht an die Verwandtschaft der Menschenseele, zum Beispiel des menschlichen Ichs mit dem Kosmos zu erinnern, oder wenigstens mit etwas Bedeutungsvollem im Kosmos. Wir richten den Blick hin auf die Pflanzenwelt und sagen uns: Diese Pflanze wächst, aber sie kann nur wachsen unter dem Einfluß von Sonnenlicht und Sonnenwärme. Da haben wir vor uns in der Erde wurzelnd die Pflanze. Wir sagen in der Geisteswissenschaft: Diese Pflanze besteht aus ihrem physischen Leibe und aus dem Lebensleibe, der sie durchzieht. Aber das genügt nicht, damit die Pflanze wächst und sich entfaltet. Dazu sind die Kräfte notwendig, die von der Sonne auf die Pflanze wirken.

Wenn wir nun den Menschenleib betrachten, während der Mensch schläft, dann hat dieser schlafende Menschenleib gewissermaßen den Wert einer Pflanze. Er ist als schlafender Leib etwas Ähnliches wie die Pflanze, denn er hat die Kraft zu wachsen, welche die Pflanze in sich hat. Aber der Mensch ist emanzipiert von jener kosmischen Ordnung, in welche die Pflanze eingesponnen ist. Die Pflanze muß abwarten, damit das Sonnenlicht auf sie wirken kann, Aufgang und Untergang der Sonne. Sie ist an die äußere kosmische Ordnung gebunden. Der Mensch ist nicht an diese Ordnung gebunden. Warum nicht? Weil in der Tat wahr ist, was die Geistesforschung zeigt: daß der Mensch von seinem Ich aus – das im Schlafe außerhalb seines physischen Leibes ist, der dann wie eine Pflanze uns erscheint – dasjenige für den physischen Leib entfaltet, was die Sonne für die Pflanzen entfaltet. Wie die Sonne ihr Licht ausgießt über die Pflanzen, so das menschliche Ich, wenn der Mensch schläft, über den pflanzenähnlichen physischen Leib. Wie die Sonne über den Pflanzen, so ruht das menschliche Ich, geistig, über dem pflanzenhaften schlafenden physischen Leib. Verwandt mit dem Sonnen-Dasein ist das Ich des Menschen. Ja, das Ich des Menschen ist selber eine Art Sonne für den schlafenden Menschenleib, bewirkt sein Gedeihen während des Schlafes, bewirkt, daß diejenigen Kräfte ausgebessert werden können, die während des Wachens abgenützt worden sind. Wenn wir das empfinden, dann merken wir, wie das menschliche Ich verwandt ist mit der Sonne. Wie die Sonne, das zeigt uns dann die Geisteswissenschaft immer mehr und mehr, über das Himmelsgewölbe hinzieht – ich spreche natürlich von der scheinbaren Bewegung der Sonne –, und wie in einer gewissen Beziehung die Wirksamkeit ihrer Strahlen sich ändert, je nachdem die Sonne vor diesem oder jenem Sternbild des Tierkreises steht, so durchläuft auch das menschliche Ich verschiedene Phasen seiner Erlebnisse, so daß es von der einen Phase so, von der anderen Phase anders auf den physischen Leib wirkt. Man fühlt in der Geisteswissenschaft die Sonne anders auf die Erde wirken, je nachdem sie zum Beispiel das Sternbild des Widders, das Sternbild des Stiers und so weiter bedeckt. Man spricht daher nicht von der Sonne im allgemeinen, sondern von der Wirkung der Sonne von den zwölf Sternbildern aus, meint aber immer den Durchgang der Sonne durch die zwölf Tierkreisbilder – und weist dann hin auf die Verwandtschaft des sich verändernden Ichs mit der sich wandelnden Sonnenwirkung.

Nehmen wir nun alles, was hier nur skizziert werden konnte, was aber in der «Geheimwissenschaft» weiter ausgeführt ist, als etwas, was als geistig-seelische Erkenntnis gewonnen werden kann; betrachten wir es als das, was sich also auf dem Grunde der Menschenseele abspielt und unbewußt bleibt, aber sich so abspielt, daß es ein innerliches Sich-Miterleben mit den geistigen Kräften des Kosmos bedeutet, die sich in den Fixsternen und Planeten ausleben, und vergleichen wir alles dieses, was uns die Geisteswissenschaft als die Geheimnisse des Universums kündet, mit einem melanesischen Märchen, das ich wieder nur kurz skizzieren will:

Auf der Landstraße liegt ein Stein. Dieser Stein ist die Mutter von Quatl. Und Quatl hat noch elf andere Brüder. Nachdem die elf anderen Brüder und Quatl geschaffen sind, beginnt Quatl die gegenwärtige Welt zu schaffen. In dieser Welt, die er damals geschaffen hat, kennt man noch nicht den Unterschied von Tag und Nacht. Nun erfährt Quatl, daß irgendwo eine Insel ist, auf der ein Unterschied ist zwischen Tag und Nacht. Er reist nach dieser Insel und bringt einige Wesen von dieser Insel in sein Land zurück. Und durch den Einfluß dieser Wesen auf die Wesen in seinem Lande kommen seine Wesen in den Wechselzustand von Schlaf und Wachen, und Aufgang und Untergang der Sonne spielt sich für sie seelisch ab.

Es ist merkwürdig, was wieder in diesem Märchen nachvibriert. Wenn man das ganze Märchen vor sich hat, so vibriert gleichsam in jedem Satze etwas nach von dem, was mit den Weltgeheimnissen zusammenhängt, wie etwas vibriert von dem, was die Seele im Sinne der Geisteswissenschaft in ihren Tiefen erlebt. Ist es dann nicht so, daß man sagen muß: Die Quellen der Märchenstimmung, der Märchendichtung liegen in den Tiefen der Menschenseele! Diese Märchen sind als Bilder dargestellt, weil äußere Vorgänge zu Hilfe genommen werden müssen, um das zu geben, was wie eine geistige Nahrung für den Hunger sein soll, der aus den charakterisierten Erlebnissen quillt. Wir müssen auch sagen: Ja, wir sind weit entfernt von den Erlebnissen, aber wir können die Erlebnisse in den Märchenbildern nachschwingen fühlen.

Wenn wir uns das vor Augen halten, brauchen wir uns nicht mehr darüber zu verwundern, daß uns die schönsten, die charakteristischsten Märchen gerade aus jenen älteren Zeiten bekannt und von diesen her überliefert sind, als die Menschen noch ein gewisses hellseherisches Bewußtsein hatten und daher leichter zu dem kommen konnten, was die Quellen dieser Märchenstimmung und

Märchendichtungen sind, und wir wundern uns weiter nicht, daß in den Gegenden der Erde, wo die Menschen in ihren Seelen noch den geistigen Quellen näherstehen als etwa die Seelen des Abendlandes, zum Beispiel in Indien, im Morgenlande überhaupt, die Märchen einen noch viel ausgeprägteren Charakter haben können.

Dann wundern wir uns aber auch nicht, daß wir in den deutschen Märchen, die Jakob und Wilhelm Grimm in der Gestaltung sammelten, wie sie sie hören konnten von Verwandten oder anderen, oft einfachen Menschen, Darstellungen wiederfinden, die an jene Zeiten des europäischen Lebens erinnern, in denen auch die großen Heldensagen entstanden sind, und daß die Märchen Züge enthalten, die wir auch bei den großen Götter- und Heldensagen finden. Wir wundern uns auch weiter nicht, wenn wir hören, daß sich nachträglich herausgestellt hat, daß die bedeutsamsten Märchen noch älter sind als die Heldensagen, weil die Heldensagen doch nur den Menschen in einem gewissen Lebensalter und in einer bestimmten Situation zeigen, während das, was im Märchen lebt, allgemein menschlich ist, mit der Menschenseele vom ersten bis zum letzten Atemzuge geht, den wir tun, durch alle Lebensalter. Und wir wundern uns nicht, wenn das Märchen auch zum Beispiel dasjenige ins Bild drängt, was als ein tiefes Erlebnis der Seele genannt worden ist, jenes Sich-unangemessen-Fühlen der Seele im Aufwachen den Naturkräften gegenüber, denen man hilflos gegenübersteht, und denen man nur dann gewachsen ist, wenn man in der Seele zugleich den Trost hat: in dir gibt es etwas, was über dich hinausgeht und dich in einer gewissen Beziehung wieder zum Sieger über die Naturkräfte macht.

Wenn man diese Stimmung fühlt, dann fühlt man auch, warum im Märchen so oft Riesen auftreten, mit denen der Mensch zu tun hat. Warum treten diese Riesen auf? Ja, diese Riesen entstehen ganz selbstverständlich als Bild aus der Stimmung heraus, welche die Seele hat, wenn sie sich wieder am Morgen in ihren physischen Leib hineinbegeben will und sich nun den für die Menschenseele «riesenhaften» Naturkräften gegenüber sieht, die den Leib einnehmen. Was die Seele da als Kampf fühlt, was sie da empfinden kann, das ist ganz richtig – aber nicht verstandesgemäß begrifflich –, wie es der Menschenseele entspricht, in den mannigfaltigen Kämpfen des Menschen mit Riesen dargestellt. Die Seele fühlt, wenn das alles vor sie hintritt, wie sie in diesem ganzen Kampfe und der ganzen Stellung den Riesen gegenüber nur eines hat, ihre Schlauheit. Denn das gehört dazu, so zu fühlen: Du könntest jetzt in deinen Leib hinein, aber was bist du gegenüber den ganzen riesigen Kräften des Universums! Etwas hast du jedoch, was da, in diesen Riesen, nicht drinnen ist: das ist die Schlauheit, der Verstand! Das steht unbewußt doch vor der Seele, wenn sie sich auch sagen muß, daß sie nichts gegen die riesenhaften Kräfte des Universums vermag, und wir sehen förmlich, wie sich die Seele dahinein versetzt, wenn sie im Bilde die eben charakterisierte Stimmung ausdrückt:

Da ist ein Mensch, der zieht die Landstraße entlang und kommt an ein Wirtshaus. In dem Wirtshause läßt er sich eine Milchsuppe geben. Die Fliegen fliegen in die Suppe hinein. Er ißt die Milchsuppe aus und läßt die Fliegen übrig. Dann schlägt er auf den Teller und zählt die Fliegen, die er getötet hat, und renommiert: Hundert auf einmal! Der Wirt hängt ihm eine Tafel um: Der hat hundert auf einmal erschlagen. Nun geht dieser Mensch weiter die Landstraße entlang, kommt in eine andere Gegend, und dort schaut ein König zum Fenster seines Schlosses hinaus. Er sieht diesen Menschen mit der Tafel umgehängt und sagt sich: Den kann ich gut brauchen. Er nimmt ihn in seine Dienste und überträgt ihm eine ganz bestimmte Aufgabe. Er sagt ihm: Sieh einmal, da kommen immer ganze

Rotten von Bären in mein Land herein. Wenn du hundert auf einmal erschlagen hast, dann kannst du mir sicher auch die Bären erschlagen. Der Betreffende sagt: Ich will es schon tun! Aber er will noch, solange die Bären noch nicht da sind, einen guten Lohn und ordentliches Essen haben, denn er bedenkt sich und meint: Wenn ich es nicht kann, so habe ich doch bis dahin gut gelebt. – Als nun die Zeit kommt, wo die Bären heranrücken, sammelt er alle möglichen Nahrungsmittel und sonstige gute Dinge, welche die Bären gerne essen. Nun zieht er den Bären entgegen und legt die Sachen aus. Die Bären kommen heran und fressen so lange, bis sie ganz vollgefressen sind, daß sie wie gelähmt daliegen, und nun erschlägt er einen nach dem anderen. Der König kommt dann und sieht, was er geleistet hat. Der Mensch aber sagt: Ja, ich habe die Bären einfach über den Stock springen lassen und habe ihnen dann dabei die Köpfe abgeschlagen! Der König ist davon sehr erbaut und überträgt ihm eine andere Aufgabe. Er sagt ihm: Sieh, jetzt werden auch die Riesen bald wieder in mein Land kommen, und du mußt mir auch gegen sie helfen. Der Mensch versprach es. Und als die Zeit herankam, nahm er wieder eine Menge guter Nahrungsmittel mit, aber auch eine Lerche und ein Stück Käse. Er traf dann auch wirklich die Riesen und ließ sich zunächst mit ihnen auf ein Gespräch über seine Stärke ein. Der eine Riese sagte: Wir wollen es dir schon zeigen, daß wir stärker sind. Und er nahm einen Stein und zerrieb den Stein in seiner Hand. Dann sagte er zu dem Menschen: So stark sind wir! Was willst du gegen uns? Der andere Riese nahm einen Pfeil, schoß ihn ab und schoß so hoch, daß der Pfeil erst nach langer Zeit wieder herunterkam, und sagte: So stark sind wir! Was willst du gegen uns? Da sagte der Mann, der die hundert auf einmal erschlagen hatte: Das alles kann ich noch viel besser! Er nahm ein kleines Stückchen Käse und einen Stein und versuchte, den Stein mit dem Käse zu umschmieren, und sagte zu den Riesen: Ich kann aus dem Stein Wasser herauspressen! Und zerdrückte den Käse, so daß Wasser herausspritzte. Die Riesen waren erstaunt über die Kraft, daß er Wasser aus dem Stein herauspressen konnte. Dann nahm der Mensch die Lerche und ließ sie fliegen und sagte dann zu dem Riesen: Dein Pfeil ist zurückgekommen, mein Pfeil aber, den ich abgeschossen habe, geht so hoch, daß er überhaupt nicht wieder zurückkommt! Denn die Lerche kam nicht zurück. Da waren die Riesen so erstaunt, daß sie sich einig waren, daß sie ihn nur mit List überwinden könnten; denn daß sie ihn mit der Riesenstärke überwinden könnten, daran dachten sie schon nicht mehr. Dagegen gelang es ihnen nicht, den Menschen zu überlisten, sondern er überlistete sie. Als sie alle miteinander schliefen, stülpte er sich eine aufgeblasene Schweinsblase über den Kopf, in deren Innern etwas Blut war. Die Riesen sagten sich: Wachend werden wir ihn doch nicht überwinden können, daher wollen wir ihn schlafend überwinden. Als er nun schlief, schlugen sie auf ihn los und schlugen die Schweinsblase ein, und als sie das Blut herausspritzen sahen, dachten sie, sie hätten ihn schon überwunden. Und sie schliefen bald ein. Und in der Ruhe, die dann über sie kam, schliefen sie so stark, daß er sie im Schlaf überwinden konnte.

Trotzdem hier das Märchen, wie manche Träume, unklar und wenig befriedigend ausklingt, so haben wir darin doch das vor uns, was den Kampf der Menschenseele gegen die Naturkräfte darstellt, erst gegen die «Bären», dann aber geht es über in den Kampf gegen die «Riesen». Aber noch etwas anderes sehen wir in diesem Märchen. Wir haben den Menschen, der die hundert auf einmal erschlagen hat, so vor uns, daß wir nachvibrieren fühlen, was im tiefsten Unbewußten der Seele lebt: daß er durch seine Schlauheit immer getröstet werden kann über die stärkeren Kräfte, die er als riesenmäßige empfinden muß. Es ist nicht gut, wenn man das, was künstlerisch in Bildern verarbeitet ist, ganz abstrakt und in einzelnen Zügen deutet. Darauf kommt es gar nicht an. Denn nichts wird zerstört an der Märchengestaltung, wenn man fühlt, daß das Märchen so das Nachklingen ist von tiefen in der Seele sich abspielenden Vorgängen. Diese Vorgänge sind wiederum so, daß wir viel, viel wissen können, so viel man durch Geistesforschung nur von ihnen wissen kann, und dennoch: wenn man in sie wieder und wieder verstrickt wird, wenn man sie so erlebt, dann sind sie doch ursprünglich und elementar. Und kein Wissen, wenn es sonst vorhanden ist, zerstört das Vermögen, dasjenige, was man so in den Tiefen der Seele erlebt, in Märchenstimmung hineinzubringen.

Daher ist es ganz gewiß für die Forschung reizvoll, zu wissen, wie man im Märchen das vor sich hat, was die Seele braucht wegen ihrer tiefsten Erlebnisse in der angedeuteten Weise. Zu gleicher Zeit wird keine Märchenstimmung zerstört, denn gerade der, welcher vielleicht in Anlehnung an das Wesen des Märchens zu einem tieferen Hineinschauen in die Quellen des unterbewußten Lebens kommt, findet in diesen Quellen etwas, das für das Bewußtsein verarmt, wenn es nur abstrakt dargestellt wird, und er findet eigentlich, daß die Darstellung im Märchen wirklich die umfassendere ist für das Tiefste der seelischen Erlebnisse.

Man begreift dann, daß Goethe das, was er reich erleben konnte und was Schiller in abstrakt-philosophischen Begriffen ausdrückte, in den vielsagenden und vieldeutigen Bildern des «Märchens» von der grünen Schlange und der schönen Lilie ausdrückte. Also in Bildern wollte Goethe, trotzdem er viel gedacht hat, das aussprechen, was er über das Tiefste in den Untergründen und in dem Unterbewußtsein des menschlichen Seelenlebens empfand. Und weil das Märchen so mit dem Innersten der Seele zusammenhängt, mit dem, was so tief mit dem Innersten der Menschenseele zusammenhängend ist, deshalb ist das Märchen gerade diejenige Form der Darstellung, die für das kindliche Gemüt am angemessensten ist. Denn man darf vom Märchen sagen, es habe es dahin gebracht, das Allertiefste im geistigen Leben in der allereinfachsten Weise zum Ausdruck zu bringen. Man empfindet eigentlich nach und nach, daß es in allem bewußten künstlerischen Leben keine so große Kunst gibt als die Kunst, die den Weg vollendet von den unverstandenen Tiefen des Seelenlebens zu den reizvollen, oftmals spielerischen Bildern des Märchens.

Wenn man das Schwerstverständliche in den selbstverständlichsten Formen auszudrücken vermag, dann ist das größte Kunst, natürlichste Kunst, wesenhaft mit dem Menschen zusammenhängende Kunst. Und weil im Kinde die menschliche Wesenheit in einer noch ursprünglicheren Art mit dem Gesamtdasein, mit dem Gesamtleben zusammenhängt, deshalb braucht auch das Kind als Nahrung für seine Seele das Märchen. Freier noch kann sich im Kinde das bewegen, was geistige Kraft darstellt. Das kann noch nicht, wenn die kindliche Seele nicht veröden soll, in die abstrakten theoretischen Begriffe eingesponnen werden. Das muß noch zusammenhängen mit dem, was in den Tiefen des Daseins wurzelt.

Daher tun wir dem Kinde für die Seele keine größere Wohltat, als wenn wir auf seine Seele wirken lassen, was so Menschen-Wurzeln mit Daseins-Wurzeln zusammenbringt. Weil das Kind noch an der eigenen Gestaltung schöpferisch tätig sein muß, weil es noch die gestaltenden Kräfte selbst für sein Wachstum, für die Entfaltung aller seiner Anlagen hervorbringen muß, deshalb empfindet es so wunderbare Nahrung für seine Seele in den Bildern des Märchens, in denen es wurzelhaft mit dem Dasein zusammenhängt. Und weil der Mensch, selbst wenn er sich dem

Rationalistisch-Verstandesmäßigen hingibt, doch nie von des Daseins Wurzeln losgerissen werden kann, und weil er, wenn er gerade am meisten dem Leben hingegeben sein muß, am intimsten mit des Daseins Wurzeln zusammenhängt, deshalb kehrt er, wenn er nur gesunden, geradsinnigen Gemütes ist, in jedem Lebensalter freudig zum Märchen zurück. Denn es gibt kein Lebensalter, es gibt keine menschliche Lage, die uns demjenigen entfremden könnte, was aus dem Märchen strömt, weil wir aufhören müßten mit dem Tiefsten, was mit der Menschennatur zusammenhängt, wenn wir keinen Sinn mehr für das hätten, was sich von diesem Sinn der Menschennatur, der so unverständlich ist für den Verstand, ausdrückt in den selbstverständlichen Märchen und in der selbstverständlichen, einfachen, primitiven Märchenstimmung.

Daher kann man es begreifen, daß Menschen, die sich lange Zeit damit befaßt haben, der Menschheit die etwas durch die Kultur übertünchten Märchen wiederzugeben, Menschen wie zum Beispiel die Brüder Grimm, wenn sie sich auch nicht geisteswissenschaftlich zu der Sache stellen, doch aber aus der ganzen Art, wie sie mit den Märchen lebten, die sie aus der Volkskultur heraufholten, die Empfindung hatten, daß sie der Menschheit etwas gaben, was innig zu dieser Menschennatur gehört. Dann begreift man es auch, daß, nachdem eine Verstandeskultur durch Jahrhunderte so manches getan hat, um die Menschenseele und auch die Kindesseele dem Märchen zu entfremden, solche Märchensammlungen wie die der Brüder Grimm wieder bei allen Menschen Eingang gefunden haben, die für so etwas empfänglich sind, und daß sie wieder Gemeingut gerade der Kinderseele geworden sind, aber wohl auch Gemeingut aller Seelen, und dies namentlich immer mehr und mehr werden, je mehr die Geisteswissenschaft nicht nur Theorie sein wird, sondern Stimmung der Seele, jene Stimmung, welche die Seele immer mehr und mehr zusammenführen, gefühlsmäßig zusammenführen wird mit ihren geistigen Wurzeln des Daseins.

So wird gerade durch die Verbreitung der Geisteswissenschaft das bewahrheitet, was echte Märchensammler, echte Märchenerfühler und Märchendarsteller wollten, und was ein Mann, der selber ein tiefer Freund der Märchendarstellung war, oftmals in Vorträgen sagte, die ich hören durfte, wiederholend ein schönes dichterisches Wort, in das wir zusammenfassen können, was sich auch aus der geisteswissenschaftlichen Betrachtung des Märchens ergibt, wenn wir sie im heutigen Sinne anstellen. Wir können es zusammenfassen in die Worte, die eben in seinen Vorträgen jener Mann sprach, der Märchen zu lieben verstand, der Märchen zu sammeln verstand, der Märchen zu würdigen verstand und deshalb immer gern an das Wort anknüpfte: Märchen und Sagen sind wie ein guter Engel, der von Geburt an, von Heimat wegen dem Menschen mitgegeben wird auf seiner Lebenswanderung, damit er ihm ein vertraulicher Genosse durch diese ganze Lebenswanderung hindurch sei und ihm dadurch, daß er ihm diese Genossenschaft bietet, erst das Leben zu einem wahrhaft innerlich beseelten Märchen macht!

Da dieser Vortrag in keinem Zusammenhang mit den Mysteriendramen steht, tritt Professor Capesius diesmal nicht auf. Zu beachten ist, wie stark Steiner am Anfang das Komplizierte und Langwierige der Wege betont, welche die Geisteswissenschaft gerade zur Erforschung der Quellen der Märchendichtung durchzumachen hat. Das wird bis heute nicht ernst genug genommen.

Charakteristisch für diesen Vortrag ist die Verwendung viele Worte, die mit dem Essen, der Ernährung zusammenhängen: Hunger, Nahrung, Speise,

Geschmack, Aroma. Das weckt Assoziationen zu dem Jahre später geschriebenen ersten «Anthroposophischen Leitsatz», den hier zu zitieren mir nicht abwegig erscheint, da der Rahmen des Vortrags die genannte Gründungsveranstaltung war:

Anthroposophie ist ein Erkenntnisweg, der das Geistige im Menschenwesen zum Geistigen im Weltenall führen möchte. Sie tritt im Menschen als Herzens- und Gefühlsbedürfnis auf. Sie muß ihre Rechtfertigung dadurch finden, daß sie diesem Bedürfnisse Befriedigung gewähren kann. Anerkennen kann Anthroposophie nur derjenige, der in ihr findet, was er aus seinem Gemüte heraus suchen muß. Anthroposophen können daher nur Menschen sein, die gewisse Fragen über das Wesen des Menschen und die Welt so als Lebensnotwendigkeit empfinden, wie man Hunger und Durst empfindet.

Es gibt einen Hunger der Seele nach geistiger Nahrung, der auf einer ersten Stufe durch die Märchen einigermaßen gestillt werden kann, wenn man diese, was sicher im Sinne Rudolf Steiners ist, als eine Vorstufe der Anthroposophie auffaßt. Das ist aber etwas, was so tief im Unbewußten liegt wie die Stoffwechselvorgänge. Und die Freude, der ästhetische Genuß an einem Märchen ist vergleichbar dem Geschmackserlebnis auf der Zunge und der Befriedigung beim Essen.

Geschmackserlebnisse können sehr vielfältig sein, müssen es sogar, wenn der Mensch gesund ernährt werden soll. So ist es auch bei den Märchen, deren Grundstimmung ja auch äußerst verschieden ist, von tiefernst bis heiter oder komisch. Die eigentliche seelische Ernährung aber findet in einer viel tieferen Region statt als in diesen oberflächlichen Stimmungen. Wenn man im Bilde bleibt, kann man sagen: Um in die Tiefen zu gelangen, in denen die Märchen wirklich diese ernährende Wirkung haben können, muß man sie wie eine Speise nicht nur schmecken, sondern aufessen.

Bei einem Kind, das ein Märchen wiederholt erzählt bekommt, geschieht dies ganz unbewußt. Beim Erwachsenen gehört dazu, daß er die Bilder lesen lernt, daß sie für ihn etwas aussagen. Intime allgemeinmenschliche Seelenvorgänge, die sich dem Verstandeszugriff entziehen, die «nur erlebt, nicht ‹gewußt› werden können» – wie das Einschlafen und das Aufwachen, wie die Begegnung mit Naturwesen und Naturvorgängen, wie das Sich-eingefügt-Fühlen in übermenschliche geistige Zusammenhänge –, all diese lassen sich durch Märchenbilder auffangen und empfindend begreifen.

In die Jahr für Jahr entstehenden Mysteriendramen waren mittlerweile Gestalten eingeführt worden, die als geistige Wesenheiten von großer Wichtigkeit im Leben, speziell aber auf dem Wege der Geistesschulung sind: die beiden Widersachermächte Luzifer und Ahriman samt den Welten, zu denen sie gehören. Im dritten Drama wird gezeigt, wie Capesius, der Märchenfreund, der nach seiner Rückschau abgeglitten war in luziferische Bereiche – was man in der physischen Welt «Verwirrtheit» nennt – lernen mußte, ein Gleichgewicht zwischen diesen beiden Kräften zu finden, und dadurch geheilt wurde.

Das Finden der Mitte zwischen diesen beiden Mächten, die den Menschen immer in Einseitigkeiten hineintreiben wollen, ist ein wesentliches Motiv des Vortragszyklus *Die Geheimnisse der Schwelle* (GA 147), der die Sommertagung 1913 begleitete. In diesem Zyklus ist nochmals ein Vortrag dem Thema Märchen gewidmet, und es ergab sich, daß dieser Vortrag gerade am 28. August 1913, an Goethes Geburtstag, gehalten wurde. Genau 14 Jahre zuvor hatte Steiner zu diesem Datum den Aufsatz über Goethes Märchen im *Magazin für Literatur* geschrieben, den er als Beginn seiner esoterischen Wirksamkeit bezeichnete.

In dem Vortrag nun läßt er die Frau Balde dem Capesius ein Märchen erzählen, das gar nicht in den Mysteriendramen enthalten ist: das Märchen von der Burg. Wie alle seine Märchen hat es nur wenig Ähnlichkeit mit einem Volksmärchen. Es geht hier darum, daß wir miterleben, wie diese imaginative Bilderfolge in der Seele des Capesius tätig wird, wie sie wie ein

Samenkorn wirkt und ihm zu geisteswissenschaftlichen Erkenntnissen verhilft, die ihm vorher, rein verstandesmäßig, schwer faßbar waren. Diese Erkenntnisse werden ihm anschließend durch Benedictus, seinen Geisteslehrer, erläutert.

Man könnte vielleicht der Meinung sein, daß der zweite Teil des Vortrags, der von diesen Erkenntnissen handelt, nicht mehr unmittelbar mit dem Märchenthema zu tun habe. Mir scheint aber, daß gerade dieser Vortrag für jeden Märchenerzähler die schönste Bestätigung seines Tuns ist. Es geht nämlich um das «Wort» als mittleren Zustand zwischen der luziferischen Einseitigkeit des einsamen Denkens und der ahrimanischen Festgelegtheit durch die Schrift.

Ich möchte alles tun, daß wir uns über die Verhältnisse der geistigen Gebiete, über die wir uns während dieses Vortragszyklus verständigen wollen, gut verstehen können. Und aus diesem Grunde möchte ich wie eine Episode zunächst in unsere Zyklusbetrachtungen heute eine kleine Geschichte einschalten, welche geeignet sein wird, mancherlei aufzuklären in den Fragen, die wir zu betrachten haben werden und die wir auch schon betrachtet haben.

Professor Capesius war in einer bestimmten Zeit seelisch recht zerquält und zergrübelt. Das kam durch die folgenden Gründe. Sie werden namentlich aus der «Pforte der Einweihung» entnommen haben, daß Capesius eine Art Geschichtsgelehrter ist, ein Historiker. Nun hat mir die okkulte Forschung ergeben, daß eine Anzahl namhafter Historiker der Gegenwart dieses gerade dadurch geworden sind, daß sie in irgendeinem Verhältnis gestanden haben zur ägyptischen Einweihung im dritten nachatlantischen Kulturzeitraum. Entweder daß solche Geschichtsgelehrten direkt mit dem Einweihungsprinzip zu tun hatten oder den Tempelgeheimnissen in der einen oder anderen Art nähertraten. Sie werden bemerkt haben, daß Capesius ein Historiker ist, der sich nicht allein auf äußere Schriftwerke verläßt, sondern der auch versucht, die Ideen der Geschichte zu durchdringen, die in der Menschheitsentwicklung, in der Kulturentfaltung spielen.

Während ich versuchte, in der «Pforte der Einweihung», in der «Prüfung der Seele» und in dem «Hüter der Schwelle» Capesius zu charakterisieren, muß ich gestehen, stand mir immer seine Beziehung zu dem ägyptischen Einweihungsprinzip vor Augen, die im siebenten und achten Bilde in «Der Seelen Erwachen» näher zum Ausdruck gekommen ist. Und das sollte man eigentlich festhalten, daß die Erlebnisse, welche die Capesius-Seele während ihrer ägyptischen Inkarnation hatte, all den späteren Schicksalen zugrunde liegen, die für diese Seele auch für die Gegenwart in Betracht kommen. So ist Capesius Historiker, Geschichtsgelehrter. Er hat sich hauptsächlich in seinem Gelehrtenleben mit Geschichte befaßt, mit all dem, was das Werden und Wesen der Völker, der Kulturen, der einzelnen Menschen in den aufeinanderfolgenden Epochen zur Entwicklung gebracht hat.

Eines Tages aber war an Capesius etwas von der Literatur des Haeckelismus herangetreten. Er hatte sich mit dieser ganzen Weltanschauung, mit der er sich früher wenig befaßt hatte, bekanntgemacht und im Anschluß daran allerlei Schriften über atomistische Weltanschauung gelesen. Das war der Grund zu seiner Zerquältheit, und es war eine merkwürdige Stimmung, die über ihn kam, als er in verhältnismäßig spätem Alter diesen atomistischen Haeckelismus kennenlernte. Sein Verstand sagte ihm: Man kann eigentlich mit den Erscheinungen der Natur um sich herum nicht ordentlich zurechtkommen, wenn man sich nicht in dieser Weise aus Atomen heraus durch eine mechanische Weltanschauung die Erscheinungen der

Natur erklären will. – Mit anderen Worten, es kam Capesius immer mehr und mehr dazu, in einer gewissen Weise das einseitige Recht des Atomismus, die mechanische Naturanschauung einzusehen. Er gehörte nicht zu denen, die fanatisch eine solche Sache von vornherein ablehnen, denn er mußte sich auf seinen Verstand verlassen, und da erschien ihm manches notwendig von dieser Anschauung, um die Erscheinungen der Natur um sich herum zu erklären. Aber dennoch quälte ihn das. Denn er sagte sich: Wie öde, wie unbefriedigend für die menschliche Seele ist wiederum diese Naturanschauung! Wie schlecht kommt jede Idee dabei weg, die man über Geist und Geistwesen, über das Seelische gewinnen will!

So fand sich Capesius von Zweifeln hin- und hergetragen, und da trat er denn, ich möchte sagen fast instinktiv denjenigen Gang an, den er oft angetreten hat, wenn es ihm schwer um die Seele geworden ist. Er ging ins Balde-Häuschen, um sich dort mit den guten Leuten zu besprechen, die ihm oftmals so schöne, gute Seelendienste geleistet hatten. Oftmals hatte ihn erfrischt, was in ihren wunderbaren Märchenbildern Frau Balde Capesius zu geben hatte. Und da ging er hin. Er traf zunächst, weil Frau Balde im Haus beschäftigt war, als er ankam, nur Felix Balde, den Vater Felix, den er im Laufe der Zeit so sehr lieben gelernt hatte. Dem trug er seine Qualen vor, seine Zweifel, in die er durch das Bekanntwerden mit dem Haeckelismus und Atomismus versetzt worden war. Er setzte ihm erstens auseinander, wie notwendig es dem Verstande erscheine, so etwas auf die Naturerscheinungen anzuwenden; und auf der anderen Seite trug er dem guten Vater Felix vor, wie öde und unbefriedigend eine solche Weltanschauung sei. Recht beunruhigt war Capesius, als er da sozusagen seelisch hilfesuchend zu dem Vater Felix kam. Vater Felix ist eben eine andere Natur als Capesius. Er geht seinen bestimmten Gang. Er lehnte so etwas wie den Haeckelismus und die atomistische Weltanschauung direkt ab, indem er unserem guten Professor Capesius auseinandersetzte, was es damit auf sich habe. Er sagte ihm: Gewiß, Atome muß es geben. Es ist ganz berechtigt, von Atomen zu sprechen. Aber man muß sich klar sein darüber, daß diese Atome, wenn sie die Welt irgendwie bilden sollen, sich so aneinander schichten und lagern müssen, daß die Aneinanderlagerung den Zahlen und Maßen entspricht; daß das Atom der einen Substanz zu vier, der anderen zu drei, der anderen zu eins, zwei eine Ganzheit bildet; daß auf diese Weise die Stoffe zustande kommen, die in der Welt sind. – Capesius, der historisch gut unterrichtet war, kam das etwas pythagoreisch vor; er fühlte, daß da das pythagoreische Prinzip in Felix Balde waltete. Felix Balde wollte ihm klarmachen, daß man mit den Atomen nichts anfangen könne, sondern daß da drinnen Maß und Zahl weise herrschen. Und immer komplizierter wurde das, was Vater Felix auseinandersetzte in immer komplizierteren Zahlenverhältnissen, nach denen die Weltenweisheit die Atome aneinander gruppiert und sie als geistiges Prinzip zwischen den Atomen geltend macht. Immer komplizierter wurden die Figuren, die Vater Felix dem Capesius vorkonstruierte. Da überkam den guten Professor Capesius eine merkwürdige Stimmung, eine Stimmung, die man so charakterisieren könnte: er mußte sich so anstrengen, dieses Komplizierte zusammenzuhalten, daß er, trotzdem ihn die Sache außerordentlich interessierte, eine Art Gähnen unterdrücken mußte, daß er in eine Art traumhaften Zustandes fast verfiel.

Da kam, bevor sozusagen der gute Professor Capesius völlig in einen traumhaften Zustand verfiel, Frau Balde dazu, die erst noch eine Weile die ganze Auseinandersetzung über die Zahlen und Figuren mitanhören mußte. Sie setzte sich geduldig hin. Sie hatte eine Eigentümlichkeit an sich. Wenn sie von etwas nicht ganz sympathisch, im guten Sinne sympathisch, berührt war, und es nötig hatte, sich hinwegzuhelfen über eine gutgemeinte Langeweile, da machte sie mit beiden Händen eine Faust und bewegte die Daumen im Kreise, und immer, wenn sie das tat, da konnte sie das Gähnen dadurch ganz zurückhalten. Nachdem sie so das ein bißchen gemacht hatte, entstand eine Pause, und sie konnte jetzt anfangen, mit einer erfrischenden Erzählung Capesius wiederum aufzurütteln. Und da erzählte denn Frau Felicia dem guten Professor Capesius das Folgende.

Es war einmal in einer sehr einsamen Gegend eine große Burg. In dieser Burg wohnten viele Menschen, alte und junge, von den jüngsten bis zu den ältesten; aber alle waren mehr oder weniger verwandt, so daß alle in irgendeiner Weise zusammengehörten.

Diese Menschen, die für sich eine abgeschlossene Gemeinde bildeten, waren aber auch von der übrigen Welt in einer gewissen Weise abgeschlossen, denn ringsherum waren weit und breit nicht Menschen und menschliche Ansiedlungen zu finden. So daß eine Zeit kam, in der es einer größeren Anzahl dieser Menschen etwas unbehaglich wurde. Und das hatte zur Folge, daß einzelne dieser Menschen wie Visionäre wurden, Visionen bekamen, die wohl durch die Art, wie sie auftraten, auf etwas Reales sich beziehen konnten. Da erzählte dann Frau Felicia, daß eine größere Anzahl von Personen die gleiche Vision hatten. Zunächst hatten sie die Vision, wie aus den Wolken herunterstieg eine mächtige Lichtgestalt; eine Lichtgestalt, welche sich dann, indem sie herunterkam, wie erwärmend in die Herzen und Seelen der Burgbewohner hineinsenkte. Und man fühlte wirklich auch – so erzählte Frau Felicia – etwas von Erleuchtendem, was hereinkam wie aus Himmelshöhen durch diese Lichtgestalt, die von oben kam.

Bald aber, so erzählte sie, stellte sich für all die Menschen, welche diese Vision der Lichtgestalt hatten, auch

noch etwas anderes ein. Sie sahen um die Burg herum
überall wie aus der Erde herauskrabbelnd alle möglichen
schwärzlich-bräunlichen, stahlgrauen Gestalten. Während
die Lichtgestalt von oben eine einzige war, kamen viele,
viele solche Gestalten um die Burg herum. Während die
Lichtgestalt mehr in die Herzen, mehr in die Seelen ging,
waren diese Wesen – man könnte sie Elementarwesen nennen – wie Belagerer der Burg.

Und so lebten denn lange Zeit diese Persönlichkeiten in der Burg – und es war eine ziemlich große Anzahl
– zwischen dem, was von oben kam, und dem, was die
Burg von außen belagerte. Eines Tages aber zeigte es sich,
daß die Gestalt von oben sich tiefer senkte als sonst, und
auch die Belagerer mehr hereinkamen. Bei den Visionä-
ren im Schloß verbreitete sich eine unbehagliche Stimmung. Wir müssen berücksichtigen, daß Frau Balde ein
Märchen erzählte. Die Visionäre kamen mit den übrigen
Schloßbewohnern in eine Art von traumhafter Stimmung.
Die Gestalt von oben teilte sich in einzelne Lichtwolken;
aber diese wurden von den Belagerern der Burg erfaßt
und verdunkelt. Das hatte zur Folge, daß allmählich die
Schloßbevölkerung in Traum versetzt wurde, und dadurch
wurde die irdische Lebensdauer der Schloßbewohner auf
Jahrhunderte verlängert. Und sie fanden sich nach Jahrhunderten wieder; aber jetzt fanden sie sich verteilt in
kleinere Gemeinden und an die verschiedensten Orte der
Erde hin versetzt. Sie bewohnten wiederum kleinere Burgen, die wie eine Kopie der großen Burg waren, die sie vor
Jahrhunderten bewohnt hatten. Und es zeigte sich, daß
dasjenige, was sie erlebt hatten in der alten Burg, jetzt in
ihrer Seele war als Seelenstärke, als Seelengut, als Seelen-
gesundheit. Und sie konnten wacker in den Burgen alles
Mögliche treiben: Ackerbau, Viehzucht und so weiter; sie
wurden tüchtige Leute, tüchtige Bebauer des Feldes, hatten gesunde Seelen und auch gesunde Leiber.

Nachdem Frau Felicia das erzählt hatte, war durch die Erzählung, wie ihm das immer passiert war, der gute Professor Capesius sehr angenehm berührt. Vater Felix aber fühlte die Notwendigkeit, etwas zur Erklärung dieses Bildes, das dazumal Frau Felicia zum erstenmal erzählt hatte, beizutragen. Und Vater Felix fing an: Ja, die Gestalt, die da von oben aus den Wolken kam, das ist das luziferische Prinzip, und die Gestalten, die von außen wie Belagerer kamen, die sind das ahrimanische Prinzip und so weiter. Und immer komplizierter wurde Vater Felix. Frau Felicia hörte anfangs zu, machte dann ihre Faust mit beiden Händen, rollte die Daumen, dann aber sagte sie, als Vater Felix immer komplizierter wurde: Ja, ich muß jetzt selbst nach der Küche sehen; wir haben heute Kartoffelklöße, die würden zu weich werden. – Und schlich hinaus in die Küche. Capesius wurde durch die Erklärungen des guten Vater Felix so gestimmt, daß er nicht recht mehr zuhören konnte, trotzdem er den Vater Felix gern hatte, und daß er eigentlich das, was dieser noch zur Erklärung brachte, wirklich nicht mehr recht hörte.

Nun muß ich hinzufügen, daß Capesius dieses, was ich jetzt erzählt habe, in einer Zeit passiert ist, in welcher er schon mit Benedictus bekannt war, sozusagen ein guter Schüler desselben war. Und er hatte oftmals von Benedictus erzählen hören, wie es sich mit dem luziferischen und dem ahrimanischen Element verhält. Trotzdem der Professor Capesius ein sehr kluger Mensch ist, konnte er aber nie so ganz zurechtkommen mit den Auseinandersetzungen des Benedictus über das luziferische und das ahrimanische Element. Es blieb immer ein Rest; er wußte mit den Erklärungen des Benedictus doch nichts Rechtes anzufangen. So ging er denn diesmal weg, behielt in der Seele die Erzählung von der Burg, die sich vervielfältigte, und mußte oftmals, fast täglich an diese Erzählung denken. Da kam er wiederum einmal zu Benedictus, und siehe da,

Benedictus konnte jetzt bemerken, daß etwas vorgegangen war in der Seele des Capesius. Capesius selber hatte bemerkt: Jedesmal, wenn er sich an die Erzählung von der Burg, die sich vervielfältigte, erinnerte, wurde seine Seele eigentümlich innerlich angeregt. Es war, wie wenn diese Erzählung kräftebildend in seiner Seele gewirkt hätte, wie wenn seine Seele durch sie erkraftet worden wäre. Daher wiederholte er die Erzählung immer wieder und wiederum wie meditierend. Und nun kam er wieder zu Benedictus, der bemerkte, daß diese Seelenkräfte in sich erkraftet waren. Und Benedictus setzte ihm in eigenartiger Weise jetzt das Folgende auseinander.

Während vorher der Professor Capesius, vielleicht gerade wegen seiner Gelehrsamkeit, die Auseinandersetzungen des Benedictus weniger verstanden haben würde, hatte er jetzt ein ganz außerordentliches Verständnis. Es war wie ein Samenkorn, das seine Seelenkräfte befruchtet hatte, was da hineingefallen war durch die Erzählung der Frau Felicia.

Benedictus sagte: Betrachten wir einmal drei Dinge! Erstens betrachten wir das menschliche Denken, das menschliche Vorstellen, den Gedanken, den der Mensch in sich tragen kann, durch den er sich die Welt begreiflich macht in aller seiner Einsamkeit. Gedanken zu haben, innerlich sich auseinanderzusetzen in voller Einsamkeit, das kann der Mensch ganz für sich. Dazu braucht er sich nicht anzuschließen an irgendeinen Menschen. Er macht es sogar am besten dadurch, daß er sich abschließt in seinem Kämmerchen und im stillen, in sich geschlossenen Denken mit der Kraft, die in irgendeinem Zeitpunkt sein Denken hat, versucht, die Welt und ihre Vorgänge zu verstehen. Nun sagte Benedictus: Ja, wenn man so verfährt mit dem Gedanken, dann ist es aber beim einzelnen Menschen immer so, daß das fühlsame Element der Seele heraufwirkt in den Gedanken, in die Vorstellungen hinein.

Dadurch tritt immer die Versuchung, die Verlockung des luziferischen Elementes an den Menschen heran. Es ist gar nicht denkbar, daß der Mensch in Einsamkeit grübelt und spintisiert und philosophiert und sich über die Dinge der Welt aufklärt, ohne daß aus seiner fühlsamen Seele dieser Einschlag in das Denken kommt, und dadurch ein luziferischer Impuls in das einsame Denken hineinkommt. Der von dem einzelnen Menschen erfaßte Gedanke ist immer durchdrungen, zum großen Teil erfaßt und durchdrungen vom luziferischen Element.

Während früher Capesius wenig verstanden hatte, wenn Benedictus vom luziferischen und ahrimanischen Elemente sprach, war es ihm jetzt selbstverständlich, zu begreifen, daß in dem einsamen Gedanken, den der Mensch in sich faßt, immer die Verlockungen des luziferischen Elementes stecken müssen. Und er verstand jetzt, daß Luzifer an der Betätigung des Menschen im einsamen Denken immer einen Anhaltspunkt hat, um den Menschen aus dem fortschreitenden Gang der Weltentwicklung herauszureißen und hinzuführen – weil sich der Mensch von der Welt absondert im einsamen Denken – zu der isolierten Insel, die sich Luzifer, abgesondert von der übrigen Weltenordnung, errichten will, um alles, was sich absondert, da gewissermaßen anzusiedeln. Es lenkte also Benedictus zunächst auf das einsame, persönliche, innerliche Denken den Capesius hin.

Und jetzt, sagte er, wollen wir etwas anderes ins Auge fassen. Wollen wir einmal ins Auge fassen dasjenige, was in der Schrift auftritt. In der Schrift haben wir ein merkwürdiges Element der menschlichen Kulturentwicklung. Wenn man das Bedeutsame des Gedankens ins Auge faßt, so muß man sagen: Der Gedanke, so wie er zunächst ist, lebt im einzelnen Menschen. Er ist Luzifer zugänglich, weil Luzifer das Seelische aus der physischen Welt herausführen und in die Isolierung hineinbringen will. Aber dieser einzelne Gedanke ist Ahriman nicht zugänglich, denn dieser einzelne Gedanke ist den ganz normalen Gesetzen des Entstehens und Vergehens des physischen Planes unterworfen. Bei der Schrift ist es etwas anderes, da wird das, was Gedanke ist, der Vernichtung entzogen, wird dauernd gemacht.

Nun habe ich Sie darauf hingewiesen, wie Ahriman überall darauf bedacht ist, dem Strom der Vernichtung zu entziehen, was im menschlichen Denken lebt, es da zu behalten in der physisch-sinnlichen Welt. Das ist der charakteristische Vorgang, wie das entsteht, was man aufschreibt. Da wird der menschliche Gedanke, der sonst in der Zeit vergehen würde, fixiert, wird für die Zeit aufbewahrt. Da dringt gerade Ahriman in die menschliche Kultur ein. Obwohl der Professor Capesius kein Rückschrittler ist und es nicht mit denen halten will, die etwa die Schrift abschaffen oder in den Volksschulen verbieten wollen, so sah er doch ein, daß, indem die Menschheit Schriftwerke um Schriftwerke überall ansammelt, die ahrimanischen Impulse in die Kulturentwicklung hereinkommen. So wußte er jetzt: im einsamen Gedanken ist luziferische Verlockung; in den Schriftwerken, in all dem, was fixiert wird durch Schreiben oder Drucken, ist ahrimanisches Element. Er wußte, daß die menschliche Entwicklung schon in der äußeren physischen Welt gar nicht sein kann, ohne daß das Ahrimanische und Luziferische allüberall hereinspielen. Und er verstand es jetzt, daß gerade mit der fortschreitenden Kultur, indem die Schrift immer größere Bedeutung gewinnt – um das zu erkennen, braucht man nicht hellsichtig zu sein, sondern nur die Entwicklung zu verfolgen um ein paar Jahrhunderte –, auch das Ahrimanische immer mehr Bedeutung gewinnen muß. Ahriman gewinnt immer mehr und mehr dadurch, daß die Schrift immer größere Bedeutung in der Menschheitsentwicklung bekommt. Und heute, wo sie eine so große Bedeutung hat – Capesius war sich darüber klar –, haben wir geradezu große ahrimanische Zwingburgen. Es ist zwar noch nicht üblich geworden – soweit hat es die Geisteswissenschaft noch nicht gebracht, daß man sich im öffentlichen Leben in der Wahrheit ausdrückt –, daß, wenn ein Student auf die Bibliothek geht, er sagt: Ich gehe jetzt in die Ahrimanburg ochsen! – Aber die Wahrheit ist das doch. Die großen und kleinen Bibliotheken sind die Ahrimanburgen, sind diejenigen Zwingburgen, von denen aus Ahriman in die menschliche Kulturentwicklung in intensivster Weise eingreift. Man muß nur in einer solchen Beziehung den Tatsachen kühn ins Auge schauen.

Nun aber erklärte Benedictus dem Capesius noch etwas anderes. Er sagte ihm: Nun gut, jetzt haben wir den Gedanken in der einsamen Persönlichkeit auf der einen Seite; wir haben das Schriftwerk, das Ahriman angehört, auf der anderen Seite; aber dazwischen haben wir einen mittleren Zustand. Im Luziferischen haben wir etwas Einheitliches. Der Mensch strebt nach der Einheit, wenn er im Gedanken die Welt sich erklären will. In der Schrift haben wir etwas Atomistisches. Dann zeigte Benedictus dem Capesius, was dieser wiederum gut verstand infolge der Auffrischung seines Gemütes durch die Erzählung der Frau Felicia: Zwischen beiden, zwischen dem einsamen Gedanken und der Schrift, haben wir das Wort; das Wort, in dem man nicht einsam nur sein kann, wie mit seinen Gedanken. Durch das Wort lebt man in einer Gemeinschaft. Denken kann man abgesondert, allein. Es hat eine Bedeutung, wenn man allein denkt; aber man brauchte kein Wort, wenn man einsam für sich gehen will. Die Sprache hat Bedeutung in der Gemeinsamkeit. So ist das Wort herausgeholt aus der Einsamkeit der menschlichen Persönlichkeit; es entfaltet sich in der Gemeinsamkeit. Es ist der verkörperte Gedanke, das Wort, aber es ist zugleich für den physischen Plan etwas ganz anderes als der Gedanke. Man braucht nicht auf die hellseherischen Resultate einzugehen – in verschiedenen Vorträgen habe ich darauf aufmerksam gemacht –, sondern man kann schon äußerlich historisch, und weil er ein Historiker war, verstand das Capesius sehr gut, man kann schon durch die äußere Historie einsehen, daß das Wort oder die Sprache ursprünglich ein ganz anderes Verhältnis haben sollte zur Menschheit, als sie es gewonnen hat in der heutigen Zeit. Wenn man nämlich immer weiter und weiter zurückgeht in den Sprachen, so merkt man, daß man wirklich einmal kommen muß – wie es die okkulte Beobachtung zeigt – zu einer menschlichen Ursprache, die den ganzen Erdkreis umfaßte und die sich nur differenziert hat. Schon wenn man zum Hebräischen – in dieser Beziehung ist die hebräische Sprache ganz besonders merkwürdig – zurückgeht, merkt man in den Worten etwas anderes als in den Worten Westeuropas. Die Worte des Hebräertums sind viel weniger konventionell, sie haben sozusagen eine Seele, so daß man ihren Sinn ihnen anfühlt; sie sprechen einem ihren notwendigen Sinn aus, mehr als die westeuropäischen Sprachen. Je weiter man zurückgeht in der Entwicklung, desto mehr findet man solche Sprachen, die der gemeinsamen Ursprache ähnlich waren. Das, was erzählt wird als Turmbau zu Babel, ist Symbolum für die Tatsache, daß es wirklich eine Ursprache gegeben hat, und daß diese differenziert worden ist in die einzelnen Volks- und Stammessprachen. Dadurch, daß die gemeinsame Ursprache in die Volks- und Stammessprachen sich differenziert hat, kommt sozusagen das Wort auf halbem Wege entgegen der Einsamkeit des Gedankens. Es spricht nicht ein jeder Mensch seine eigene Sprache – da würde die Sprache nicht ihren Sinn haben –, sondern es sprechen nur Menschengruppen die gemeinsame Sprache. Es ist also das Wort ein Mittelding geworden zwischen dem einsamen Gedanken und der Ursprache. In der Ursprache gab es ein bestimmtes Wort, das verstand man durch den Laut, den es hatte, durch das, was es durch seinen Lautwert war. Man brauchte sich nicht weiter konventionell über den Lautwert zu unterrichten, sondern man fand in der Ursprache die Seele des Wortes. Das ist, wie gesagt, differenziert. Und alles, was Absonderung bewirkt, wirkt auch dem Luzifer in die Hände, so daß die Menschen, indem sie differenzierte Sprachen sich bildeten, dadurch ein absonderndes Prinzip aufnahmen, das heißt, sich in die Strömung hineinbegaben, die es Luzifer leicht macht, den Menschen aus der allgemeinen Weltenordnung herauszuheben, die schon vorbestimmt war, bevor Luzifer da war; also auf die Isolierinsel den Menschen zu setzen, ihn abzusondern von dem übrigen fortschreitenden Gang der Menschheitsentwicklung. So liegt im Element der Sprache, des Wortes, ein mittlerer Zustand. Wenn das Wort das geblieben wäre, was es hat werden sollen, wenn das Luziferische sich nicht hergemacht hätte über das Wort, so würde das Wort dem von Luzifer und Ahriman freien mittleren göttlichen Zustand entsprechen, in dem der Mensch hinsegeln kann rein entsprechend der fortschreitenden göttlich-geistigen Weltenordnung. So ist das Wort auf der einen Seite luziferisch beeinflußt worden. Während der Gedanke fast ganz, wenn er einsam gefaßt ist, dem luziferischen Element unterliegt, ist das Wort ein wenig ergriffen in der Weise, wie ich es auseinandergesetzt habe, von dem luziferischen Element auf der einen Seite.

Auf der anderen Seite wirkt aber auch die Schrift auf das Wort zurück, und gerade je weiter die Menschheit fortschreitet, desto größere Bedeutung bekommt die Schrift für die Sprache. Das liegt dem Umstand zugrunde, daß die Dialekte, die noch nichts mit der Schrift zu tun haben, allmählich untertauchen, und als das vornehmere Element vielfach das auftritt, was man sogar die Schriftsprache nennt. Das bezeugt, daß rückbeeinflußt wird die Sprache von der Schrift. Man kann das in einzelnen Gegenden sehr klar sehen. Ich muß mich immer wieder erinnern an etwas, was mir aufgefallen ist an mir selber und an meinen Schulgenossen. In Österreich, wo man so vieles Dialektisches durcheinander hatte, wurde großer Wert darauf gelegt in den Schulen, daß die Schüler eine Schriftsprache lernten, die sie früher, wenigstens zum großen Teil, nicht gesprochen hatten. Und das hat sogar eine ganz besondere Wirkung, diese Aneignung der Schriftsprache. Ich kann ganz unbefangen darüber reden, weil ich selbst der eigentümlichen Wirkung dieser Schriftsprache, dem österreichischen Schuldeutsch, eine lange Zeit meines Lebens ausgesetzt war und mir es nur mit Mühe abgewöhnt habe – manchmal schlägt es schon noch durch. Diese Eigentümlichkeit besteht darin, daß man alle kurzen Vokale lang und alle langen kurz spricht, während der Dialekt, die Sprache also, die aus dem Wort herausgeboren ist, richtig sagt. Wenn man zum Beispiel meint die Sonne, die am Himmel steht, dann sagt der Dialekt: D'Sunn. – Derjenige aber, der durch die österreichischen Schulen gegangen ist, ist versucht zu sagen: Die Soone. – Der Dialekt sagt: Der Sun für Sohn; die österreichische Schulsprache sagt dafür: Der Sonn. – So sagt man denn: die Soone und der Sonn. Das ist natürlich ein extremes Beispiel, aber es hängt einem durchaus an oder wenigstens hing es einem an.

Da sieht man, wie sozusagen die Schrift zurückwirkt auf die Sprache. Aber sie wirkt überhaupt zurück. Man wolle sich nur einmal den Fortschritt der Kultur vor Augen stellen; man wird finden, wie gerade mit fortschreitender Kultur die Sprache das Lebensvolle, das Elementarische, das Organische, das auf dem Grund und Boden gewachsen ist, verliert, wie die Menschen immer mehr und mehr eine Art Büchersprache sprechen. Da wirkt von der anderen Seite das Ahrimanische, das im Schrifttum immer ist, wiederum auf das Wort zurück. Derjenige, der sich naturgemäß entwickeln will, der wird natürlich gerade an diesem Beispiel der drei Dinge, die jetzt Benedictus für Capesius herausgewählt hat, merken, wie unsinnig es wäre, Ahriman und Luzifer aus der Entwicklung ausschalten zu wollen.

Drei Dinge, so zeigt Benedictus, kommen in Betracht: der einsame Gedanke, das Wort, die Schrift. Nun wird niemand wollen – der gesund denkt, auch wenn er die Wahrheit ganz eingesehen hat, daß dem einsamen Gedanken Luzifers Einfluß zugrunde liegen muß, und der Schrift Ahrimans Einfluß –, es wird niemand jetzt Luzifer ausrotten wollen, da, wo er so handgreiflich wirkt, denn das würde heißen, das einsame Denken verbieten. Manchem – man muß das sagen – wäre das das Bequemste, aber offen wird man es ganz gewiß nicht vertreten wollen. Auf der anderen Seite wird man auch nicht die Schrift ausrotten wollen, sondern sich sagen müssen: Wie positive und negative Elektrizität einen Gegensatz bedeuten in der äußeren physischen Natur, so bedeuten das Ahrimanische und das Luziferische einen Gegensatz, der da sein muß. Zwei Pole sind es, von denen keiner nicht da sein darf, sondern die nach Maß und Zahl in Verhältnis gebracht werden müssen. Dann kann der Mensch in jener mittleren Linie sich bewegen im Zustand des Wortes. – Es ist ja die Bestimmung des Wortes, Weisheit zu enthalten, Erkenntnis zu enthalten, Gedanken, Vorstellungen zu enthalten. Es kann sich nun der Mensch zum Beispiel sagen: Ich muß mich innerhalb des Wortes so entwickeln, daß ich alles Eigensinnige, bloß Persönliche mir gerade durch das Wort korrigieren lasse, dadurch, daß ich aufnehme in meine Seele, was in dem Wort, in dem weisheitsvollen Wort aller Zeiten hervorgebracht worden ist. – Achtung nicht nur vor der eigenen Meinung, nicht nur vor dem, was man selber glaubt und als richtig anerkennen kann durch eigene Kraft, sondern Respekt vor dem, was sich durch die Kulturen und durch das Mühen um Weisheit der verschiedenen Völker in der geschichtlichen Entwicklung ergeben hat. Das bedeutet auf der einen Seite, Luzifer sozusagen zum Worte in das rechte Verhältnis zu bringen. Nicht das einsame Denken ausschalten, aber auch beachten, daß das Wort der Gemeinsamkeit angehört und man das Wort verfolgen muß durch Zeitalter. Je mehr man dieses tut, um so mehr gibt man dem Luzifer den richtigen Einfluß auf das Wort. Man verfällt dann nicht bloß der Autorität des Wortes, sondern man schützt das Wort, das die Weisheit der Erde von Kulturepoche zu Kulturepoche trägt. Auf der anderen Seite obliegt es dem Menschen, der den Tatbestand richtig einsieht, daß er auch nicht dem starren autoritativen Prinzip verfällt, das in der Schrift liegt, denn damit verfällt er, ob die Schrift das Heiligste oder Profanste enthält, dem Ahriman. Man muß sich klar sein, daß für die äußere materielle Kultur der Mensch schon einmal die Schrift haben muß, und daß die Schrift etwas ist, wodurch Ahriman, was ja nicht seine Aufgabe ist, das Denken herauslösen will aus dem Strom der Vernichtung. Er will es nicht einströmen lassen in die Todesströmung. Da haben wir in der Schrift die beste Gelegenheit, zurückzuhalten das Denken auf dem physischen Plan. Mit vollem Bewußtsein dem gegenüberstehen, daß man das ahrimanische Element im Schriftwerk hat, niemals dem Schriftwerk zugeben, daß es Gewalt bekommt über den Menschen, kurz, sich das Wort im mittleren Zustand so bewahren, daß gleichsam von links und rechts – vom Denken und von der Schrift – die zwei polarischen Gegensätze Luzifer und Ahriman wirken: so muß man sich verhalten, wenn man auf dem rechten Boden stehen will. Wenn man dieses richtig ins Seelenauge faßt, wenn man sich klar ist, daß überall Gegensätze wirken müssen, dann steht man auf rechtem Boden.

Als Capesius von Benedictus dieses gehört hatte und es umfangen hatte mit seinen durch Frau Felicia gestärkten

Seelenkräften, da stand er zu dem, was ihm jetzt Benedictus auseinandersetzte, in ganz anderem Verhältnis als früher, wo auch schon Benedictus ihm das luziferische und ahrimanische Element auseinandergesetzt hatte. Dadurch, daß immer mehr und mehr wirkten diese die Seelenkräfte befruchtenden Märchen, die aus der geistigen Welt heraus inspiriert sind, kam Capesius selber dahin, zu erleben, daß seine Seelenkräfte innerlich erstarkten, daß seine Seelenfähigkeiten innerlich erkrafteten. Das ist dargestellt im dreizehnten Bilde von «Der Seelen Erwachen», wo die eine Seelenkraft in Capesius, die mit der Philia gemeint ist, ihm wirklich geistig greifbar entgegentritt, nicht bloß als abstrakte Seelenkraft. In demselben Maße, in dem Philia zu einer Wesenheit sich auswuchs in der Seele des Capesius, in demselben Maße verstand er in der richtigen Weise immer mehr und mehr das, was eigentlich Benedictus von ihm wollte. Dazumal, als er die besonders befruchtende Erzählung von der Burg, die sich vervielfältigte, die in die Zahl schoß, hörte, hatte sie anfangs nicht gleich gewirkt, da schlief er fast sanft ein, und namentlich war er vorher fast eingeschlafen, als Vater Felix von den Atomen geredet hatte.

Jetzt aber erkannte diese Seele des Capesius, nachdem sie so gereift war, daß eine Dreiheit vorliegt in der ganzen Strömung der Weltenentwicklung: das Luziferische auf der einen Seite – einsame Gedanken; das Ahrimanische auf der anderen Seite – die Schrift; das dritte, der mittlere Zustand, das rein Göttliche. Die Dreizahl erkannte er jetzt in diesem bedeutungsvollen Faktum der Kulturentwicklung des physischen Planes, und er konnte ahnen, wie diese Dreizahl überall zu suchen ist. Jetzt stellte sich Capesius anders zum Gesetz der Zahl als früher; jetzt fühlte er durch die in ihm erwachende Philia das Wesen der Zahl im Werdegang der Welt, und jetzt wurde ihm auch das Wesen des Maßes klar, daß in jeglicher Dreiheit zwei wie Gegensätze sich verhalten und gegenseitig maßvoll in Harmonie gesetzt sein müssen. Und ein großes, gewaltiges Weltgesetz erkannte Capesius, von dem er jetzt wußte, daß es sich in irgendeiner Weise finden müsse, nicht nur auf dem physischen Plan, sondern auch in den höheren Welten.

Wir werden über das alles noch zu sprechen haben bei den subtilen Auseinandersetzungen über die göttlich-geistige Welt. Capesius ahnte, daß er in ein Gesetz eingedrungen war, das sich sonst in der physischen Welt verhält, wie wenn ein Schleier es zudeckte, und daß er mit ihm etwas hatte, womit er die Schwelle überschreiten kann. Und wenn er die Schwelle überschreitet, dann kommt er in die geistige Welt, wo er hinter sich lassen muß alles das, was bloß durch die physische Erfahrung angeregt ist. Zahl und Maß, er hatte sie fühlen, erfühlen, erleben gelernt. Und jetzt verstand er auch, wenn Benedictus andere Dinge heranzog, zunächst auch noch einfache, um ihm das Prinzip völlig beizubringen. Es sagte zum Beispiel Benedictus zu Capesius: Man kann nun auch dasselbe Walten der Dreiheit, der Polarität oder des Gegensatzes in der Dreiheit, des maßvollen Ausgleiches, an anderen Punkten des Daseins finden. Man kann wiederum ein Ding von einem anderen Gesichtspunkt aus ins Auge fassen: das Denken, das innere Vorstellen. Das innere Vorstellen, das Sich-Erarbeiten der Weltengeheimnisse, das ist das eine; das zweite ist das reine Wahrnehmen, sagen wir das bloße Hinhören. Es gibt Menschen, welche mehr daraufhin angelegt sind, alles in sich ergrübelnd zu überlegen. Andere Menschen, die denken nicht gerne, die hören überall hin, nehmen alles auf das Hinhorchen, auf die Autorität hin an, und wenn es auch die Autorität der Naturerscheinungen ist, denn es gibt auch eine Dogmatik der äußeren Erfahrung, wenn man sich nämlich die äußeren Naturerscheinungen aufdrängen läßt.

Nun konnte leicht Benedictus dem Professor Capesius zeigen: In dem einsamen Denken liegt wiederum die luziferische Verlockung; in dem bloßen Hinhorchen, in dem bloßen Wahrnehmen liegt das ahrimanische Element. Man kann aber einen mittleren Zustand einhalten, sozusagen zwischendurchgehen. Man braucht weder bloß zu verweilen in dem abstrakten, grüblerischen Denken, wobei man sich einsiedlerisch in der Seele abschließt, noch sich hinzugeben dem bloßen Hinhören und Hinsehen auf das, was die Ohren und Augen wahrnehmen können. Man kann noch ein anderes tun, indem man das, was man denkt, innerlich so lebendig macht, so kraftvoll macht, daß man den eigenen Gedanken wie etwas Lebendiges vor sich hat und in ihn lebendig sich vertieft wie in etwas, was man draußen hört und sieht, so daß der eigene Gedanke so konkret wird wie das, was man hört oder sieht. Das ist ein mittlerer Zustand. In dem bloßen Gedanken, der dem Grübeln zugrunde liegt, da liegt das Herantreten des Luzifer an den Menschen; in dem bloßen Hinhören, sei es durch das Wahrnehmen oder sei es durch die Autorität der Menschen, liegt das ahrimanische Element. Wenn man innerlich erkraftet und erweckt die Seele, daß man seinen Gedanken gleichsam hört oder sieht, dann hat man das Meditieren. Das Meditieren ist ein mittlerer Zustand. Es ist weder Denken noch Wahrnehmen. Es ist ein Denken, das so lebendig in der Seele lebt, wie das Wahrnehmen lebendig lebt, und es ist ein Wahrnehmen, das nicht Äußeres, sondern Gedanken in der Wahrnehmung hat. Zwischen dem luziferischen Element des Gedankens und dem ahrimanischen Element der Wahrnehmung fließt hin das Seelenleben im Meditieren als in dem göttlich-geistigen Element, das nur den Fortschritt der Welterscheinungen in sich trägt. Der meditierende Mensch, der in seinen Gedanken so lebt, daß sie lebendig in ihm werden, wie Wahrnehmungen in ihm sind, lebt in dem göttlichen Dahinströmen. Rechts hat er den bloßen Gedanken; links das ahrimanische Element, das bloße Hinhorchen; und er schließt nicht das eine und das andere aus, sondern weiß, daß er in einer Dreiheit lebt, daß die Zahl das Leben regelt. Und er weiß, daß eine Polarität, ein Gegensatz da ist, ein Gegensatz zweier Dinge, zwischen denen sich das Meditieren hinströmend bewegt. Und er weiß auch, daß maßvoll das luziferische und das ahrimanische Element hier in dem Meditieren sich das Gleichgewicht halten müssen.

Auf allen Gebieten lernt der Mensch kennen dieses Weltprinzip von Zahl und Maß, das Capesius, nachdem seine Seele vorbereitet war, durch die Anleitung des Benedictus erkennen lernte. So lebt sich die Seele, die sich vorbereiten will für die Erkenntnisse der geistigen Welten, allmählich in diese hinein, daß sie überall in der Welt, an jedem Punkt, den man erreichen kann, die Zahl sucht, vor allen Dingen die Dreizahl; daß sie die polarischen Gegensätze sieht, durch die sich alles offenbaren muß, und die Notwendigkeit, daß die Gegensätze sich als Polaritäten das Gleichgewicht halten. Ein mittlerer Zustand kann nicht nur ein bloßes Hinströmen sein, sondern überall erleben wir den Strom so, daß wir nach links und rechts das Seelenauge lenken müssen und unser Schiff hindurchsteuern müssen als das Dritte zwischen dem linken und rechten polarischen Gegensatz. Dies fühlend, hatte Capesius kennengelernt durch Benedictus, in der richtigen Weise hinaufzusteuern in die geistigen Welten, die Schwelle der geistigen Welt zu überschreiten. Und so wird es jeder lernen müssen, der eindringen will in die Geisteswissenschaft so, daß ihm zu wirklichem Verständnis kommt die wahrhaftige Erkenntnis über die höheren Welten.

Märchen als Bewegungsgestalt

Am Nachmittag desselben Tages, an dem Steiner den
Vortrag über Gedanke, Wort und Schrift hielt, fand
die erste Eurythmieaufführung statt. Zur Einführung
hielt Steiner eine Ansprache, in der er, wie bereits am
Vormittag, wieder Frau Felicia und Professor Capesius
auftreten ließ, diesmal mit einem kurzen, humorvollen
Dialog, der nicht nur etwas aussagt über die Bewe-
gungskunst der Eurythmie, sondern auch über die
Bewegungsgestalt der Märchen in der geistigen Welt.

Es kann uns daran nochmals deutlich werden, in
welcher Art man mit Märchen umgehen sollte, nicht
indem man über die Bedeutung der Symbole nach-
grübelt, sondern sie als Ganzes nimmt, sie sozusagen
«seelisch durch die Finger gleiten läßt», den Aufbau,
die innere Bewegung erspürt; Spannungen und Lösungen mitempfindet. Was man dabei erlebt, macht die
Tiefenwirkung des Märchens aus und läßt sich gedanklich nur schwer wiedergeben. Frau Balde findet aber,
daß es ganz leicht nachvollziehbar sei: Man müsse nur
einfach für eine Weile «das Herz in den Kopf fahren
lassen».

Als einmal der Professor Capesius zu Frau Felicia kam,
da sagte er, daß er immer eine so große Erfrischung fühle
durch alles das, was ihm die gute Frau Balde an Märchen
und Geschichten und so weiter erzählen könne.

Frau Balde ist nun eine gerade Dame und daher sprach
sie zu ihm genau, wie sie dachte, und zwar so: Ja, es macht
mir immer eine recht große Freude, wenn ich sehe, wie Sie
das erfrischt, was ich Ihnen erzählen kann, aber Sie kön-

nen nur so schlecht zuhören, und das macht mir große Schwierigkeiten!

Sie war, wie erwähnt, eine gerade Dame, die geradeaus sagte, was ihr auf dem Herzen lag.

CAPESIUS: Ja, aber ich höre doch mit aller meiner Fassungskraft zu!

FELICIA: Das ist es ja eben, daß Sie die Fassungskraft gar nicht haben, mit der Sie auch noch zuhören sollten.

CAPESIUS: Ja, was fehlt dann an meinem Zuhören?

FELICIA: Ich glaube, Sie werden mich gar nicht richtig verstehen!

CAPESIUS: Ich möchte es aber doch gerne verstehen.

FELICIA: Ja, wissen Sie, wenn Sie mir richtig zuhören würden, dann würde Ihr Ätherleib tanzen, aber er tanzt nicht!

CAPESIUS: Und warum sollte denn mein Ätherleib tanzen? Und wie soll ich das machen?

FELICIA: Ja, sehen Sie, da müssen Sie erst verstehen, wie ich eigentlich zu all den Märchen komme, die ich Ihnen erzähle.

Da war der gute Professor Capesius ein wenig verlegen und sagte:

Sie haben mir so oft gesagt, daß Sie die Märchen aus der geistigen Welt empfangen, und … ich getraue mich eigentlich gar nicht das auszusprechen, was ich nun sagen möchte. Ich kann nicht begreifen, warum diese Wesenheiten, die sich Ihnen da mitteilen, immer gerade die Sprache haben sollten, welche jene reden, die ihnen zuhören und dann die Märchen nacherzählen.

FELICIA:	Das ist es ja eben! Da müssen Sie noch gescheiter werden gerade in diesem Punkt. Die Wesenheiten erzählen eben in gar keiner Sprache, sondern sie bewegen sich. Und alles, was an ihnen Bewegung ist, das muß man verstehen.
CAPESIUS:	Wie machen Sie das?
FELICIA:	Ja, sehen Sie, da muß man die Kunst verstehen, das Herz eine Weile in den Kopf hinauffahren zu lassen. Dann kriegt man eine eigentümliche Empfindung von all den Bewegungen, welche die Elfenwesenheiten, die Märchenprinzen und Feen da machen. Und was man so fühlt, das geht dann wie Ströme in den Kehlkopf hinein: da kann man dann erzählen. Und wenn Sie recht zuhören würden, dann würde auch Ihr Ätherleib nachtanzen. Da Sie das aber nicht können, so können Sie auch nicht alles verstehen, und vieles geht Ihnen verloren von dem, was ich Ihnen sage.

Nun hat man diese Mitteilungen der Frau Balde an Capesius aufgefangen und hat versucht – wenigstens so haben wir es gemacht –, einmal diese Bewegungen, diese Elfen-, Gnomen- und auch sonstigen Engeltänze systematisch herauszubilden zu einer Art von Bewegungssprache.

In einer ganz wunderbaren Weise hat sich herausgestellt in vielen Konferenzen mit Frau Felicia, daß man eine intime Sprache, eine Ausdruckssprache – man darf es schon gebrauchen, das Wort – tanzen kann. Kurz, es ist ein Ausdruckstanzen möglich, gewissermaßen eine Kunst der Bewegung, die wir uns erlaubt haben, die Kunst der Eurythmie zu nennen: eine Art Sprache durch Bewegung, eine solche Sprache, welche in einem gewissen sehr schönen Verhältnis stehen kann zu den Vorgängen, welche in der geistigen Welt sich abspielen. Denn Frau Felicia konnte nämlich, wenn auch unbewußt, aus der Welt der Formen, welche die Welt des physischen Planes ist, dann wenn sie ihr Herz in das Gehirn hineinstrahlen ließ, auch Blicke in die Welt der Geister der Bewegung tun. Und da empfing sie ihre Märchen.

Es liegt nahe, an dieser Stelle nochmals an einige Sätze aus dem Vertrag über «Rosenkreuzerisches Weistum» zu erinnern, weil dort die Komposition, die Zusammenfügung als etwas ganz Wesentliches hervorgehoben wird. Damit ist gewiß nichts statisch Formales gemeint, vielmehr eine bewegte Form, vergleichbar einer musikalischen Komposition:

Die alten Märchen, die Ausdruck sind der alten geistigen Geheimnisse der Welt, sind so entstanden, daß die, welche sie für die Welt geformt haben, hinhorchten und lauschten bei denen, die ihnen die geistigen Geheimnisse erzählen konnten, so daß die Zusammenfügung, die Komposition, gemäß den geistigen Geheimnissen ist.

Ein Märchen hat ganz bestimmte Gestaltungsprinzipien. Da gibt es die rhythmische Wiederholung, meist streng nach der Dreizahl geordnet, da gibt es Spannungen und Lösungen bis hin zur «Erlösung» am Schluß des Märchens. Die Art der Handlungsverlaufs ist mindestens so wirksam wie die einzelnen Symbole.

Für Capesius sind Märchen Anreger für die imaginative Erkenntnis. Nicht was in ihnen enthalten ist, was sie mitteilen, sondern wie sie verlaufen, wie ein Zug sich an den anderen gliedert, das wirkt und webt in seiner Seele. Der eine Zug läßt gewisse Seelenkräfte nach aufwärts streben, ein anderer andere nach abwärts, wieder durch andere werden aufwärtsstrebende und abwärtsstrebende durchkreuzt. Dadurch kommt er in seiner Seele in Bewegung. Dadurch wird herausgeholt aus seiner Seele das, was ihn zuletzt befähigt, hineinzuschauen in die geistige Welt.

Märchen sind keine Träume im gegenwärtigen Sinne, dennoch sind in ihnen Gesetzmäßigkeiten der Traumwelt wirksam: Auch in dieser ist das, was die Seele an Spannungen und Lösungen erlebt, wichtiger als die einzelnen Bilder.

Die Bilder sind etwas rein in den Traum Hineingewobenes. Das, worauf es ankommt, das ist, daß der Mensch eine Spannung erlebt, in die er allmählich hineingeht und die er zunächst nicht lösen kann, die sich erst im Aufwachen etwa löst. Dieses Einer-Spannung-Entgegengehen, dieses Auftreten der Spannung, dieses Beklommenwerden, das ist es, was in den verschiedensten Bildern zum Ausdrucke kommen kann.

Also darauf kommt es an, daß der Mensch im Traume auf- und absteigende Spannungen, Lösungen, Erwartungen, Enttäuschungen erlebt, kurz, daß er innere Seelenzustände erlebt, die sich in den mannigfaltigsten Bildern aussprechen können. Die Bilder sind gleichartig anschwellend und absteigend. Der Seelenzustand ist das Wesentliche, denn das hängt zusammen mit der ganzen Verfassung der Seele. Ob einer diese oder jene Bilder erlebt hat in der Nacht, das ist gleichgültig. Ob einer zuerst eine Spannung und dann eine Lösung, oder zuerst eine Erwartung und dann eine Enttäuschung erlebt hat, das ist nicht gleichgültig, denn davon hängt zuweilen sein ganzes Befinden am nächsten Tage ab. Oder es zeigt solch ein Traum, in welcher allgemeinen Seelenstimmung ein Mensch infolge von Schicksalserlebnissen ist und so weiter. Ich möchte sagen, die auf- und absteigende Kurve, die ist es, auf die es ankommt. Was da erscheint, was zum Bilde wird gerade an der Grenze des Aufwachens, das ist nur ein Gewand, das der Traum um sich webt. Aber wenn wir jetzt hineinschauen in dieses Traumleben, wenn wir die Frage aufwerfen: Was erlebt denn der Mensch bis zum Aufwachen hin? – dann sagen wir uns: Ja, bis zum Aufwachen hin erlebt er dieses Anschwellen von Gefühlen, Absteigen von Gefühlen, dann im Momente des Aufwachens kleidet sich ihm das in die entsprechenden Bilder hinein.

Spannung und Lösung, Zusammenziehung und Ausdehnung, Verdichtung und Verdünnung sind Grundgebärden des Lebens, die in objektiver Weise darstellen, was sich im seelischen Innenleben äußert als Lust und Leid, Freude und Schmerz, Heiterkeit und Traurigkeit. Kinder, die Märchen hören, werden dadurch «eingeübt» in die Rhythmen des Seelenlebens.

Wie ein Märchen entstehen kann

Alle wirklichen Märchen sind ein Beweis dafür, daß es Erlebnisse außerhalb des physischen Leibes des Menschen gibt, wenn der Ätherleib in gewisser Weise gelockert wird und der Mensch in Beziehung zur äußeren ätherischen Welt tritt.

Ein Jahr nach dem im letzten Kapitel wiedergegebenen Münchner Vortrag, 1914, sprach Steiner in Dornach über «Die Welt als Ergebnis von Gleichgewichtswirkungen» (GA 158). Hier ging es wieder um die Wirksamkeit der luziferischen und ahrimanischen Kräfte und das labile Gleichgewicht in der Mitte. Dabei greift er auch das Märchenthema nochmals auf, unter einem ganz neuen Aspekt. Ging es vorher um die Frage «Wie wirken Märchen in der Seele des Zuhörers?», so wird jetzt besprochen, aus welcher Seelenverfassung heraus ein Mensch märchenschöpferisch sein kann, oder besser gesagt, sein konnte, denn diese Verfassung dürfte heute, wenn sie überhaupt eintritt, kaum mehr märchenerzeugend sein. In früheren Vorträgen wurde meist sehr pauschal von der Hellsichtigkeit der Menschen in alten Zeiten als von einem dritten Bewußtseinszustand zwischen Wachen und Schlafen gesprochen, in dem Bilder erlebt wurden, die nicht so chaotisch waren wie unsere Traumbilder, und aus denen wirkliche Märchen entstehen konnten. Jetzt wird ein konkreter Fall geschildert, der klar macht, daß dieser Zwischenzustand nicht nur morgens und abends beim Einschlafen und Aufwachen, sondern in besonderen Situationen auch tagsüber vorhanden sein konnte. Es konnte der Zustand eintreten, daß der menschliche Ätherleib sich aus dem physischen Leibe löste und in abnormer

Wir wissen das nur nicht, weil wir mit unserem Ich nicht voll in unseren Ätherleib hinunter können. Aber es ist immer so, daß in diesem Ätherleibe nicht nur dasjenige als Gedankenmacht lebt, was wir selbst denken, sondern da dringen auch die Einflüsse der Naturgeister ein. Insbesondere jedesmal wenn der Mensch diesen Naturgeistern gegenübertritt, weiß er zu erzählen davon, daß er etwas erlebt hat, was er im gewöhnlichen Ich-Bewußtsein nicht erlebt hat, und zwar tritt er diesen Naturgeistern dann gegenüber, wenn irgend etwas Abnormes bei ihm eintritt, wenn der Ätherleib gleichsam etwas losgerissen wird aus dem physischen Leibe.

Wodurch kann so etwas geschehen? Sehen Sie, der Ätherleib des Menschen steht in Verbindung mit der ganzen umliegenden ätherischen Welt, also auch mit der ganzen Sphäre der Naturgeister um uns herum. Nehmen wir nun einmal an, um ein Beispiel anzuführen, ein Mensch ginge bei Tage auf der Straße. Wenn er mit seinem gewöhnlichen Bewußtsein auf der Straße geht, dann ist sein Ätherleib richtig in seinem physischen Leibe darinnen, und er nimmt mit seinem Ich-Bewußtsein wahr, was man eben mit dem Ich-Bewußtsein wahrnehmen kann.

Nehmen wir aber einmal an, er geht in der Nacht über einen Weg. Wenn man nachts über einen Weg geht, so ist es gewöhnlich finster, was ja bei manchem Menschen schon grauselig-gruselige Zustände bewirkt. Dadurch nun, daß er in einen solchen grauselig-gruseligen Zustand kommt, lockert sich durch diese eigentümlichen Empfindungen, die da kommen, in denen Luzifer ihn besonders ergreift, der ätherische Leib aus dem physischen Leib heraus, und dadurch kann jetzt dieser befreite ätherische Leib, der sich herausgelöst hat aus dem physischen Leib, in Beziehung treten zu der umliegenden ätherischen Welt.

Nehmen wir nun an, der Betreffende komme in die Nähe eines Kirchhofes, wo noch Ätherleiber sind auf den Gräbern eben Verstorbener. Da kann er vielleicht in diesem Zustand, wenn sich sein Ätherleib herausgelokkert hat, irgend etwas von den Gedanken, die noch in den Ätherleibern der Verstorbenen sitzen, wahrnehmen. Nehmen wir an, es sei jemand verstorben vor kurzer Zeit, der habe Schulden hinterlassen und sei mit dem Gedanken, Schulden gemacht zu haben, gestorben. Dieser Gedanke nun kann noch darinnensitzen in dem Ätherleibe des Verstorbenen. Man nimmt selbstverständlich diese Gedanken im Ätherleibe des andern nicht wahr, wenn der eigene Ätherleib nicht gelockert ist, aber in dem Zustande, den ich geschildert habe, kann man es wahrnehmen. Man kann mit dem Ätherleibe des andern in Beziehung treten und kann daher diesen Gedanken: Ich habe Schulden gemacht – wahrnehmen. Und jetzt, weil durch dieses die luziferische Macht in ihm verstärkt wird, regt sich in ihm das Gefühl: Ich muß diesem die Schuld bezahlen.

So ein Mensch erlebt also etwas in seinem ätherischen Leibe, was er niemals im physischen Leibe im normalen Leben erleben würde. Man erlebt so etwas nicht alle Tage im gewöhnlichen Menschenleben, daher bringt es auch etwas sehr Bedeutsames im Bewußtsein hervor, wenn man das erlebt. Es bringt das im Bewußtsein hervor, daß man weiß, jetzt hast du etwas erlebt, das hast du nicht in deinem Leibe erlebt, das kannst du in deinem Leibe nicht erleben. Man fühlt, man ist irgendwo anders als in seinem Leibe, und das empfindet man als eine ungewohnte Lage. Man ist woanders als in seinem Leibe, und man fühlt dann den Drang, in seinen Leib wieder zurückzukehren; man sehnt sich nach Hilfe, um in seinen Leib wieder zurückzukehren.

Solch ein Gefühl, das man da hat, das Gefühl der Sehnsucht, in seinen Leib wieder zurückzukehren, ruft irgendwelche Elementargeister, Naturgeister heran, für die das Gefühl des Menschen gleichsam Speise, Nahrung ist. Sie kommen dadurch heran, daß sie gleichsam angezogen werden durch das Gefühl: Ich möchte in meinen physischen Leib herein. – Sie verhelfen einem dazu, den Weg zurückzufinden in den physischen Leib. Wenn man in gewöhnlicher Art schläft, findet man den Weg leicht zurück; wenn man aber so etwas erlebt wie das, was ich geschildert habe, findet man ihn schwer zurück. Aber man nimmt es nicht so wahr, wie man es im physischen Leibe wahrnimmt, sondern man nimmt es imaginativ, in Bildern wahr. Es kommt irgendeiner heran, der eigentlich ein Naturgeist ist, der vielleicht in der Gestalt eines Hirten, in der Gestalt eines Schäfers erscheint und der einem den Rat gibt: Gehe hin zu irgendeinem Schlosse. Ich werde dich dahin bringen auf einem Wagen – und dergleichen mehr.

Mit solchen Vorstellungen kann sich noch etwas anderes verknüpfen. Es kann sich damit verknüpfen, daß einem der Leib, den man verlassen hat, außerhalb dessen man das Erlebnis hatte, wie ein verzaubertes Schloß erscheint, aus dem man jemanden erlösen muß, wenn man hineinkommt. So imaginiert man diese Sehnsucht nach dem physischen Leibe und das Helfen der Naturgeister. Dann kommt man wieder in den physischen Leib zurück, das heißt, man wacht auf.

Solche Erlebnisse erzählen die Menschen dann, die es in der Realität erlebt haben, weil sie das Gefühl haben, auf diese Weise gleichsam mit den Gedanken eines Verstorbenen in Beziehung getreten zu sein. Sie sagen sich: Das war ein Gefühl von etwas, das nicht bloß in mir war, das nicht bloß etwas Geträumtes in mir war; das war ein Gefühl, das mir einen Vorgang draußen in der Welt vermittelt hat. – Das drückt sich natürlich in Bildern aus, aber es entspricht einem Vorgange. Ich will Ihnen ein solches Bild vorlesen, wo einer nacherzählt hat, was er da erlebt hat, und zwar etwas Ähnliches wie das, was ich eben erzählt habe. Das schildert er etwa so: «Als ich von den Soldaten verabschiedet wurde, traf ich auf meinem Wege drei Männer. Die wollten einen Toten ausgraben, weil er ihnen drei Mark schuldig war. Da wurde ich von Mitleid ergriffen und berichtigte die Schuld, damit der Verstorbene Ruhe habe und nicht mehr gestört werde in seinem Grabe. Ich wanderte weiter. Da schloß sich mir ein fremder Mann mit bleichem Gesichte an und lud mich ein, ein bleiernes Fahrzeug zu besteigen, und er überredete mich, zu einem Schloß mit ihm zu fahren. In dem Schloß wohne eine Prinzessin, die erklärt habe, sie wolle nur den Menschen heiraten, der auf einem bleiernen Wagen zu ihr käme. Dann ging er zu dem Kutscher und sagte: ‹Fahre, was das Zeug hält, nach der Seite, wo der Sonnenaufgang ist.› Da kam ein Schäfer und sagte: ‹Ich bin der Graf von Ravensburg!› Er befahl dem Kutscher, schneller zu fahren. Wir kamen an ein Tor, und es wurde ein Tumult hörbar. Das Tor wurde aufgeschlossen. Die Prinzessin fragte nun den Mann, woher er sei, wie er mit dem alten Manne hätte fahren können, und ich merkte, daß der, welcher mich dahin geführt hatte, ein Geist sei. Da kam ich dann in das Tor hinein. Ich trat ein und war Besitzer des Schlosses.» Das heißt, er kam zurück in seinen Leib. Da finden Sie ein solches Erlebnis geschildert, wie ich es angeführt habe.

Und was ist denn das, wenn es einem andern passiert, und der erzählt es dann weiter? Das ist ein Märchen.

Auf keine andere Art als auf diese Weise sind die Märchen entstanden. Alles andere, was über die Märchenentstehung gesagt wird, ist nichts weiter als eine wüste Phantasie. Alle wirklichen Märchen sind ein Beweis dafür, daß es Erlebnisse außerhalb des physischen Leibes des Menschen gibt, wenn der Ätherleib in gewisser Weise gelockert wird und der Mensch in Beziehung zur äußeren ätherischen Welt tritt. Das ist die eine Art, wie der Mensch durch seinen Ätherleib mit der äußeren Welt in Beziehung tritt.

Die Quelle des von Steiner zitierten Textes ist mir zwar nicht bekannt, das Märchen aber, von dem gesprochen wird, ist in vielen Varianten weit verbreitet: «Der dankbare Tote». Es beginnt stets damit, daß ein Leichnam nicht begraben, sondern liegengelassen, bespieen oder sonstwie entehrt wird, weil der Mensch sich vor seinem Tode etwas hat zuschulden kommen lassen oder ganz einfach Schulden hat. Ein Wanderer kommt des Weges, gibt all seine Habe für die Bestattung. Später gesellt sich ihm ein Gefährte zu, der ihm hilft, in einem fernen Schloß eine Prinzessin zu gewinnen. Dieser letzte Teil kann mehr oder weniger weit ausgesponnen sein. Am Schluß ist der Tote erlöst und kann in die geistige Welt zurückkehren.

Auf ein anderes weit verbreitetes Märchen- und Sagenmotiv kommt Steiner in einem Vortrag über das Leben zwischen Tod und neuer Geburt zu sprechen. Da lebt die Seele in einer Welt, die in vieler Hinsicht als eine Gegenwelt zu der uns bekannten physischen Welt aufgefaßt werden muß. Dieses Motiv ist das Fragemotiv, dessen Ursprung wohl kaum jemand dort sieht, wo der Geistesforscher Rudolf Steiner es aufsucht. Für die Häufigkeit seines Auftretens bleiben jedoch normale Forschungsmethoden, die an der Oberfläche der Dinge bleiben, eine Erklärung schuldig.

In der physischen Welt können wir so an den Dingen vorbeigehen, daß wir, indem wir die Dinge betrachten, sagen:

Wie ist es mit dem Wesen dieses Dinges? Wie verhält es sich denn? Was ist das Gesetz dieses Wesens, dieses Vorgangs? Oder aber, wir gehen stumpf vorbei und fragen überhaupt nicht. Wir werden niemals auf dem physischen Plan etwas Vernünftiges lernen, wenn wir nicht sozusagen von den Dingen veranlaßt werden, Erkenntnisfragen zu stellen, wenn uns nicht die Dinge Rätsel aufgeben, so daß diese Rätsel in uns entstehen. Beim bloßen Anschauen der Dinge und Vorgänge werden wir auf dem physischen Plane niemals zu einer sich selbst führenden Seele kommen können. Auf dem geistigen Plan ist das wieder anders. Auf dem physischen Plan stellen wir die Fragen an die Dinge und Vorgänge, und wir müssen uns bemühen, die Dinge zu untersuchen, herauszubekommen, wie wir die Antwort auf die Frage, die wir uns stellen, aus den Dingen heraus bilden können. Wir müssen die Dinge untersuchen. Auf dem geistigen Plane ist es so, daß die Dinge und Wesenheiten um uns herum geistig sind; und die Dinge, die fragen uns, nicht wir fragen die Dinge. Die Dinge fragen uns, sie stehen da, die Vorgänge und Wesenheiten, und wir stehen ihnen gegenüber und werden fortwährend von ihnen gefragt.

Geisteswissenschaft zeigt uns, daß der Mensch, wie er jetzt in dem gegenwärtigen Zeitenzyklus ist, wenn er durch das Leben zwischen dem Tod und einer neuen Geburt geht, immerfort und immer mehr und mehr vor den fragenden Wesenheiten zur rechten Zeit Antwort geben muß. Denn davon, ob er Antwort geben kann, hängt seine richtige Fortentwicklung ab, seine Annäherung an das Ideal der Götter von dem vollkommenen Menschen. Wie gesagt, ins Traumhafte umgesetzt hatten das früher die Menschen, und es ist ein Überrest davon geblieben in zahlreichen märchenartigen, sagenartigen Motiven. Sie werden immer weniger im Volk. Aber diese märchenartigen, sagenartigen Motive, die erzählen uns dann etwa: Der oder jener begegnet einem geistigen Wesen, das stellt immer wieder und wieder Fragen an ihn, und er steht ihm gegenüber, muß antworten. Aber er hat das Bewußtsein: bis zu einem gewissen Glockenschlage oder sonst etwas muß er antworten. Dieses, was man das Fragemotiv der Märchen und Sagen nennen könnte, ist sehr verbreitet. Das ist in dem früheren traumhaften Hellsehen dasselbe gewesen, was nun wiederum in der geistigen Welt auftritt in der Form, wie ich es geschildert habe. Überhaupt kann dasjenige, was die geistige Welt charakterisiert, in allen Fällen ein wunderbarer Leitfaden sein, um Mythen, Sagen, Märchen und so weiter in der richtigen Weise zu verstehen und sie an ihren Ort hinzustellen, wohin sie gehören. Das ist gerade ein Punkt, wo man sieht, wie überall, auch in der Geisteskultur der Gegenwart, gewissermaßen die Entwicklung vor dem Tore der Geisteswissenschaft steht.

Märchenbilder als imaginative Vorstellungen

In alten Zeiten waren die religiösen Vorstellungen, auch Mythen und Märchendichtungen das, was den Seelen Licht gab für die Geisteswelt. Es ist leicht zu sagen, die Mythen und Märchen sind Vorstellungen, die den Kindheitsstufen der Menschheit entsprungen sind. Gewiß haben die Menschen den Engeln nicht physisch gegenübergestanden, von denen die Mythen und Märchen gesprochen haben. Aber mit dem Nachdenken durch Philosophie ist in der geistigen Welt nichts anzufangen. Dieses Wissen hat keine Bedeutung in den geistigen Welten. Es ist leicht zu sagen, Märchen beruhen auf keiner Wahrheit. So gescheit ist der Geistesforscher auch immer gewesen, daß er gewußt hat, daß feurige Drachen nicht durch die physische Luft fliegen, aber gewußt hat er immer, daß die Imagination des feurigen Drachen zu bilden notwendig ist. Denn indem diese Vorstellung in der Seele ist, wirft sie Geisteslicht auf die geistige Welt. Kraftvorstellungen sind das. So sind alle Mythen beschaffen, weniger um äußerlich abzubilden, sondern um in der geistigen Welt wirklich leben zu können. Die Materialisten sagen: Mythen und Märchen entspringen der Kindheitsstufe der Menschheit. – Aber die Menschen wurden eben in ihrer Kindheit von Göttern unterrichtet. Die Mythen und Märchen gehen so in dieser Weise der Menschheitsevolution verloren, aber die Kinder sollte man nicht so aufwachsen lassen. Es ist ein großer Unterschied, ob man das Kind mit oder ohne Märchen aufwachsen läßt. Die die Seele beschwingende Kraft der Märchenbilder tritt erst später hervor. In einem Lebensüberdruß zeigt es sich später, wenn nicht Märchen gegeben wurden, in einer Langeweile. Ja sogar physisch kommt es zum Ausdruck, auch gegen Krankheiten können Märchen helfen. Was durch die Märchen hineingeträufelt wird, das kommt als Lebensfroheit, Lebenssinn später heraus, kommt als Möglichkeit, mit dem Leben fertigzuwerden, noch im spätesten Alter zum Vorschein. Es müssen die Kinder in ihrer Jugend, wo sie sie noch erleben können, erleben die Kraft des Märcheninhaltes. Wer nicht vermag mit Vorstellungen zu leben, die für den physischen Plan keine Wirklichkeit haben, der stirbt für die geistige Welt.

In Steiners «Märchen von dem Quellenwunder» (siehe S. 100), das im zweiten Mysteriendrama enthalten ist, wird ein Knabe geschildert, der in der Kindheit zwar nicht Märchen erzählt bekommt, aber – man könnte sagen – Märchen erlebt. Und weiter wird gezeigt, wie sich diese Bilderlebnisse in seinem späteren Leben metamorphosieren. Was er als Kind als Naturkräfte erlebt hat, findet er als Mann in seinem Inneren als Seelenkräfte wieder, als Kräfte, die «seine Seele beschwingen», die ihm «Lebensfroheit» vermitteln als Glaube, Liebe und Hoffnung. Es ist für einen Erzieher sehr wichtig, dieses Weiterwirken der Märchen in den Tiefen der Seele zu bedenken. Die Inhalte der Märchen werden in späterem Alter vielleicht vergessen, die innere Gebärde aber prägt sich der Seele ein. Wenn man als Kind immer wieder gehört hat, wie Hindernisse überwunden, Prüfungen bestanden, Ungeheuer besiegt wurden, wie einer sein Ziel erreichte, obwohl er immer und immer wieder versagte, dann wandelt sich das in Kräfte, die später Hoffnung und Heiterkeit hervorbringen können.

Zur «Märchenstimmung» gehört es – so lasen wir in dem Vortrag zu diesem Thema – daß man Vorstellungen bilden kann von Inhalten, die im gewöhnlichen Sinne nicht «wahr» zu sein brauchen, die aber dennoch durchaus real sind (siehe S. 115). Jetzt wird es noch krasser ausgedrückt: «Wer nicht vermag, mit Vorstellungen zu leben, die für den physischen Plan keine Wirklichkeit haben, der stirbt für die geistige Welt.»

Märchen sind «Kraftvorstellungen», was dasselbe bedeutet wie «imaginative» Vorstellungen. Auf der «Kindheitsstufe der Menschheit» sind diese unmittelbar als Kräfte wirksam. Nicht so beim Erwachsenen in unserer Zeit; dieser muß schon etwas dazu tun, um Vorstellungen «imaginativ» zu erleben, das heißt zu Kraftvorstellungen zu erheben. Geht man nur mit dem normalen Alltagsbewußtsein an ein Märchen heran, so bleibt dieses bloß eine unwahre oder phantastische Geschichte.

Steiner hat häufig und detailliert beschrieben, was er unter «Imagination» verstand. Eine solche Stelle soll hier angeführt werden:

Man stelle sich eine Anzahl von Weizenkörnern vor. Man kann diese als Nahrungsmittel verwenden. Man kann sie aber auch in die Erde setzen, so daß sich andere Weizenpflanzen aus ihnen entwickeln. Man kann Vorstellungen, die man durch die Sinneserlebnisse gewonnen hat, so im Bewußtsein halten, daß man in ihnen das Nachbilden der sinnenfälligen Wirklichkeit erlebt. Und man kann sie auch so erleben, daß man die Kraft in der Seele wirksam sein läßt, die sie in derselben durch dasjenige ausüben, was sie sind, abgesehen davon, daß sie ein Sinnliches abbilden. Die erste Wirkungsweise der Vorstellungen in der Seele läßt sich vergleichen mit dem, was durch die Weizenkörner wird, wenn sie als Nahrungsmittel von einem Lebewesen aufgenommen werden. Die zweite mit der Hervorbringung einer neuen Weizenpflanze durch jedes Samenkorn. – Der Vergleich darf allerdings nur so gedacht werden, daß man berücksichtigt: aus dem Samenkorn wird eine der Vorfahren-Pflanze ähnliche; aus der in der Seele wirksamen Vorstellung wird innerhalb der Seele eine der Bildung von Geistorganen dienliche Kraft.

Vorstellungen, die als lebendige von der Seele erfaßt werden, habe ich in meinen anthroposophischen Schriften imaginative Vorstellungen genannt. Man verkennt, was hier als «imaginativ» gemeint ist, wenn man es verwechselt mit der bildlichen Ausdrucksform, die angewendet werden muß, um solche Vorstellungen entsprechend anzudeuten. Was da wirklich mit «imaginativ» gemeint ist, kann etwa in der folgenden Art verdeutlicht werden. Wenn jemand eine Sinneswahrnehmung hat, während ihn der äußere Gegenstand beeindruckt, dann hat die Wahrnehmung für ihn eine gewisse innere Stärke. Wenn er sich von dem Gegenstande abwendet, dann kann er sich in einer bloßen Innenvorstellung denselben vergegenwärtigen. Aber die Vorstellung hat nur eine geringere innere Stärke. Sie ist im Verhältnis zu der bei Anwesenheit des äußeren Gegenstandes wirksamen Vorstellung gewissermaßen schattenhaft. Wenn der Mensch für das gewöhnliche Bewußtsein schattenhaft in seiner Seele vorhandene Vorstellungen beleben will, so durchtränkt er sie mit Nachklängen an die Sinnesanschauung. Er macht die Vorstellung zum anschaulichen Bilde. Solche Bildvorstellungen sind nun gewiß nichts anderes als Ergebnisse aus dem Zusammenwirken des Vorstellens und des Sinneslebens. Die «imaginativen» Vorstellungen der Anthroposophie entstehen durchaus nicht in dieser Art. Die Seele muß, um sie zustande zu bringen, so genau den inneren Vorgang der Vereinigung von Vorstellungsleben und Sinnes-Eindruck kennen, daß sie das Einfließen der Sinneseindrücke, beziehungsweise ihrer Nacherlebnisse, in das Vorstellungsleben ganz fern halten kann. Man bringt die Fernhaltung der Sinnes-Nach-Erlebnisse nur zustande, wenn man kennen gelernt hat, wie das Vorstellen von diesen Nacherlebnissen ergriffen wird. Erst dann ist man in der Lage, die Geistorgane lebendig zu verbinden mit dem Wesen des Vorstellens und dadurch die Eindrücke der geistigen Wirklichkeit zu empfangen. Es wird dabei das Vorstellungsleben von einer ganz anderen Seite her durchdrungen als im Sinneswahrnehmen. Die Erlebnisse, die man dabei hat, sind wesentlich andere als die an den Sinneswahrnehmungen zu erfahrenden. Und doch gibt es eine Möglichkeit, über diese Erlebnisse sich auszudrücken. Das kann in folgender Art geschehen. – Wenn der Mensch die Farbe Gelb wahrnimmt, so hat er in seiner Seele nicht bloß das Augenerlebnis, sondern ein gefühlsartiges Mit-Erlebnis der Seele. Dieses kann für verschiedene Menschen eine verschiedene Stärke haben, ganz fehlen wird es niemals. Goethe hat in dem schönen Kapitel seiner Farbenlehre über «sinnlich-sittliche Wirkung der Farben» die Gefühls-Nebenwirkungen für Rot, Gelb, Grün usw. sehr eindringlich beschrieben. Nimmt nun die Seele aus einem gewissen Gebiete des Geistes etwas wahr, so kann der Fall eintreten, daß diese geistige Wahrnehmung in ihr dasselbe gefühlsmäßige Neben-Erlebnis hat, das bei der sinnlichen Wahrnehmung des Gelb auftritt. Man weiß dann, daß man dieses oder jenes geistige Erlebnis hat. Man hat dabei natürlich nicht in der Vorstellung dasselbe vor sich, was man in der sinnlichen Wahrnehmung der gelben Farbe vor sich hat. Aber man hat dasselbe Innererlebnis als gefühlsmäßige Nebenwirkung, das man hat, wenn die gelbe Farbe vor dem Auge ist. Man sagt dann: man nehme das Geist-Erlebnis als «gelb» wahr. Vielleicht könnte man, um sich genauer auszudrücken, immer sagen: man nimmt etwas wahr, was wie «gelb» für die Seele ist. Doch sollte niemand einer so umständlichen Redeweise bedürfen, der aus der anthroposophischen Literatur den Vorgang kennengelernt hat, welcher zur geistigen Wahrnehmung führt.

Diese Literatur macht genugsam darauf aufmerksam, daß das der Geistwahrnehmung zugängliche Wesenhafte nicht so vor dem Geistorgane steht wie ein verdünnter sinnlicher Gegenstand oder Vorgang, oder so, daß es wiedergegeben werden könnte durch Vorstellungen, die in gewöhnlicher Bedeutung sinnlich-anschauliche sind.

Indem man mit den Vorstellungen, die durch Märchen in uns erweckt werden, so umgeht, daß man sie nicht von außen her, durch Nachklänge der Sinnesanschauung, verstärkt, sondern durch die innerlich auftretenden «gefühlsmäßigen Nebenerlebnisse», so macht man sie zu «imaginativen Vorstellungen» im hier geschilderten Sinne. Zu bedenken ist, daß dieser Vorgang genau in die entgegengesetzte Richtung einer künstlerischen Ausgestaltung geht. Zu dieser gehört bereits die Wortwahl, der Stil und die Komposition des Märchens. Man kann in voll berechtigter Weise mit Märchenbildern so arbeiten, daß man einen äußerlich-sinnlichen Ausdruck dafür sucht. Man kann sie aber auch verinnerlichen und zur Seelenübung verwenden. Wie an dem Beispiel mit der gelben Farbe gezeigt wurde, geht es dann nicht darum, wie das Bild aussieht oder was es bedeutet, sondern was die Seele an ihm erlebt.

Diese Zusammenhänge werden in einem anderen Vortrag nochmals mit anderen Worten dargestellt. Dort führt Rudolf Steiner aus, wie bedeutsam es für die innere Entwicklung sein kann, willkürlich einen «Irrtum» zu denken:

Nehmen wir an, daß wir so schnöde wären gegen uns selbst, zunächst aus einem rein inneren Drang, aus unserer Willkür heraus eine Vorstellung zu denken, von der wir ganz gewiß wissen, daß sie ein Irrtum ist. Nehmen wir also an, wir denken willkürlich einen Irrtum. Das ist ja vielleicht, wie es zunächst scheint, keine sehr begehrenswerte Tat, willkürlich einen Irrtum zu denken. Aber in einem höheren Sinne kann es eine sehr nützliche Tat sein. Nämlich, wer das wirklich ausführt, einen Irrtum willkürlich zu denken, der wird, wenn er mit der nötigen Energie, mit der nötigen Sorgfalt und mit öfterer Wiederholung dabei ist, merken, daß dieser Irrtum schon etwas recht Reales in der Seele ist, in seiner Seele. Er wird merken, daß dieser Irrtum schon etwas tut. Durch den Irrtum, den wir willkürlich denken und bei dem wir uns klar darüber sind, daß er ein Irrtum ist, beweisen wir nichts, klären uns über nichts auf. Aber er wirkt in uns. Ja, es ist diese Wirkung eine recht bedeutsame aus dem Grunde, weil wir durch gar keinen Ausblick auf eine Wahrheit gestört werden, wenn wir wissen, wir denken einen Irrtum. Da sind wir so recht bei uns selber, wenn wir willkürlich einen Irrtum denken. Und man braucht diesen Prozeß nur lange genug fortzusetzen, dann wird man sehen, daß man gerade dadurch zu dem kommt, was wir immer beschrieben haben in der Geisteswissenschaft, in «Wie erlangt man Erkenntnisse der höheren Welten?» etwa, als das Aufrufen von in der Seele verborgenen Kräften, von Kräften, die vorher nicht da waren. Das fortwährende Sich-Hingeben der äußeren Wahrheit führt nicht sehr weit in bezug auf das, was jetzt gemeint ist, aber das willkürliche Kraftenlassen des Irrtums in sich selber kann allerdings zur Hervorbringung gewisser verborgener Seelenkräfte führen.

So wie ich es jetzt gesagt habe, ist es nicht eigentlich als eine Vorschrift aufzufassen. Daher werden Sie auch in meinem Buche «Wie erlangt man Erkenntnisse der höheren Welten?» das ausgelassen finden, mit Berechtigung ausgelassen finden: man solle ja nur recht energisch immer wieder und wieder willkürlich so viel Falsches als nur möglich denken zur Hervorbringung von verborgenen Seelenkräften. – Aber in einer gewissen andern Art ist die Sache doch wieder etwas dem ähnlich, wie dort dargestellt worden ist. Es wird dargestellt, daß wir allerdings nicht von einem grobklotzigen Irrtum auszugehen haben, sondern daß wir zweierlei Bedingungen erfüllen sollen. Wir müssen uns allerdings eine Vorstellung bilden, die mit keiner äußeren Realität übereinstimmt. Nehmen Sie die Vorstellung, die immer wieder anempfohlen wird: die Vorstellung des Rosenkreuzes. Das ist, wenn man es einseitig vom Standpunkte der äußeren Wirklichkeit aus nimmt, eine irrtümliche Vorstellung, ein Irrtum. Es wachsen auf einem schwarzen, toten Holzstamm keine roten Rosen. Aber es ist eine symbolische Vorstellung, eine sinnbildliche Vorstellung. Es drückt zwar unmittelbar keine Wahrheit aus, aber es versinnbildlicht eine Wahrheit, ist also gegenüber der rein äußeren sinnlichen Wahrheit eine irrtümliche Vorstellung, aber doch nicht so vollständig eine irrtümliche Vorstellung, weil sie doch wieder Bedeutsames, geistig Berechtigtes versinnbildlicht. Wir geben uns, wenn wir über das Rosenkreuz meditieren, einer Vorstellung hin, die für die äußere materielle Wahrheit ein Irrtum ist [...]

> Solche Vorstellungen, die äußerlich Irrtümer sind, können eine starke innere Wirkung hervorrufen, wenn man sie in der Seele ihre Kraft entfalten läßt. Als gefühlsdurchtränkte Bilderlebnisse erzeugen sie in der Seele die Fähigkeit, sich selbst innerlich zu ergreifen und Ordnung in das durch die Lebensweise der Gegenwartszivilisation oft sehr chaotisierte Seelenleben zu bringen.

Die gegenwärtige Innenbeobachtung des Menschen, die kommt ja nicht dazu, wirklich in das menschliche Innere hineinzusteigen. Eigentlich sieht der Mensch, wenn er heute Selbsterkenntnis üben will, so ein Gebrodel von allen möglichen Empfindungen und äußeren Eindrücken. Es ist nichts irgendwie Klares da. Der Mensch kann sich im Inneren gewissermaßen nicht erfangen. Er kommt nicht an sein Inneres heran, weil er nicht die Kraft hat, so geistig bildhaft innerlich zu greifen, wie er greifen müßte, wenn er wirklich real an sein Inneres herankommen wollte.

Da wirkt der wirklich mit Inbrunst an den Menschen herankommende Kultus. Alles Kultusartige aber, nicht nur das äußerlich Kultusartige, sondern das Verstehen der Welt in Bildern, das wirkt so, daß der Mensch in sein Inneres hereinkommt. Solange man mit abstrakten Begriffen und Vorstellungen in sein Inneres zur Selbsterkenntnis kommen will, geht es nicht. Sobald man mit Bildern, die einem konkret machen die Seelenerlebnisse, in sein Inneres hinein sich versenkt, da kommt man in dieses Innere. Da erfängt man sich im Inneren.

Wie oft mußte ich daher sagen: Der Mensch muß meditieren in Bildern, damit er in sein Inneres wirklich hineinkommt.

Märchen in der Pädagogik

Wenn das Wort «Märchen» erklingt, so denkt man sofort an Kindergeschichten und Bilderbücher. Märchen sind naiv, sprechen nicht den Intellekt an, sie gehören in die Kinderstube. So ist es spätestens, seit die Brüder Grimm ihre *Kinder- und Hausmärchen* herausgebracht haben, die Wilhelm Grimm speziell für Kinder zugerichtet und bereinigt hatte, allerdings mit gutem Grund: Als wissenschaftliches Werk, wie es zunächst gemeint war, fand es wenig Interesse.

Daher ist es interessant, daß die Aussagen Steiners über Märchen nur zum geringsten Teil mit Pädagogik zu tun haben, obwohl er vom Wert des Märchens gerade auch für Kinder durchaus überzeugt war. Zu betonen ist dieses «auch». Wir haben festgestellt, daß Steiners Weg zum Märchen nicht von der Pädagogik ausging, sondern von Goethes Märchen und von der Mythologie.

Die ersten Ausführungen zur Pädagogik finden wir in dem Aufsatz «Die Erziehung des Kindes vom Gesichtspunkte der Geisteswissenschaft», der 1907 in der von Steiner selbst gegründeten Zeitschrift *Luzifer* erschienen ist. In dieser Zeitschrift ging es ihm darum, Anthroposophie in die Lebenspraxis einzuführen, also auch in die Kindererziehung. Diesem Aufsatz sind folgende Passagen entnommen:

Auf den Ätherleib wirkt man durch Bilder, durch Beispiele, durch geregeltes Lenken der Phantasie. Wie man dem Kinde bis zum siebenten Jahre das physische Vorbild geben muß, das es nachahmen kann, so muß in die Umgebung des werdenden Menschen zwischen dem Zahnwechsel und der Geschlechtsreife alles das gebracht werden, nach dessen innerem Sinn und Wert es sich richten kann. Das Sinnvolle, das durch das Bild und Gleichnis wirkt, ist jetzt am Platze. Der Ätherleib entwickelt seine Kraft, wenn eine geregelte Phantasie sich richten kann nach dem, was sie sich an den lebenden oder dem Geiste vermittelten Bildern und Gleichnissen enträtseln und zu seiner Richtschnur nehmen kann. Nicht abstrakte Begriffe wirken in der richtigen Weise auf den wachsenden Ätherleib, sondern das Anschauliche, nicht das Sinnlich-, sondern das Geistig-Anschauliche.

Vor dem Zahnwechsel werden die Erzählungen, Märchen usw., die man an das Kind heranbringt, Freude, Erfrischung, Heiterkeit allein zum Ziele haben können. Nach dieser Zeit wird man bei dem zu erzählenden Stoff außer diesem darauf Bedacht zu nehmen haben, daß Bilder des Lebens zur Nacheiferung vor die Seele des jungen Menschen treten. Nicht außer acht wird zu lassen sein, daß schlechte Gewohnheiten durch entsprechende abstoßende Bilder aus dem Felde geschlagen werden können. Wenig helfen zumeist Ermahnungen gegenüber solchen schlechten Gewohnheiten und Neigungen; läßt man aber das lebensvolle Bild eines entsprechend schlechten Menschen auf die jugendliche Phantasie wirken, und zeigt man, wozu eine in Frage kommende Neigung in der Wirklichkeit führt, so kann man viel zur Ausrottung wirken. Immer ist eben festzuhalten, daß nicht abstrakte Vorstellungen auf den sich entwickelnden Ätherleib wirken, sondern lebensvolle Bilder in ihrer geistigen Anschaulichkeit. Allerdings muß das zuletzt Erwähnte mit dem größten Takte ausgeführt werden, damit die Sache nicht in das Gegenteil umschlage. Bei Erzählungen kommt alles auf die Art des Erzählens an. Es kann daher nicht ohne weiteres die mündliche Erzählung etwa durch Lektüre ersetzt werden.

Das Geistig-Bildhafte, oder wie man auch sagen könnte, das sinnbildliche Vorstellen kommt auch noch in einer anderen Weise für die Zeit zwischen dem Zahnwechsel und der Geschlechtsreife in Betracht. Es ist notwendig, daß der junge Mensch die Geheimnisse der Natur, die Gesetze des Lebens möglichst nicht in verstandesmäßig nüchternen Begriffen, sondern in Symbolen in sich aufnehme. Gleichnisse für geistige Zusammenhänge müssen so an die Seele herantreten, daß die Gesetzmäßigkeit des Daseins hinter den Gleichnissen mehr geahnt und empfunden wird, als in verstandesmäßigen Begriffen erfaßt wird. «Alles Vergängliche ist nur ein Gleichnis», das muß geradezu ein durchgreifender Leitspruch für die Erziehung in dieser Zeit sein. Es ist unendlich wichtig für den Menschen, daß er die Geheimnisse des Daseins in Gleichnissen empfängt, bevor sie in Form von Naturgesetzen usw. ihm vor die Seele treten. Ein Beispiel möge dies veranschaulichen. Man nehme an, man wolle einem jungen Menschen von der Unsterblichkeit der Seele, von ihrem Hervorgehen aus dem Leibe sprechen. Man soll es so tun, daß man zum Beispiel den Vergleich heranzieht von dem Hervorgehen des Schmetterlings aus der Puppe. Wie sich der Falter aus der Puppe erhebt, so nach dem Tode die Seele aus dem Gehäuse des Leibes. Kein Mensch wird den richtigen Tatbestand in Verstandesbegriffen entsprechend erfassen, der nicht vorher ihn in einem solchen Bilde empfangen hat. Durch ein solches Gleichnis spricht man nämlich nicht bloß zum Verstande, sondern zu Gefühl, Empfindung, zur ganzen Seele. Ein junger Mensch, der durch alles das hindurchgegangen ist, tritt dann in ganz anderer Stimmung an die Sache heran, wenn sie ihm in Verstandesbegriffen später vermittelt wird. Es ist sogar recht schlimm für den Menschen, wenn er nicht zuerst mit dem Gefühle an die Rätsel des Daseins herantreten kann. Es ist eben notwendig, daß für alle Naturgesetze und Weltgeheimnisse dem Erzieher Gleichnisse zur Verfügung stehen.

Außerordentlich gut kann man an dieser Sache sehen, wie befruchtend die Geisteswissenschaft auf das praktische Leben wirken muß. Wenn jemand, der aus einer materialistisch verstandesmäßigen Vorstellungsart heraus sich Gleichnisse bildet, mit diesen Gleichnissen an junge Leute herantritt, so wird er in der Regel recht wenig Eindruck auf sie machen. Ein solcher muß sich nämlich die Gleichnisse selbst erst mit aller Verstandesmäßigkeit ausklügeln. Solche Gleichnisse, zu denen man sich selbst erst herabgebändigt hat, wirken nicht überzeugend auf den, dem man sie mitteilt. Wenn man nämlich in Bildern zu jemand spricht, dann wirkt auf diesen nicht bloß, was man sagt oder zeigt, sondern es geht von dem, der mitteilt, ein feiner geistiger Strom hinüber zu dem, dem die Mitteilung gemacht wird. Wenn der Mitteilende selbst nicht das warme gläubige Gefühl zu seinem Gleichnisse hat, so wird er keinen Eindruck auf den machen, an den er sich richtet. Man muß, um recht zu wirken, eben selbst an seine Gleichnisse als an Wirklichkeiten glauben. Das kann man nur, wenn man die geisteswissenschaftliche Gesinnung hat und die Gleichnisse selbst aus der Geisteswissenschaft heraus geboren sind. Der echte Geisteswissenschafter braucht sich das obige Gleichnis der aus dem Leibe hervorgehenden Seele nicht abzuquälen, denn für ihn ist es Wahrheit. Für ihn ist in dem Hervorgehen des Schmetterlings aus der Puppe wirklich auf einer niedrigeren Stufe des Naturdaseins derselbe Vorgang gegeben, der auf einer höheren Stufe in höherer Ausbildung sich wiederholt in dem Hervorgehen der Seele aus dem Leibe. Er glaubt mit voller Kraft selbst daran. Und dieser Glaube strömt wie in geheimnisvollen Strömungen vom Sprechenden zu dem Hörenden hinüber und bewirkt Überzeugung. Unmittelbares Leben gießt sich dann hinüber und herüber vom Erzieher zum Zögling. Aber zu diesem Leben ist eben notwendig, daß der Erzieher aus dem vollen Quell der Geisteswissenschaft heraus schöpft und daß sein Wort und alles was von ihm ausgeht, Empfindung, Wärme und Gefühlsfarbe erhält durch die echte geisteswissenschaftliche Gesinnung. Eine herrliche Perspektive eröffnet sich damit auf das ganze Erziehungswesen. Wird es sich einmal befruchten lassen von dem Lebensquell der Geisteswissenschaft, dann wird es selbst voll verständnisvollen Lebens sein. Es wird aufhören das Tasten, das auf diesem Gebiete gang und gäbe ist. Alle Erziehungskunst, alle Pädagogik ist dürr und tot, die nicht aus solcher Wurzel immer frische Säfte zugeführt erhält. Die Geisteswissenschaft hat für alle Weltgeheimnisse die zutreffenden Gleichnisse, die aus dem Wesen der Dinge genommenen Bilder, die nicht erst der Mensch schafft, sondern die von den Kräften der Welt selbst beim Schaffen zugrunde gelegt werden. Deshalb muß die Geisteswissenschaft die lebensvolle Grundlage aller Erziehungskunst sein.

Wesentlich ist hier der Gedanke, der zu den Grundideen der Steinerschen Pädagogik überhaupt gehört: daß das kleine Kind nicht begrifflich belehrt werden soll, daß es die Welt vielmehr zunächst in Bildern, in Gleichnissen verstehen lernt. Die bildhafte Sprache ist die dem Kinde angemessene, ja es ist die einzige, die es wirklich versteht. Vom «Märchen» ist hier nur ganz beiläufig die Rede: Es soll dem kleinen Kind Freude bereiten.

Bilder sind nicht derart starr wie Begriffe. Sie sind beweglich und lebendig, die Phantasie kann mit ihnen schöpferisch umgehen. Diesen Gedanken greift Steiner einige Jahre später in einem in Berlin gehaltenen Vortrag wieder auf.

Erzähle ich ein Märchen, so daß es die geistige Tätigkeit des Kindes anregt, daß nicht sich Begriffe in bestimmten Konturen ausbilden, sondern daß es die Konturen der Begriffe beweglich läßt, dann arbeitet das Kind so, wie jemand arbeitet, der probiert und durch das Probieren das Rechte herauszubekommen sucht. Das Kind arbeitet, um herauszubekommen, wie seine Geistigkeit sich bewegen muß, damit es in der besten Weise seine Organisation herausgestaltet, wie sie innerlich vorgebildet ist. Und so ist es beim Spiel. Das Spiel unterscheidet sich von der in feste Formen geprägten Tätigkeit dadurch, daß man in einem gewissen Grade doch machen kann, was man will, wenn man spielt, daß man nicht von vornherein scharfe Konturen in den Gedanken und Beweglichkeiten der Organe hat. Dadurch wird wieder in einer freien, bestimmbaren Weise auf die geistig-seelische Organisation des Menschen zurückgewirkt. Spiel und die eben charakterisierte geistig-seelische Betätigung für das Kind in den ersten Jahren entspringen einem tiefen Bewußtsein dessen, was die Natur und Wesenheit des Menschen eigentlich ist.

Erst nach dem Ersten Weltkrieg kam Steiner wieder auf pädagogische Fragen zu sprechen, als man ihn bat, bei einer Schulgründung behilflich zu sein, die dann ja am 7. September 1919 als erste «Freie Waldorfschule» tatsächlich Wirklichkeit wurde.

Im August davor hielt er für die zukünftigen Lehrer einen ersten Lehrerkurs. Hier entwickelte er ausführlich seine *Allgemeine Menschenkunde als Grundlage der Pädagogik* (GA 293), begleitet von mehr praktischen

Anregungen (publiziert in GA 294) und einer Reihe von Seminarbesprechungen (GA 295).

Wieder hob er die besondere Wichtigkeit der Beziehung hervor, die der Lehrer zu seinen Schülern aufzubauen sich bemühen sollte, die lebendige, liebevolle Verbindung des Lehrers zu den Kindern. Man muß dabei bedenken, daß er in einer Zeit sprach, in der es noch üblich war, daß der Lehrer als gefürchtete Respektperson mit einem Stöckchen bewaffnet auf dem Katheder thronte. Steiners Ansichten waren revolutionär. In der konventionellen Pädagogik war es ganz und gar nicht das Ziel, «den ganzen Menschen zu ergreifen».

Das ist eine Wahrheit, die der Erziehende und Unterrichtende ganz besonders ins Auge fassen muß. Er muß darauf sehen, daß der ganze Mensch ergriffen werden muß. Daher denken Sie von diesem Gesichtspunkte aus ans Legenden- und Märchenerzählen, und haben Sie ein richtiges Gefühl dafür, so daß Sie aus Ihrer eigenen Stimmung heraus dem Kinde Märchen erzählen, dann werden Sie so erzählen, daß das Kind etwas nachfühlt an dem Erzählten im ganzen Leibe. Sie wenden sich dann wirklich dabei an den astralischen Leib des Kindes. Von dem astralischen Leib strahlt etwas herauf in den Kopf, was das Kind dort erfühlen soll. Man muß das Gefühl haben, das ganze Kind zu ergreifen und daß erst aus den Gefühlen, aus den Affekten, die man erregt, das Verständnis für das Erzählte kommen müsse. Betrachten Sie es daher als ein Ideal, daß Sie, wenn Sie dem Kinde Märchen oder Legenden erzählen, oder wenn Sie mit ihm Malerisches, Zeichnerisches treiben, daß Sie dann nicht erklären, daß Sie nicht begriffsmäßig wirken, sondern den ganzen Menschen ergreifen lassen, und daß dann das Kind von Ihnen weggeht und erst nachher von sich selbst aus zum Verstehen der Dinge kommt. Versuchen Sie also, das Ich und den astralischen Leib von unten herauf zu erziehen, so daß dann Kopf und Herz erst nachkommen. Versuchen Sie nie so zu erzählen, daß Sie auf Kopf und Verstand reflektieren, sondern so zu erzählen, daß Sie in dem Kinde gewisse stille Schauer – in gewissen Grenzen – hervorrufen, daß Sie den ganzen Menschen ergreifende Lüste oder Unlüste hervorrufen, daß dies noch nachklingt, wenn das Kind weggegangen ist und daß es dann zu dem Verständnisse davon und zu dem Interesse daran erst übergeht. Versuchen Sie zu wirken durch Ihr ganzes Verbundensein mit den Kindern. Versuchen Sie nicht künstlich das Interesse zu erregen, indem Sie auf die Sensationen rechnen, sondern versuchen Sie dadurch, daß Sie eine innere Verbindung zu den Kindern herstellen, das Interesse aus der eigenen Wesenheit des Kindes entstehen zu lassen.

Wie kann man das mit einer ganzen Klasse machen? Mit einem einzelnen Kinde geht es verhältnismäßig leicht. Man braucht es nur gern zu haben, braucht nur das, was man mit ihm ausübt, in Liebe mit ihm zu vollbringen, dann ergreift es den ganzen Menschen, nicht bloß Herz und Kopf. Bei einer ganzen Klasse ist es nicht schwieriger, wenn man selbst von den Dingen ergriffen ist, wenn man nicht selbst bloß im Herzen und Kopfe ergriffen ist.

In den erwähnten Seminarbesprechungen, in denen mehr die praktischen Fragen besprochen wurden, ging es auch um das Märchenerzählen, das besonders in der ersten Klasse gepflegt werden sollte. Für die «Erzählstunde» sollte dem Lehrer ein gewisser Märchenschatz zur Verfügung stehen, das ist Voraussetzung. Aber *wie* soll er erzählen? Als Übung gab Steiner einigen Lehrern spezielle Erzählaufgaben im Zusammenhang mit

Dann würde ich vielleicht Fräulein A., Fräulein D. und Herrn R. bitten, folgende Aufgaben zu behandeln: Sie denken sich, Sie sollen ein und dasselbe Märchen erzählen, zweimal hintereinander, so, daß Sie es nicht ganz gleich erzählen, sondern in verschiedene Sätze einkleiden und so weiter. Das erste Mal nehmen Sie mehr Rücksicht auf sanguinische, das zweite Mal auf melancholische Kinder, so daß beide etwas davon haben.

Tags darauf fand das Erzählen statt:

A. erzählt das Märchen vom «Marienkind» zunächst für melancholische und dann für sanguinische Kinder.

Rudolf Steiner: Ich meine, Sie werden in Zukunft berücksichtigen müssen, die Sachen artikuliert zu geben. Sie haben die beiden Fassungen in zu gleicher Art vorgebracht. Der Unterschied muß auch in der Artikulation liegen. Wenn Sie diese Details in etwas eindringlicherer Art vorbringen, werden Sie bei melancholischen Kindern den Eindruck nicht verfehlen. Bei Sanguinikern würde ich den Vortrag, besonders am Anfang, etwas mehr mit Zwischenpausen gestalten, so daß das Kind gezwungen ist, die Aufmerksamkeit, die es hat fallen lassen, immer von neuem wieder aufzunehmen.

Nun möchte ich aber noch fragen: Wie würden Sie diese Erzählung weiter verwenden, wenn Sie wirklich konkret zu unterrichten hätten? Stellen Sie sich vor, Sie stünden vor Ihrer Klasse, was würden Sie dann tun? – Ich würde Ihnen raten, nachdem Sie die melancholische Fassung vorgebracht haben, sie sich nacherzählen zu lassen von einem sanguinischen Kinde und umgekehrt.

D.: Ich will vorausschicken, daß ich für ratsam halte, das sanguinische Kind straff vor sich zu setzen und dauernd in der Blickrichtung zu halten, während für die melancholischen Kinder möglichst eine behagliche, gemütliche Stimmung zu erzeugen ist.

Rudolf Steiner: Sehr gut bemerkt.

D. erzählt das Märchen vom «Meerkätzchen» zunächst in der Fassung für das sanguinische und dann für das melancholische Kind und bemerkt dazu, daß die melancholischen Kinder nicht viel Trauriges erzählt haben wollen.

Rudolf Steiner: So etwas kann man berücksichtigen. Aber die Kontrastierung war gut.

Nun würde ich meinen, daß noch übergegangen werden muß auf die Art, wie man das nun nach einiger Zeit weiter behandelt. Ich würde am nächsten Tage oder am darauffolgenden Tage nicht das Kind bestimmen, das erzählen soll, sondern ich würde sagen (lebhaft): «Jetzt merkt ihr euch das! Ihr könnt euch wählen, welches ihr euch merken wollt, um es selbst zu erzählen!» Am nächsten oder zweitnächsten Tag würde ich das Kind sich melden lassen.

G. erzählt das Märchen vom «Similiberg» in beiden Fassungen.

Rudolf Steiner: Nicht wahr, Sie haben doch alle das Gefühl, daß solch eine Sache auf verschiedene Weise gemacht werden kann. Nun ist es wirklich von einer großen Bedeutung, daß man sich gerade, wenn man als Lehrer wirken will, die unnötige Kritisiererei abgewöhnt; daß man als Lehrer ein starkes Gefühl dafür entwickelt, daß man sich bewußt wird, es kommt schließlich nicht darauf an, daß man immer auf etwas, was getan wird, etwas Besseres daraufsetzen muß. Eine Sache kann in mannigfaltiger Weise gut sein. Deshalb würde ich es auch für gut halten, wenn dieses hier Vorgebrachte als etwas betrachtet würde, was durchaus so ausgeführt werden kann, wie wir es gehört haben.

Ich möchte aber etwas anderes daran knüpfen. Bei allen drei Erzählungen glaube ich eines bemerkt zu haben: das ist, daß immer die erste Fassung auch in ihrer Zielsetzung die bessere war. Was haben Sie, Fräulein A., in Ihrer Seele zuerst ausgebildet, was haben Sie gefühlt, daß Sie besser machen würden?

Es wird festgestellt, daß die zuerst von Fräulein A. in der Seele ausgebildete Fassung die für das melancholische Temperament war, und daß diese die bessere war.

Rudolf Steiner: Nun möchte ich empfehlen: arbeiten Sie alle drei auch noch die Fassung für das phlegmatische Kind aus. Das ist von großer Bedeutung für das Stilgemäße der Form. Aber ich bitte Sie, versuchen Sie, womöglich diese Fassung sich heute noch auszuarbeiten, provisorisch, dann darüber zu schlafen und die endgültige Fassung morgen zu beschließen. Es ist eine Erfahrung, daß man, wenn man so etwas machen will, das Umgestaltete nur aus einem anderen Geiste heraus bekommt, wenn man es nach Vorbereitung durch den Schlaf hindurchgehen läßt. Bringen Sie uns am Montag eine Umgestaltung ins Phlegmatische, die Sie aber, bevor Sie die endgültige Ausgestaltung vornehmen, vorbereiten. Das ist ja möglich, weil der Sonntag dazwischen liegt.

Die Erzählübungen werden zwei Tage später fortgesetzt: A. erzählt das Märchen vom Marienkind in der Fassung für phlegmatische Kinder.

Rudolf Steiner: Es wäre wichtig, sich an eine gut artikulierte Sprache zu gewöhnen und so die Kinder aus der

Mundart herauszuführen. Frau Dr. Steiner wird vorsprechen.

D. erzählt das Märchen vom «Meerkätzchen» in der Fassung für phlegmatische Kinder.

Rudolf Steiner: Ich würde nur raten, versuchen Sie in einem solchen Falle auch Nebenhilfen des Erzählens zu benützen. Ich würde gerade dem phlegmatischen Kinde gegenüber öfter mal mit dem Satze einhalten, darin die Kinder angucken, dann das ausnützen, daß die Phantasie weiterarbeitet. Diese Neugierde an wichtigen Stellen erregen, damit sie ein wenig schon weiterdenken und selber sich ausmalen: «Die Königstochter, – die war – sehr schön, – aber – weniger – gut!» Dieses Ausnützen ist gerade für phlegmatische Kinder am wirksamsten.

R. erzählt das «Sesammärchen» für Phlegmatiker.

Rudolf Steiner: Das Überraschungsmoment benützen, das Neugiermoment.

L. erzählt für sanguinische Kinder eine Tiergeschichte von Pferd, Esel, Kamel. Welches ist euch lieber, das Pferd oder der Esel?

Rudolf Steiner: Einige Melancholiker werden den Esel lieber haben. – Ja, was ich bei diesen Tierbeschreibungen bitten würde, das wäre nur, möglichst darauf Rücksicht zu nehmen, daß das Kind angeleitet wird zur Beobachtung der Tiere, daß in solchen Beschreibungen wirkliche Naturgeschichte liegen könnte.

M. gibt für Sanguiniker und Melancholiker die Schilderung eines Affen, der in das Dachgebälk floh.

Rudolf Steiner: Ja, das würde auf den Melancholiker unter Umständen einen ganz guten Eindruck machen, aber auch da meine ich, daß es noch etwas auszubilden wäre dahin, daß die Tierbeobachtung als solche gefördert würde.

Ich möchte nur bemerken, daß die Berücksichtigung des Temperamentes des Kindes nicht außer acht gelassen werden sollte, daß man aber ruhig die ersten drei bis fünf Wochen dazu verwenden sollte, die Temperamente der Schüler zu beobachten und sie dann so in Gruppen zu teilen, wie wir es hier besprochen haben.

Offensichtlich hat Steiner von den Lehrern nicht erwartet, daß sie textgetreu erzählen. Das wäre auch von einem Tag auf den anderen ziemlich viel verlangt gewesen. Im Gegenteil: Die Art des Erzählens sollte sich bis in die Satzgestaltung hinein nach der Situation und nach der Wesensart der Kinder richten.

Daß man bei einem einmal gewählten Wortlaut bleibt, daß man das erzählte Märchen mehrmals wiederholt und nicht ständig etwas Neues bringt, ist etwas, was oft von Kindern eingefordert wird und was auch der kindlichen Gemütslage entspricht. Eine Angabe von Rudolf Steiner ist dies aber nicht. Er gab Gesichtspunkte, keine festen Regeln. Es gibt von ihm auch keine Angaben darüber, welches Märchen für welches Alter geeignet ist. Vieles überließ Rudolf Steiner dem gesunden Menschenverstand und der Phantasie des Erziehers.

In einer Konferenz entstand einmal eine Frage, die auch für uns interessant sein kann, da beim Märchenerzählen die «Grausamkeit» der Märchen immer wieder als Problem auftaucht:

Es wird gefragt, ob man auch Märchen erzählen kann, in denen blutige Dinge vorkommen.

Dr. Steiner: Wenn das Märchen so wäre, daß die Absicht vorliegt, daß das Blut als Blut wirkt, dann wäre es unkünstlerisch. Bei Märchen kann nur entscheiden, daß es ein geschmackvolles Märchen ist. Da kann es nicht schaden, wenn auch Blut darin ist. Ich habe einer Mutter gesagt, wenn man es absolut vermeiden will, den Kindern von Blut zu reden im Märchen, so verzärtelt man sie so, daß sie später bei einem Blutstropfen in Ohnmacht fallen. Das ist eine Schädlichkeit fürs Leben. Man soll die Kinder nicht untüchtig machen fürs Leben dadurch, daß man einen solchen Grundsatz aufstellt.

Diese Antwort gibt allerdings nur einen einseitigen Gesichtspunkt zu der gestellten Frage. Man kann hinzufügen: «Grausame» Handlungen, wie beispielsweise die Zerstückelung des Knaben im Märchen vom «Machandelboom», aus dem dann Blutsuppe gekocht wird, sind nur in der richtigen Weise aufzufassen, wenn man sie bildhaft versteht, wie man es ja bei vielen selbstverständlichen sprachlichen Wendungen ohnehin tut. Die Bemerkung «ich fühle mich wie zerrissen» wird man vielleicht als bedauerlich, aber nicht als besonders blutrünstig empfinden. Das Problem beim heutigen Erwachsenen liegt vielmehr darin, daß unsere intellektuellen Denkgewohnheiten das Bildbewußtsein in einem solchen Maße überlagert haben, daß das Verstehen der Welt in Bildern für viele fast unmöglich ist. Und dieses Unvermögen überträgt sich in manchen Fällen auch schon auf die Kinder, die von Natur aus Bilder ganz selbstverständlich gleichnishaft verstehen können.

Hier noch eine weitere Frage, die Rudolf Steiner gestellt wurde:

Frage: Wie verhält sich das mit dem Heranbringen von Märchen an das Kind? Wenn wir zum Beispiel das Bild von der Schmetterlingspuppe und dem Schmetterling bringen, so können wir selbst daran glauben; wenn wir ihm nun aber Geschichten erzählen wie zum Beispiel von dem «Osterhasen» oder «Nikolaus», also Geschichten, an die wir ja selber nicht glauben und die doch die Kinder so glücklich machen, wirkt das schädigend auf das Kind, oder ist das harmlos, einfach als Bild?

Rudolf Steiner: Da handelt es sich nur darum, daß man an diese Dinge in der richtigen Weise herantritt. Nicht wahr, es gibt natürlich durchaus Dinge, die man dem Kinde in seiner kindlichen Weise zu erzählen hat, und das wird bei solchen Dingen der Fall sein, weil das Bild etwas weit abliegt von demjenigen, um was es sich dabei handelt. Aber ich kann zum Beispiel durchaus nicht sagen, daß ich nicht an den Osterhasen glaube! Also es handelt sich nur darum, daß man den Weg findet zu diesem Glauben. Sie verzeihen, daß ich so offen das Geständnis mache. Aber ich kenne gerade auf diesem Gebiete nichts, was ich zum Beispiel nicht glauben könnte, wenn ich nur den Weg dazu finde. Es handelt sich darum, daß, wo die Sachen nicht so einfach liegen wie beim Schmetterling, sondern komplizierter, man dann auch einen gewissen komplizierteren Seelenvorgang durchmachen muß, um in sich die Seelenstimmung zu haben, die das in der richtigen, glaubwürdigen Weise an das Kind heranbringt. Es hat schon einen Sinn, wenn in gewissen Gegenden des Orientes die Legende lebt, daß der Buddha bei seinem Tod auf den Mond versetzt worden ist und da in der Gestalt eines Hasen auf uns herunterschaut. Diese Dinge, die gerade in tieferen Legenden ursprünglich veranlagt sind, die weisen überall darauf hin, daß tiefe Naturgeheimnisse den Dingen zugrunde liegen.

An diese Fragenbeantwortungen seien nun noch einige Passagen aus einem späteren, in Torquay (England) gehaltenen Lehrerkurs angefügt, die sich durchaus sinnvoll an die Frage nach dem Osterhasen anschließen.

Man muß das Kind nach Geist, Seele und Leib – das muß immer wieder gesagt werden – durchaus als eine Einheit betrachten.

Um das zu können, muß der Lehrer eben künstlerischen Sinn in seiner Seele haben, artistisch veranlagt sein; denn dasjenige, was vom Lehrer auf das Kind wirkt, ist ja nicht bloß das, was man ausdenkt oder was man in Begriffe bringen kann, sondern es sind, wenn ich mich des Ausdrucks bedienen darf, eben durchaus die Imponderabilien des Lebens. Unbewußt geht ungeheuer viel vom Lehrer, vom Erziehenden, auf das Kind über. Der Lehrer muß sich dessen bewußt sein, namentlich dann, wenn er Märchen, wenn er Geschichten, die durchseelt sind, wenn er Legenden dem Kind erzählt. Da tritt ja sehr, sehr häufig in unserer materialistischen Zeit die Tatsache auf, daß man zu sehr merkt, der Lehrer betrachtet das, was er erzählt, eben als kindisch; es ist etwas, woran er selber nicht glaubt. Da, sehen Sie, tritt die Anthroposophie, wenn sie die Leiterin und Lenkerin der wahren Menschenerkenntnis ist, wirklich in richtiger Weise auf. In der Anthroposophie werden wir ja gewahr, daß man eine Sache unendlich viel reicher ausdrücken kann, wenn man sie ins Bild kleidet, als wenn man sie in den abstrakten Begriff bringt. Ein gesund veranlagtes Kind hat das Bedürfnis, alles ins Bild zu bringen und auch Bilder zu empfangen.

Das Kind will das Bild, will sich selber als Bild fühlen. Da ist es eben notwendig, zu berücksichtigen, daß der Lehrer Phantasie braucht, artistisch sein muß. Dann tritt er mit der nötigen Lebendigkeit an das Kind heran. Und diese

Lebendigkeit wirkt im allerbesten Sinne imponderabel auf das Kind.

Da ist es ja so, daß wir durch die Anthroposophie wieder lernen, an die Legenden, an die Märchen, an die Mythen selber zu glauben, weil sie in der Imagination die höhere Wahrheit ausdrücken. Wir finden uns wieder hinein in die seelische Behandlung des Mythischen, des Legendenhaften, des Märchenhaften. Dadurch strömt unsere Rede, wenn wir zu dem Kinde sprechen, von dem eigenen Glauben an die Sache durchdrungen, an das Kind heran. Das bringt Wahrheit zwischen den Erziehenden und das Kind; während oftmals soviel Unwahrheit waltet zwischen den Erziehenden und den Kindern. Unwahrheit waltet sofort, wenn der Lehrer sagt: Das Kind ist dumm, ich bin gescheit; das Kind glaubt an die Märchen, die muß ich ihm daher erzählen. Das schickt sich so für das Kind. – Da kommt sogleich der Verstand hinein in das Erzählen.

Dafür hat das Kind gerade zwischen dem Zahnwechsel und der Geschlechtsreife das allerfeinste Gefühl, ob im Lehrer der Verstand oder die Phantasie waltet. Der Verstand wirkt verödend, verschrumpfend auf das Leben des Kindes, während die Phantasie belebt, anregt.

Die Zeit, in der die junge Waldorfschule sich entwikkelte, ist zugleich die Zeit, in der Steiner sich intensiv mit der sozialen Frage auseinandersetzte. Zu den sozialen Problemen der damaligen Zeit gehörte etwas, was seither in sich wandelnden Erscheinungsformen immer wieder auftauchte und bis heute aktuell ist: die revoltierende Jugend, der Zerstörungstrieb bei Jugendlichen, auch schon bei Kindern. In diesem Zusammenhang wiederholt Steiner nicht nur den Gesichtspunkt, daß es kindgemäß sei, die Welt in Bildern zu erfassen, sondern er bringt einen karmischen Aspekt hinzu. Er spricht über das vorgeburtliche Dasein und bezeichnet es als ein ganz besonderes Merkmal unserer Zeit, daß die Kinder aus dem Vorgeburtlichen einen Bilderhunger mitbringen, der, wenn er nicht befriedigt wird, in Zerstörungstrieb und Aufruhr umschlagen kann.

Die Nüchternheit, das Prosaische der neueren Zeit ist ja ein Grundcharakterzug, und es gibt heute sogar breite Strömungen, die sich dagegen wehren, daß man durch die Erziehung schon dafür sorgt, daß dasjenige, was aus der Seele aufsteigen und im astralischen Leib sich geltend machen will, auch wirklich zur Geltung komme. Es gibt trockene Nüchtlinge, welche die Erziehung durch Märchen, Legenden, durch das, was von der Phantasie durchstrahlt ist, eigentlich ausschließen möchten. In unserem Waldorfschulsystem haben wir gerade in den Vordergrund gestellt, daß der Unterricht und die Erziehung bei den die Volksschule betretenden Kindern ausgehen von bildhafter Darstellung, von einem lebendigen Hinstellen der Bilder, von Legendarischem, von Märchenhaftem. Und auch dasjenige, was die Kinder zunächst erfahren sollen über die Wesen und Vorgänge im Tierreich, im Pflanzenreich, im Mineralreich, soll nicht in trockener, nüchterner Weise gesagt werden, sondern das soll gekleidet werden in das Bildhafte, in das Legendarische, in das Märchenhafte. Denn was da tief drinnen sitzt in der Kinderseele, das sind die in der geistigen Welt empfangenen Imaginationen. Die wollen herauf. Und wenn der Lehrer oder der Erzieher sich richtig zum Kinde verhält, bringt er ihm Bilder entgegen. Und indem der Lehrer Bilder vor das kindliche Gemüt hinstellt, zucken herauf aus dem kindlichen Gemüte diejenigen Bilder, oder besser gesagt, die Kräfte der verbildlichenden Darstellung, die empfangen worden sind vor der Geburt oder, sagen wir, vor der Empfängnis.

Wenn nun das unterdrückt wird, wenn der trockene Nüchtling heute erzieht und unterrichtet, dann bringt er schon von früher Jugend etwas, was schon eigentlich gar nicht dem Kinde verwandt ist, an das Kind heran: die Buchstaben. Denn die Buchstaben, wie wir sie heute haben, die haben nichts mehr mit alten Bilderbuchstaben zu tun, sind etwas dem Kinde im Grunde genommen Fremdes, das erst aus dem Bilde herausgeholt werden sollte, so wie wir in der Waldorfschule versuchen, es zu machen. Man bringt das Unbildliche an das Kind heran; das Kind aber hat da in seinem Leibe Kräfte – ich meine natürlich die Seele, wenn ich jetzt vom Leibe spreche, wir sagen ja auch der «Astralleib» –, das Kind hat in seinem Leibe Kräfte sitzen, welche es zersprengen, wenn sie nicht heraufgeholt werden in bildhafter Darstellung. Und was ist die Folge? Verloren gehen diese Kräfte nicht; sie breiten sich aus, sie gewinnen Dasein, sie treten doch in die Gedanken, in die Gefühle, in die Willensimpulse hinein. Und was entstehen daraus für Menschen? Rebellen, Revolutionäre, unzufriedene Menschen, Menschen, die nicht wissen, was sie wollen, weil sie etwas wollen, was man nicht wissen kann, weil sie etwas wollen, was mit keinem möglichen sozialen Organismus vereinbar ist, was sie sich nur vorstellen, was in ihre Phantasie hätte gehen sollen, da nicht hineingegangen ist, sondern in ihre sozialen Treibereien hineingegangen ist.

Wenn man bisher noch geneigt war, Rudolf Steiners pädagogische Erziehungsideale einfach als «sanfte Pädagogik» anzusehen, so weisen diese Äußerungen, wenn man sie ernst nimmt, darauf hin, daß von der Pflege des Bildhaften durch Märchen, Mythen, Gleichnisse das Wohl und Wehe der zukünftigen Menschheit abhängt.

Anhang

Texte der von Rudolf Steiner besprochenen Märchen

Hundert auf einen Streich

Wo wars? Wo wars nicht? Da war mal wo auf der Welt ein Handwerksbursche, der hatte im Himmel und auf Erden nichts weiter als einen lumpigen Groschen. Mit dem machte er sich auf die Wanderschaft. Wie er so wandert über den Berg und Tal ohne Rast und Ruh, Da wurd' er sehr hungrig. Er ging also in ein Wirtshaus und ließ sich für seinen Groschen eine Satte saure Milch geben. Nun aß er und aß er seine saure Milch: aber da setzten sich eine entsetzliche Menge Fliegen auf seinen Teller: auf die schlug er in seinem Zorn mit der flachen Hand los, und dann zählt' er wie viel er totgeschlagen hatte: Da warens grade hundert tote Fliegen.

Da wurde er sehr lustig, nahm eine Tafel und schrieb mit großen Buchstaben darauf «Ich bin der der hundert auf einen Streich totgeschlagen hat»; und die Tafel machte er sich auf den Rücken fest.

Nun wandert' er weiter ohne Rast und Ruh immer zu um eine große Königsstadt herum; da sah der König vom Altane aus die großen Buchstaben und sandte seinen Diener, er sollte nachsehen was dem Menschen auf dem Rücken geschrieben stünde. Der Bediente sah sichs an und berichtete dem Könige was darauf stünde. «Schnell ruf mir den Menschen her» sagte der König, «so einen kann ich grade brauchen.» Der Diener rief ihn her. «Warum habt Ihr mich rufen lassen, gnädigster Herr?» fragte der Handwerksbursche. «Ja ich habe dich nur darum rufen lassen» sagte der König «weil ich hier im Walde eine Kirche habe, da wirtschaften zwölf Bären drin; schon viele Menschen sind drin umgekommen, da dachte ich du könntest ihnen vielleicht den Garaus machen.» «Den Garaus will ich ihnen schon machen, gnädiger König» sagte der Bursche, «gebt mir nur auf ein halb Jahr gut Essen und Trinken, dann versprech' ich sollen die Bären nicht wieder hinein- kommen.» Das bewilligte ihm der König denn auch; der Handwerksbursche aber dachte bei sich so: «Wenn ich auch sterbe, so hab' ich doch wenigstens ein halbes Jahr lang gut gelebt, also schadet das nichts»; und so aß und trank er denn immer drauf los. Wie das halbe Jahr um war, ließ er wies Abend wurde zwölf große Schäffel Wein in der Kirche aufstellen, und eine ebensolche Menge Brot und Fleisch: all dies stellte er mitten in der Kirche schön in Ordnung, aber so daß mans nicht gleich sah, und sich selber versteckte er unter die Bänke. Auf einmal kamen gewaltig brummend die zwölf Bären, und langten gleich gehörig zu mit Essen und Trinken: sie fraßen alles auf und nahmen immer ein Schlückchen dazwischen: sie büßten aber auch dafür, denn sie wurden alle von dem Weine betrunken. Wie sie nun so im Rausche alle durcheinander purzelten, kroch unser Schneider unter den Bänken vor und schnitt ihnen allen die Köpfe ab; dann räumte er in der Kirche hübsch ordentlich auf, nur die Bären ließ er auf einem Haufen liegen.

Am Morgen bei guter Zeit, wo der König kaum auf- gestanden war, meldete er ihm, daß die Bären tot wären; da zog sich der Königs vollends an und kam mit um sie zu besehen. Aber da wunderte er sich schön, daß er die Bären alle mausetot im Winkel liegen sah. «Ja wie hast du die den totgemacht?» fragte er den Handwerksburschen. «Nu sie kamen auf mich los und wollten mich zerreißen, aber ich ließ sie alle über die Klinge springen, einen nach dem andern» sagte der Bursche. «Nun da geb' ich dir noch einen Auftrag» meinte der König; «wenn du den auch ausführst, dann sollst du mein halbes Königreich und meine Tochter haben.» «Was solls denn sein?» fragte der Schneider. Der König aber fuhr fort «Ich habe hier einen sehr schönen Garten, darin walten drei Riesen; wenn du die umbringst, so sollst du kriegen was ich eben gesagt habe.» «Recht gerne, gnädigster König!» antwortete der Handwerksbursche, «nur um ein Vierteljahr bitt' ich, und während der Zeit die stattlichste Verpflegung in allem.» Er erhielt auch was er verlangte, und wartete nun ruhig die ausgemachte Zeit ab, und das dauerte auch nicht lange. Was sollt' er aber nun machen? dacht' er bei sich selber, wie sollt' er die Riesen umbringen? An alles Mögliche dacht' er hin und her; endlich ging er auf den Markt, kaufte sich da etwa für zwei Groschen einen Käse und eine Lerche, und ging damit heim. Wie nun der Abend kam, ging er in den Garten, und gleich am Tore traf er den größten und stärksten Riesen.

«Ich weiß wohl was du willst» sagte der Riese; «du willst uns alle umbringen, aber da wird nichts draus; wir wollen gleich einmal eine Probe machen, wer den anderen bezwingen kann. Hier hast du ein Stückchen Stein; wenn du das so zusammendrücken kannst wie ich, dann können wir schon mit einander ringen.» Und damit packte er den Stein und zerbröckelte ihn, das andre Stück aber gab er dem Schneider. Der nahm flugs den Käse aus der Tasche, drückte ihn an den Stein und zeigte die geschlossene Faust dem Riesen. «Guck mal her Kamerad, das ist was Rechtes was du kannst; jetzt tu mal was ich tue und drück auch Wasser aus dem Steine.» Der Riese probiert' es, aber er konnt' es nicht. «Wir wollen noch eine Probe machen» sagt' er ärgerlich, denn er schämte sich. «Hier hab' ich meine große Keule, wirf die mal so weit wie ich.» «Ich werds schon probieren» sagte der Handwerksbursche. Nun faßte der Riese den fürchterlichen Kolben und schleuderte ihn so hoch in die Luft, daß, wie er wieder herunter kam, schlug er ein Loch von Mannsdicke in den Boden und fuhr zwei Klafter tief hinein. Der Schneider ging drum hin und wollte ihn wieder heraushaben, aber das ging ganz und gar nicht, da tat er denn rasch Erde drauf, und ließ zugleich die Lerche aus der Tasche fliegen, und die flog so furchtbar geschwinde in die Höhe daß man gar nicht ordentlich sehn konnte was es eigentlich war. Die Riese wartete aber immer bis er herunterfallen würde. «Ja Kamerad» sagte der Schneider, da kannst du lange warten; «der fällt nicht wieder runter, der ist bis über den Himmel geflogen, Gott weiß in welche Welt!» Da erschrak der Riese und sagte «Nein so einen Burschen hab' ich noch nicht gefunden; jetzt seh' ich, mit dir kann ich nicht ringen und du auch mit mir nicht; meine beiden Kameraden sind noch schwächer wie ich, da hilft eine Probe noch weniger zu was, ich weiß die können dich nicht bezwingen, aber ich will sie doch herrufen.» Da pfiff er, und im Augenblick erschienen die beiden anderen Riesen. «So einen Burschen haben wir noch nicht gefunden» sagt' er zu ihnen; mit dem kanns keiner von uns aufnehmen; da hab' ich denn gedacht: wie wärs wenn wir ihn in unseren Bund aufnähmen?» «Ja das wäre ja prächtig!» sagten die anderen beiden Riesen; «aber du bist doch einverstanden?» fragten sie den Schneider. «Mir ist alles eins» meinte der, «wenns nur gut zu essen und zu trinken gibt;» und somit nahmen ihn die Riesen zum Kameraden an.

Sie aßen und tranken nun bis sie satt waren, dann legten sie sich schlafen: aber keiner von allen Dreien wagte ein Auge zuzutun. Der Handwerksbursche fürchtete sich vor den Riesen und die Riesen vor dem Handwerksbursche, und so gings die ganze Nacht. Am anderen Tage taten sich die Riesen zusammen, wie sie ihn umbringen könnten; sobald er schliefe, meinten sie, sollte ihm einer mit der Keule den Kopf einschlagen. Unser Schneider merkte daß sie ihm ans Leben wollten: darum holte er sich eine große Blase, die füllte er mit Ochsenblut, und wie er sich hinlegte, legte er sie so zurecht als wäre sie sein wirklicher Kopf. Die Riesen warteten nun nur drauf, daß er einschliefe. Gleich streckte einer den Fuß leise aus und rührte mit der Zehenspitze an den Kopf d. h. an die Blase, dergestalt daß das Blut ihm bis in die Augen spritzte. Da lief er voller Freude zu seinen Kameraden, und wie die sahen daß er blutig war, dachten sie gleich, er hätte ausgeführt was sie ausgemacht hatten, und in ihrer Freude richteten sie ein ungeheures Gelag zu und aßen und tranken bis sie selber dalagen wie die Weinfässer. Mehr brauchte der Schneidergeselle nicht. Wie sie recht süß schliefen, stürzte er über sie her und schnitt ihnen allen dreien den Kopf ab.

Am Morgen wie es dämmerte, meldete er's dem Könige: die Riesen wären tot. Da wunderte sich der König sehr, was der Handwerksbursche für ein außerordentlicher Mann sein müßte; was er selber kaum zu träumen gewagt, daß er das ausgeführt – und gab ihm auf der Stelle seine Tochter.

Wie sie nun eben sich wollten trauen lassen, da kriegte der König grade einen Brief, in welchem ihm der Nachbarkönig den Krieg ankündigte; außerdem stund in dem Briefe geschrieben: sowie er den Brief bekäme, sollte er sogleich aufbrechen. «Ach mein lieber Sohn» bat da der König: «geh du doch an meiner Stelle und führe mein Heer; sieh ich bin schon alt und habe die Kräfte nicht mehr wie du: hernach sollt Ihr auch gleich getraut werden, wenn du aus dem Kriege heimkommst.» «Recht gern, mein königlicher Vater» sagte traurig der Handwerksbursche, und machte sich auf den Weg. Nun führten sie ihm aus des Königs Marstall die schönsten Kriegsrosse vor; aber er wollte sich auf keins von allen setzen, weil er noch niemals in seinem Leben zu Pferde gesessen hatte; darum sagte er: sie sollten ihm nur ein schlechtes Ackerpferd bringen, er brauchte keine Auszeichnung wenn er in den Krieg ginge. Da brachten sie ihm denn einen Ackergaul; wie sich der große Königssohn auf den setzte, lachten sie alle rings herum: er machte sich nichts draus, sondern ritt vor dem Heere her und das Herr hinterdrein. Wie sie auf den Feind stießen und auf beiden Seiten die Trompeten zu schmettern anfingen, da scheute das des Schlachtenlärms ungewohnte Pferd und lief über Berg und Tal querfeldein. So rannte es auch an einem hölzernen Kreuze vorbei das da stand, und weil der Königssohn bange war er fiele herunter, so umfaßte er das Kreuz, aber das brach unten ab und er behielts in den Händen, weil ers nichts losließ. Jetzt entsetzte sich das Pferd noch hundertmal mehr und rannte auf einmal gradeswegs auf den Feind. Wie der feindliche König das Kreuz sah, dacht' er es wäre der Ungargott selber, und schrie laut «Gewehre nieder! Das ist kein ehrlicher Krieg: der Ungargott selber zieht gegen uns zu Felde.» Die Soldaten legten alle ihre Gewehre auf den Boden, ließen sie da liegen und liefen davon. Da las sie der Handwerksbursche (oder eigentlich der Königssohn) alle auf und kehrte als Sieger zu seinem königlichen Schwiegervater heim.

Da wurde er denn auf der Stelle mit der Königstochter getraut, und in seiner Freude übergab ihm der König auch die Regierung ganz und gar. Sie hielten nun eine große Hochzeit, so groß, daß sie in der ganzen Welt davon sprachen, aber wie sie schlafen gegangen waren, fing der junge Ehemann an, im Schlafe immer zu sprechen «wo ist mein Bügeleisen? Wo ist der Zwirn? Wo ist die Nadel?» und dergleichen. Wie die Königstochter das hörte, konnte sie den Morgen kaum erwarten, und dann sagte sie alles ihrem Papa, von welcher Herkunft nur ihr Mann sein möchte: der spräche fortwährend von Bügeleisen, Zwirn und Nadeln. Da fragte der König seinen Eidam, wie er von so was träumen könnte. Der aber antwortete: er wäre gestern vor der Trauung noch in einem Schneiderladen gewesen, um sich einen Knopf ansetzen zu lassen, und da hätte er davon geträumt. Nun sagte der König seiner Tochter, wovon die ganze Geschichte hergekommen wäre, und da söhnten sie sich miteinander aus und lebten nachher ihr Lebtage glücklich. Aber der alte König und seine Tochter wissen bis auf den heutigen Tag noch nicht, von welchem Stoffe der Königssohn d. h. der Schneiderbursche eigentlich war.

Das Lilienmädchen

Es war einmal irgendwo in der Welt ein sehr guter König, den alle Leute im Lande – hohe und niedre – so lieb hatten, daß sie gern ihr Leben für ihn gegeben hätten. Eine Frau hatte er noch nicht, und seine Untertanen baten ihn, er möchte doch heiraten, damit der ihnen wieder einen so guten König hinterlassen könnte wie er selber wäre. Das machte ihn nun sehr unruhig, und er dachte viel bei sich nach, was er machen sollte, damit er eine Frau fände, die so recht für ihn paßte.

Nun hatte er einen alten Freund, den fragte er gewöhnlich um Rat und hatte ihn sehr gern. Der alte Mann war Jäger im Forste des Königs; er hätte noch ganz anders leben können, denn der König hätte ihn gewiß fürstlich gehalten; aber er hatte nichts nötig, darum fristete er so kümmerlich sein Leben im Walde in einer kleinen Hütte wie arme Leute tun. Wie nun der König hörte, was seine Untertanen wünschten, ging er zu dem alten Jäger und fragte ihm um Rat. Der gab ihm einen Rosmarinstengel und sagte «das Mädchen, vor dem der Stengel sich verneigt, die nimm; die ist für Dich bestimmt.» Gleich ließ der König eine Menge Mädchen auf sein Schloß rufen, soviel nur hereinkonnten, und neben jede stellte er einen Soldaten, der mußte aus den Perlen, die vor ihnen auf dem Tische lagen, des Mädchens Namen zusammensetzen. Die Perlen sollten dann der gehören, vor der sich der Rosmarin verneigte; wenn er sich aber vor keiner verneigte, sollte jedes Mädchen die mitnehmen, woraus ihr Name zusammengesetzt war. Wie sie nun alle in einer Reihe saßen, kam der König und hatte den Rosmarinstengel in der Hand. So ging er an allen Mädchen vorbei, von der ersten bis zur letzten, aber der verneigte sich vor keiner einzigen. Am

andern Tage wurden wieder andere Mädchen zusammen-
geholt, eine immer schöner wie die andre; aber auch diesmal verneigte sich der Rosmarin vor keiner. Am dritten
Tage war's grade ebenso: auch da verneigte sich der Rosmarinstengel nicht. «Was soll ich nun machen?» dacht' er
bei sich selber, und wo sollt' er sich seine Lebensgefährtin
herholen?

Wie er in der Nacht so bei sich nachsann, da merkte
er, wie etwas in's Fenster hineinhuschte und sich gleich
auf den Rosmarin setzte und ganz fein anfing, mit diesem
zu sprechen. «Ich bin dem Könige vielen Dank schuldig» sagte das Goldvögelchen, das zum Fenster hereinge-
huscht war, «weil er mich schon zweimal aus den Krallen
des Falken befreit hat; nun möcht' ich meine Schuld gern
abtragen. Ich könnt' ihn wohl zu dem Mädchen bringen,
vor der du dich verneigst. Die ist im Zaubergarten; sieh',
darum bin ich gekommen, dir zu sagen, daß du dich morgen vor dem Tag auf den Weg machst und ihn führst. Ich
werde über euch fliegen, gib nur immer auf mich Achtung
und komm mir nach.»

Der König hörte das alles recht gut, denn die große
Sorge ließ ihn ganz und gar nicht schlafen. Kaum konnt'
er den Morgen erwarten, dann macht' er sich gleich auf
den Weg. Der Rosmarin wanderte vor ihm her, das Vögel-
chen aber flog über ihnen.

So wanderten die Drei drauf zu, ohne Rast und Ruh;
da fanden sie auf ihrem Wege ein lahmes Zauberpferd, das
gewaltig ächzte. «Was fehlt dir?» fragte der König, «daß
du so gewaltig ächzest?» «Ach» antwortete das Zauberpferd, «in meiner linken Seite steckt ein Pfeil; schon ein
ganzes Jahr muß ich ihn tragen, und bis jetzt hab' ich noch
keinen Menschen gefunden, der soviel Mitleid gehabt
und mir ihn herausgezogen hätte; eine alte Hexe hat mir
ihn herein geschossen, weil sie meinen Herrn verderben
wollte.» «Ich will dir ihn herausziehen» sagte der König,

faßte den Silberpfeil an und zog ihn dem Pferde aus seiner linken Schulter. Da bäumte es sich gewaltig in die Höhe und wurde ein so schöner Hengst wie er noch nie einen gesehn hatte.

Nun dankte er dem Könige, daß er so gütig gewesen wäre, dann sagte er zu ihm «ich weiß wohl, was du vorhast. Die du suchst ist noch weit von hier, aber setze dich nur auf meinen Rücken, ich bringe dich bis dahin, wo du deine schöne Braut finden sollst.» Da stieg der König auf den Rücken des Zauberpferdes und flog mit ihm durch die Luft dahin wie der Blitz. Der Rosmarin wanderte immer voraus, Goldvögelchen aber flog über ihnen.

Wie sie so flogen über Berg und Tal, fanden sie ein gläsernes Schloß; aus dem scholl ihnen ein schreckliches Geheul entgegen. «Den müssen wir befreien, mag's sein, wer da will!» sagte der König, und schlug den Weg nach dem Schlosse ein. Und was sah er da? Einen großen Mann von Glas sah er, und eine Brummfliege in seinem Magen fortwährend hin und her schwirren, um ihm zu zerbrechen. «Wer bist du? Was bist du?» fragte den König der gläserne Mann. «Ich bin ein fremder König, ich will ins Zauberschloß und mir eine Frau holen; wer bist Du aber?» «Ich bin der König von diesem Schlosse.» «Was fehlt dir denn, daß du so heulst?» fragte der fremde König. «Ach die Fliege will durch meinen Magen durchbrechen!» «Kann man dich denn aber gar nicht davon befreien?» «Nein, so lange ihre alte Mutter lebt, die Spinne mit den beiden Säbeln, so geht's nicht; die lebt aber ewig; denn keinerlei Waffe kann ihr was anhaben. Ich hatte freilich einmal ein Zauberpferd, das konnte ihr viel schaden, aber das hat sie auch schon totgeschossen,» antwortete der Glaskönig. «Könnt' ich die mächtige Spinne nicht einmal zu sehen kriegen?» fragte der fremde König. «Das geht gleich; sieh nur dorthin auf das Glaskanapee. Das sitzt meine arme Frau, ganz in Rosenkleider gekleidet; die Spinne kommt

alle Stunden zu ihr und überzieht sie mit ihrem Spinngewebe; wenn sie fortgeht, kommt ein kleiner Dorndreher
und zerzupft das gesponnene Gewebe wieder. In einer
Minute wird die Spinne hier sein.»

Auf einmal hörte man ein furchtbares Geräusch; der
fremde König sah an die Saalecke; da ließ sich eine gräß-
liche Spinne von oben herunter. Doch faßte er sich bald,
zog seinen Säbel und wollte die Spinne zerhauen; aber er
konnte ihr nichts anhaben, denn mit ihren beiden Vorderfüßen wehrte sie alle Hiebe ab. Beinahe hätte die Spinne
den König schon damit getötet, da kam auf einmal das
Zauberpferd in den gläsernen Saal hereingesprungen, so
daß die Glasstufen nur so zusammenbrachen unter ihm,
und sprang auf die schreckliche Spinne los. Wie die Bremse
sah, daß ihre Mutter in so großer Gefahr war, wollte sie,
wenn's nur irgend ging, aus dem Glaskönige herausfliegen
und ihr zu Hülfe kommen. Aber das Zauberpferd merkte
die Absicht der Brummfliege, und schrie dem Könige zu,
er sollte den Mund ja fest zuhalten und die Fliege nicht
herauslassen. Aber der konnt' es nicht durchsetzen und
mußte sie herauslassen; da stampfte es gewaltig mit den
Vorderfüßen und zerquetschte die Bremse neben der
Spinne: da waren sie beide auf einmal tot.

Wie nun die beiden Tiere dalagen, verwandelte sich der
Glaskönig auf der Stelle in einen so stattlichen Mann, daß
seines Gleichen auf der ganzen Welt nicht zu finden war;
seine Gemahlin aber in eine wunderschöne Frau, und auf
ihren Kleidern blühten die prächtigsten Rosen. Auch der
kleine Dornvogel wurde wieder ein schönes Mädchen,
die gläserne Burg aber zu einem prächtigen Goldschlosse.
Jetzt dankte der König, der von Glas gewesen war, dem
fremden Könige für seinen Beistand und erzählte ihm
kurz seine ganze Geschichte.

«Das Schloß hier» sagte er «hat sonst immer mir
gehört, und grade so, wie Du's jetzt vor dir siehst. Unten

am Schloßberge war eine kleine Hütte, in der wohnte eine alte Hexe. Die Hexe hatte eine Tochter, die sie mir gar zu gern zur Frau gegeben hätte, aber ich konnte sie nicht brauchen. Ich nahm mir eine aus dem Zauberschlosse, da ist meine Frau her, und die gäb' ich nicht um die ganze Welt. Darüber ärgerte sich die Hexe gewaltig und verwandelte mich in einen gläsernen Mann, und ihre Tochter in eine Bremse, die mich immer in meinem Magen nagen und plagen sollte. Nur noch eine Woche hätte es gedauert, dann wäre er durch gewesen. Sie selber wurde eine große Spinne, damit sie die Rosenkleider meiner Frau mit ihren Gespinsten begeifern könnte; das Stubenmädchen aber verwandelte sie in einen kleinen Dornvogel, der die Spinnweben allemal zerreißt, damit sie sie wieder neu überziehen kann. Aber erst mußte sie mein Zauberpferd bezwingen. Du hast ihm den Pfeil herausgezogen und uns alle von unseren Qualen erlöst; sag mir jetzt nur: was soll ich dir für deine Wohltaten tun?» «Nichts» antwortete der fremde König; «sag mir nur das: ist das Zauberschloß weit von hier? Ich will dorthin und mir eine Frau holen.» «Nein» sagte der andere König, «das ist gar nicht weit; mein Zauberpferd wird dich gleich hinbringen.»

Da stieg der fremde König auf den Rücken des Zauberpferdes, und in einer halben Stunde war er dort. Der Rosmarin wanderte vor ihm her, Goldvögelein flog über ihnen. Wie sie ankamen, war die ganze Zauberburg in Trauer gehüllt.

«Warum habt ihr Trauer?» fragte der König. Die Feen antworteten ihm «weil das schönste Mädchen, die Schwester der Feenkönigin, aus Kummer über die Glaskönigin zu einer weißen Lilie geworden ist.» – Da bat der fremde König die Feen, sie möchten ihn doch einmal zu der weißen Lilie hinführen. Die taten's auch. Der Rosmarin ging wieder vor ihm her – ja er rannte ordentlich; und wie er zur weißen Lilie kam, blieb er plötzlich stehen und verneigte sich bis auf den Boden, Goldvögelein aber setzt sich auf die Blätter. Da rüttelte sich die weiße Lilie und wurde auf einmal ein so liebliches Mädchen, wie man in sieben und aber sieben Ländern kein zweites fände.

Der König ging auf sie zu und bat sie um ihre Hand: bis zum Tode wollten sie einander gehören. Am anderen Tage machten sie sich auf den Heimweg, und unterwegs besuchten sie auch das befreite Schloß, wo der Königin ihre Schwester wohnte. Hier wurden sie sehr gut aufgenommen, dann aber hielten sie sich nicht auf bis zu Hause: da empfing man sie mit großer Pracht; sie hielten eine große Hochzeit, und wenn sie nicht gestorben sind so leben sie heute noch.

Die sechs Drachen

Wo war's – wo war's nicht? Weit über dem Operenzmeere war einmal ein König, der hatte drei Söhne und drei Töchter. Der König war sehr alt und stund schon mit einem Fuße im Grabe. Wie er nun nahe am Sterben war, ließ er seine Söhne rufen und sagte zu ihnen «hört, meine Söhne! Eure Schwestern müßt ihr dem Ersten geben, der um sie anhält. Wenn ihr im Walde jagt, hütet euch vor dem großen Pappelbaume, und wenn ihr euch in der Nacht einmal dort verspätet, so geht nie und legt euch drunter schlafen.» Nicht lange drauf starb der alte König und das Königreich kam an seinen jüngsten Sohn. Einmal des Abends, wie sie alle zusammen beim Abendessen saßen, sagte jemand am Fenster «gebt mir doch eure älteste Schwester!» Die Söhne wollten dem Befehle ihres Vaters gehorsam sein und gaben sie ihm gleich durch's Fenster. Tags darauf um dieselbe Zeit forderte jemand die mittelste Tochter, die gaben sie dem auch. Am dritten Abende forderte wieder eine Stimme die jüngste, auch die steckten sie ihm zum Fenster hinaus. So waren nun die drei Königssöhne ganz allein.

Einmal gingen sie in dem Walde jagen, und wie es Abend wurde, waren sie zufällig grade unter dem Baume, den ihnen ihr Vater verboten hatte. Seine Warnung fiel ihnen wohl ein, aber sie wollten doch auch gern wissen, warum er's ihnen verboten hätte. Sie legten sich also drunter schlafen, weil sie so müde waren, und der älteste Königssohn hielt Wache. Ein großes Feuer brannte, und er legte tüchtig nach; auf einmal merkt er, daß etwas an dem Feuer frißt und es nach und nach verzehrt. Wie er näher zusieht, sieht er, daß es ein großer Drache mit drei Köpfen ist. Gleich geht er mit dem Säbel auf ihn los, sie kämpften eine Weile, am Ende aber besiegt er den Drachen, gräbt ihm eine Grube unter dem Baume und begräbt ihn darin. Wie es wieder Tag wurde, stunden die beiden jüngeren Brüder auf, aber von der Nachtgeschichte wußten sie nichts, und ihr großer Bruder sagte ihnen auch kein Wort davon.

Nach einiger Zeit gingen sie wieder in den Wald jagen, und legten sich für die Nacht auch wieder unter den Baum. Diesmal wachte der mittelste Sohn, weil die andern schliefen. Auf einmal, wie er so mit gezogenem Säbel unter dem Baume auf und ab geht, merkt er, daß etwas am Feuer frißt und es verzehrt; wie er näher hinsieht, sieht er, daß es ein sechsköpfiger Drache ist. Gleich haut er mit dem Säbel nach ihm, lange kämpften die beiden, aber am Ende tötete der Königssohn auch den Drachen und begrub ihn unter dem Baume. Am Morgen stunden die anderen Brüder auf, aber von dem, was in der Nacht geschehen war, wußten sie nichts.

Wieder übernachteten sie einmal unter dem Baume, da blieb der Jüngste Wache stehen. Weil er so mit blankem Säbel auf und ab geht, sieht er auf einmal, daß etwas am Feuer frißt und es verzehrt; diesmal merkt er's aber erst, wie schon alles verzehrt war. Wie er genauer zusieht, sieht er, daß es ein neunköpfiger Drache ist. Wieder haut er gleich mit dem Säbel nach ihm, und sie kämpfen lange miteinander; zuletzt wird auch der Drache vom Königssohne besiegt und wie die vorigen unter dem Baume begraben.

Nun dachte der Königssohn aber gleich daran, wo er ein bißchen Feuer herkriegen könnte, und ging in den Wald suchen, wo er ein bißchen fände. Auf einmal sieht er ein kleines Licht flimmern; er geht also drauf zu, da sieht er, wie die Nacht sich mit der Morgenröte balgt. Da fragt er, warum sie sich balgten. «Darum» sagt die Morgenröte, «weil ich schon aufgehen möchte, die Nacht will's aber nicht haben.» Da schnitt der Königssohn seine

Hosenbundschnur auseinander und band sie jede an einen Baum. Nun ging er und nahm das kleine Licht, aber bis er dahin gekommen war, wo seine Brüder schliefen, war's wieder ausgegangen. Nun mußt' er sich noch einmal Licht suchen. So wandert er ohne Rast und ruh durch den Wald: auf einmal sieht er einen Fleck, da flackert ein gewaltiges Feuer himmelhoch. Wie er hinkommt, sieht er drei Riesen um das Feuer liegen und schlafen. Zwischen denen geht er grade durch und faßt einen tüchtigen Feuerbrand; wie er aber umkehrt, da fällt dem einen Riesen ein brennendes Stück auf den Rücken. Der packt gleich den Königssohn und sagt zu dem zweiten Riesen «Du guck mal her, da hab' ich 'ne Mücke gefangen!» Sagt der andre «tu ihr nichts, das ist ja der kleine Königssohn; was sollen wir mit dem machen?» Sagt der Dritte «braten wollen wir ihn, braten und auffressen!» Nun bat sie der Königssohn, sie möchten ihm doch nichts tun. «Na!» sagt einer von den Riesen, «wir wollen Dir nichts tun, wenn du tust, was wir von Dir verlangen.» Der Königssohn versprach ihnen Gold und Gut, wenn sie ihn nur losließen. Sagt der größte Riese zu ihm «na hör' einmal, der und der König hat drei Töchter; wir haben sie uns schon holen wollen, aber das ging nicht, denn da war ein Hähnchen und ein Hündchen, die wittern gleich alles Fremde und melden es; wenn Du uns nun die drei Königstöchter holst oder das Hähnchen und das Hündchen totschlägst, dann kannst du gehen wo du hin willst.» Sagt der Königssohn «gut, das will ich tun; gebt mir nur einen Knaul Bindfaden, das Ende laß ich hier, das muß einer von Euch in die Hand nehmen; wenn ich dann den Faden anziehe, so kommt mir zu Hülfe.»

Nun ging der Königssohn fort ohn' Rast und Ruh und war schon nahe an der Burg, da kam er an ein Wasser und wußte gar nicht, wie er drüber kommen sollte. Gleich zog er den Bindfaden an und gleich war auch einer von den Riesen da, der warf eine Eiche über's Wasser, da konnte der

Königssohn hinüber. Nun ging er ins Schloß; Hähnchen und Hündchen spürten nichts von ihm, weil der Wind grade entgegen wehte. Zuerst ging er in die Schlafkammer der ältesten Königstochter; da sah er sie auf einem kupfernen Bette liegen. Gleich zog er ihr den goldnen Ring vom Finger und steckte ihn an seinen. Weiter ging er in die nächste Kammer, da sah er die mittelste Königstochter auf einem silbernen Sofa liegen. Auch der nahm er den goldnen Ring und steckte ihn an seinen Finger. Nun ging er in die dritte Kammer, da sah er die jüngste und schönste Königstochter auf einem goldenen Sofa liegen. Auch der zog er den goldnen Ring vom Finger, aber er gewann sie auch zugleich sehr lieb, weil sie so schön war, und dachte gleich daran, wie er die Riesen umbringen könnte. Er zog also den Bindfaden an, und gleich war auch ein Riese da und trat in das Haus. Nun war die Tür für seine Größe viel zu niedrig, so daß er sich bücken und den Kopf vorbiegen mußte. Den schlug ihm nun der Königssohn auf der Stelle so ab, als hätt' er nie einen gehabt; seinen Leib aber schleppte er in einen Winkel. Nun zog er wieder den Bindfaden, da kam der zweite Riese, der bückte den Kopf ebenso, gleich schlug der Königssohn ihm den ab, ihn selber schleppt' er in den Winkel neben den ersten. Zum dritten Mal zog er den Bindfaden, da kam der dritte Riese; auch mit dem macht' ers so wie mit den andern.

Was sollt' er aber jetzt machen? Auf einmal fiel ihm ein, daß er die Morgenröte und Nacht nebeneinander an einen Baum gebunden hatte; auf der Stelle lief er hin und band sie los, gleich wurd' es auch Tag: dann ging er wieder unter den großen Baum, wo seine Brüder schliefen, und weckte sie. Da sagte der älteste Bruder «potztausend, Brüderchen, war das eine lange Nacht!» «Ja» sagte der kleine Königssohn, «gehörig lange, lieber Bruder!» Nun machten sie sich zusammen auf und gingen ohne Rast und Ruh, bis sie daheim waren.

Einmal sagte der kleine Königssohn zu den ältern Brüdern «kommt, wir wollen uns Frauen suchen; ich weiß wo drei schöne Königstöchter wohnen.» Nun wanderten die drei ohne Rast und Ruh durch sieben und aber sieben Länder, noch über's Operenzmeer. Da fanden sie eine Stadt, in der wohnten die drei Königstöchter. Sagt der kleinste Sohn zu seinen beiden Brüdern «bleibt hier, ich will hinein und um die drei Königstöchter werben.» Seine Brüder blieben auch da, und er ging hinein; er war schon bis zum Schloßtore gekommen, wo der König wohnte: da stand auf einmal ein Mann vor ihm und fragte ihn wo er hin wollte. Er sagte «zum Könige; ich will für uns drei um seine drei Töchter werben.» «Das ist nicht eher erlaubt» sagte jener, «als bis er auf die Pauke hier geschlagen hat; und wenn er auf das wonach sie fragt nicht Antwort geben kann, so muß er sterben, wenn er auch tausend Seelen hat.» Da schlug er drauf, sie fragte ihn allerlei über die Riesen, die er getötet hatte, und da antwortete er Wort für Wort auf die Fragen, und bekannte auch, daß er sie erlegt hätte.

Da sagte der König zu ihm «wähle unter meinen Töchtern.» Gleich rief er die andern Brüder dazu und so nahmen die Dreie die drei Königstöchter, natürlich kam auf ihn die jüngste; und da hielten sie eine so große Hochzeit, daß die braune Bratenbrühe von Lützelburg bis Michelburg floß. Der Vater der Mädchen hatte keinen Sohn, und darum übergab er das Königsreich seinem jüngsten Eidam; aber er bat sich aus, daß sie zusammen wohnen möchten. Nun wollte der kleine Königssohn einmal in das Königreich, das ihm sein Vater hinterlassen hatte, aber seine Gemahlin wollt' er auch mitnehmen. Der alte König sagte «nimm sie nicht mit, mein Sohn, denn Du behältst sie nur so lange, bis Du an die Grenze kommst, da rauben sie Dir sie den Augenblick.» Aber seine Gemahlin hatte doch auch große Lust und so reiste sie doch mit ihm, und es begleiteten ihn wohl vierzig reisige Krieger. Auf einmal, wie sie über die

Grenze gingen, rissen sie ihm die Königin so plötzlich aus der Kutsche, daß er gar nicht wußte wie ihm geschah. Da ging der jüngste Königssohn wieder vollends heim, und sagte zu ihrem Vater «denk' Dir, Väterchen, sie haben mir meine Königin geraubt, grade wie mir mein königlicher Vater vorausgesagt hatte; aber ich werde nicht wieder ruhig, bis ich sie aufgesucht habe.» So bat er denn den alten König, er möchte ihm sagen, in was für ein Land sie seine Tochter wohl gebracht haben könnten. Der sagte aber «frage nur nach dem *weißen Lande*; wenn Du sie da nicht findest, dann siehst Du sie gewiß nicht wieder.»

So machte er sich denn auf den Weg und wanderte durch sieben und aber sieben Länder; auf einmal kommt er an ein Schloß; er geht hinein, da findet er seine älteste Schwester, die fragt er «wohnst Du denn hier?» «Ja freilich» sagte die; «mein Mann ist ein vierköpfiger Drache, mit dem leb' ich wie's halt geht.» Auf einmal kommt der Drache zu ihnen herein und sagt «grüß Dich Gott, Schwager; wo willst Du denn hin?» «Ja ich suche das Weißland auf; kann mir der Herr Schwager nicht sagen, wie weit's dahin ist?» «Ich wahrhaftig nicht» sagte der Drache; «es müßte denn unter meinen Tieren eines davon was wissen.» Da rief er alle seine Tiere zusammen, aber keins hatte von Weißland auch nur gehört.

Da macht sich der Königssohn wieder auf den Weg und wandert ohne Rast und Ruh durch sieben und aber sieben Länder; auf einmal kommt er an ein Schloß, er geht hinein, da trifft er seine zweite Schwester, deren Mann war ein achtköpfiger Drache. Fragt ihn der Schwager, wo er hin wolle. «Ja Schwager» sagte der Königssohn, «ich möchte gerne nach Weißland, wenn ich's nur finden könnte; weißt Du nichts davon?» «Ich wahrhaftig nicht» sagte der Drache; «es müßte denn unter meinen Tieren eins davon was wissen.» Gleich ruft er seine Tiere zusammen und fragt sie, ob sie Weißland nicht kennten, wie weit's bis dahin wäre. Aber die sagten alle, sie hätten nicht einmal den Namen gehört.

Da macht sich der Königssohn sehr betrübt wieder auf den Weg und wandert weiter durch sieben und aber sieben Länder. Auf einmal kommt er wieder an ein Schloß; er geht hinein, da sieht er seine jüngste Schwester sitzen, die noch jünger war wie er selber. Sie weinte und las in einem Buche; ihr Gatte war ein zwölfköpfiger Drache. Der fragte ihn auch «wo willst Du hin?» «Ja, Schwager» antwortete der Königssohn, «ich will nach Weißland; hast du nichts davon gehört? Weißt Du gar nichts davon wie weit's ist?» «Ich wahrhaftig nicht» sagte der, «es müßte denn von meinen Tieren eines was davon wissen.» Er rief also seine Tiere zusammen und fragte sie, ob sie nie etwas von Weißland gehört hätten; aber alle sagten, sie hätten nie was davon gehört. Auf einmal, wie die andern Tiere schon wieder weggelaufen waren, hinkte ein lahmer Wolf heran. Den fragte der Drache auch «hast Du nichts von Weißland gehört?» «Ja freilich» sagte der Wolf, «ich habe mir ja dort das Bein gebrochen, wie ich ein Schaf holen wollte.» «Na gut» sagte der Drache zu ihm, «dann führe den Königssohn hier hin, Du sollst auch ein paar Schafe dafür kriegen.» «Nein, da geh' ich nicht wieder hinein» sagte der Wolf, «nicht um drei ganze Schafherden, höchstens bis an die Grenze begleit' ich ihn.» Da kriegte der Wolf gleich ein Schaf zum voraus, auch der Königssohn aß sich erst satt, dann wanderten sie ohne Rast und Ruh durch sieben und aber sieben Länder. Endlich führte der Wolf den Königssohn auf eine Bergspitze und sagte zu ihm «sieh, dort liegt Weißland; geh' jetzt Deinen Weg, ich kehre aber nun wieder um.»

So wanderte der Königssohn fürbaß ohne Rast und Ruh; endlich kommt er an eine kleine Quelle vor einer großen Stadt; da setzt' er sich ein wenig hin. Das Wasser aus der Quelle aber machte jeden der draus trank auf der

Stelle wieder ganz frisch. Auf einmal, wie er so dasitzt, sieht er seine Gemahlin mit einem kleinen goldnen Kruge zu der Quelle kommen. Sie erkannten sich auf der Stelle wieder, umarmten sich und küßten sich. «Sieh, liebe Frau» sagte der Königssohn, «ich bin nur um Deinetwegen gekommen, um Dich zu befreien.» «Ja, aber wie das gehen soll, weiß ich wahrhaftig nicht» sagte die Königin, «denn der weiße Ritter, der mich Dir geraubt hat und bei dem ich jetzt noch bin, hat ein Pferd, das läuft so geschwind wie der Gedanke; und wenn ich mit Dir fliehen wollte, so würde er uns ganz gewiß einholen, und dann ging's uns allen beiden an den Kopf. Aber das kann ich Dir jetzt sagen: geh nur dahin, da ist eine alte Frau, die hat drei Stuten, das sind ihre eignen Töchter; verdinge Dich bei ihr als Kutscher, aber fordre keinen andern Lohn, als erstens ein kleines *Fohlen*, dann einen alten *Sattel*, der liegt auf dem Oberboden und ist ganz voll Hühnermist, und drittens einen *Zaum*; wenn das Fohlen ausgewachsen ist, dann kannst Du mich erretten, sonst nicht; denn meines weißen Ritters Pferd ist ebendaher, darum kann's so geschwind laufen.»

So ging der Königssohn denn fort und wandert' ohne Rast und Ruh bis dahin wo die alte Frau wohnte. Da findet er auf einmal unterwegs einen kleinen Fisch auf dem Trocknen. «Tu mich wieder in den Teich, lieber Königssohn» bat das Fischchen, «ich will Dir's auch vergelten.» Und so warf er das Fischchen wieder in den Teich; da gab es ihm dafür eine kleine Pfeife und sagte dazu «na, wenn Du einmal in Not bist, dann blase nur auf der kleinen Pfeife, dann komm' ich Dir zu Hülfe.» Der Königssohn tat das Pfeifchen in seinen Sack und wanderte fort ohne Rast und Ruh. Auf einmal findet er eine Ameise, die kämpfte mit einer Fliege. «Schütze mich, lieber Königssohn» sagte die Ameise zu ihm, «ich will Dir's auch vergelten.» Da rettete er die Ameise und sie gab ihm auch eine

kleine Pfeife; wenn er in Not käme, sollte er nur darauf
pfeifen, dann wollte sie ihm zu Hülfe kommen. Auch die
tat er in seinen Sack. Weiter reiste der Königssohn ohne
Rast und Ruh, da fand er einen lahmen Fuchs. «Ach, lieber Königssohn» sagte der Fuchs, «tu ein wenig Pfeilkraut
auf meinen Fuß und verbind' ihn, ich will Dir's auch vergelten.» Der Königssohn legte von dem Kraute auf und
verband den Fuß; da gab ihm der auch eine kleine Pfeife,
auf der sollt' er blasen, wenn er in Not käme, da wollt' er
ihm zu Hülfe kommen.

Auch die tat der Königssohn in seinen Sack und wanderte fort ohne Rast und Ruh, da traf er endlich die alte
Frau, zu der ihn seine Gemahlin geschickt hatte, daß er
ihr dienen sollte. Er ging nun zu ihr hinein und grüßte
sie «guten Abend, alte Mutter!» «Grüß Gott, mein Sohn!»
sagte das alte Weib; «was willst Du hier?» «Ja ich suche
einen Dienst, und da hab ich gehört, die alte Mutter
brauchte einen Kutscher.» «Freilich brauch' ich den» sagte
die alte Frau; «verstehst Du denn aber auch den Dienst?
Denn da draußen auf den Pfählen stecken schon neun und
neunzig Menschenköpfe; Du wärst der hundertste, wenn
Du nicht bestündest.» So verdingte sich der Königssohn
auf ein Jahr als Kutscher, da galt aber ein Jahr bloß drei
Tage. Am Abend setzte ihm die alte Frau eine gute Traumsuppe vor, und dann schickte sie ihn mit den Pferden hinaus. Der Königssohn war nun sehr müde, darum legt' er
sich hin und schlief fest ein. Auf einmal wacht er auf und
sieht, daß schon Tag geworden ist, aber die Stuten sind
nirgends zu sehen. Was sollt' er nun machen? Da fiel ihm
die kleine Pfeife ein, die ihm der Fisch gegeben hatte; er
blies darauf, sogleich erschien das Fischchen. «Nun, was
fehlt Dir?» fragte es. «Ach, meine Pferde sind ja fort!»
«Na, sei nicht so traurig und komm mit mir.» So gingen
sie ohne Rast und Ruh, da führte der Fisch den Königssohn an einen Teich; am Rande des Teiches schwammen

drei Goldfische. «Siehst Du» sagte das Fischchen zu ihm, «das sind Deine Pferd; wirf ihnen nur den Zaum über und dann setze Dich auf.» Da schlug er sie mit dem Zaume, setzte sich auf und eilte heim. «Ja bist Du hier?» sagte die alte Frau zu ihm. «Ja wohl bin ich hier, alte Mutter.» Da ging die Frau in den Stall, nahm die Heugabel und warf ihre Stuten aus einer Ecke in die andre; «ihr abscheulichen Biester» sagte sie zu ihnen, «ihr seid wohl gar verliebt in euern Kutscher?» «Ach, Mutter» sagten die Stuten, «der kann mehr als Brot essen!» –

Am andern Abend schickte sie wieder den Jüngling mit den Stuten aus, und diesmal legte er ihnen noch Fußfesseln an, ehe er einschlief. Morgens wacht' er auf, aber die Pferde waren fort. Er sucht sie überall, kann sie aber nicht finden; auf einmal fällt ihm das Pfeifchen ein, das ihm die Ameise gegeben hatte. Er zieht es aus dem Sacke und bläst drauf; gleich ist auch die kleine Ameise da und fragt, «na, was fehlt Dir?» «Ach, ich habe in der Nacht wieder meine Pferde verloren und kann sie nirgend finden.» «Na bleib nur ruhig, wir wollen hier auf den Hügelabhang gehen, da finden wir einen Ameisenhaufen, aus dem werden drei rote Ameisen herauskriechen, denen wirf nur den Zaum über den Kopf – das sind Deine Stuten.» Sie gingen hin, da fanden sie den Ameisenhügel, aus dem kamen drei rote Ameisen heraus; gleich warf er ihnen den Zaum an, da wurden sie wieder zu Pferden und er ritt auf ihnen heim. Die Alte sagte wieder «Ja bist Du hier?» «Ja freilich bin ich hier, alte Mutter» sagte er. Da ging sie wieder in den Stall und warf die Stuten tüchtig hin und her, weil sie sich so schlecht hätten verstecken können. «Ach, Mutter» sagten die, «der kann mehr als Ihr!» –

Am dritten Abend gab sie dem Königssohne wieder eine tüchtige Traumsuppe zu essen, dann schickte sie die Stuten mit ihm fort, aber vorher sagte sie ihnen, sie sollten gleich wieder heimkommen; heute wollte sie sie selber verstecken. Der Jüngling führte die Stuten wieder fort, legte sich hin und schlief ein. Am Morgen wacht er auf und die Pferde sind wieder weg. Überall sucht er nach ihnen, kann sie aber nirgend finden; da denkt er an sein Pfeifchen, das ihm der Fuchs gegeben hatte, bläst darauf und gleich ist auch der Fuchs da. «Was fehlt Dir, mein lieber Königssohn?» «Ach» sagt der, «denk Dir, ich kann meine Pferde nirgend finden.» Da sagt der Fuchs «ja, jetzt sind sie an einem sehr schwierigen Orte; alle drei sind in Eier verwandelt, die Alte sitzt und spinnt auf einem Stuhle, unter dem Stuhle steht ein Korb, und da liegen sie drin. Nun hat aber die Alte einen goldnen Hahn und eine goldne Henne im Hühnerhause; an die will ich mich machen und ihnen den Kopf abbeißen; wenn die Alte nun vom Stuhle aufspringt, dann geh Du gleich in die Stube und wirf die Eier mit dem Zaume, dann werden sie gleich wieder zu Pferden.» So gingen sie ohne Rast und Ruh, auf einmal kamen sie an das Haus der Alten; der Fuchs schlich sich auf den Oberboden und würgte die Henne und den Hahn. Gleich sprang die Alte auf den Boden, «husch husch, Fuchs; die Hunde kommen und wollen Dein Blut!» Unterdessen aber sprang der Königssohn ins Haus hinein und warf den Zaum über die Eier, gleich wurden sie wieder zu Pferden und er führte sie in seinen Stall. Nun kam die alte Frau wieder und wollte nach den Eiern sehen, aber da fand sie nur das leere Nest und schüttelte gewaltig den Kopf. Andern Tags rief sie den Jüngling und sagte zu ihm, «na mein Sohn, Du hast das Jahr ehrenvoll ausgehalten, was willst Du nun für einen Lohn haben?» «Ich bitte um nichts weiter» antwortete der, «als um das magere Fohlen, das die eine Stute gestern geworfen hat; dann den alten Sattel voll Hühnermist, der oben auf dem Boden liegt, und endlich einen Zaum.» «Ja was willst Du mit dem Zeuge machen? lieber geb' ich Dir so viel *Geld* als Du haben willst.» «Nein» sagte der Jüngling, «ich kann nichts anderes brauchen als das Dreies.» Da mußt' es ihm zuletzt auch die alte Frau geben. So nahm der Königssohn denn das Fohlen auf den Rücken, denn es konnte noch nicht recht laufen; ebenso den Sattel und den Zaum; dann wandert' er fort ohne Rast und Ruh immer zu. Wie er aber einmal Abendrast hielt, sagte das Fohlen zu ihm «laß mich heim trinken, lieber Herr! morgen früh bin ich wieder da.» Da ließ er das Fohlen trinken gehen und legte sich schlafen; am Morgen war das Fohlen wieder da, stieß ihn an den Fuß und sagte «nun wollen wir weiter, lieber Herr!» So gingen sie weiter ohne Rast und Ruh; auf einmal, wie er wieder Nachtquartier halten wollte, sagte das kleine Fohlen «lieber Herr, laß mich heim trinken, morgen bin ich wieder da.» Da ließ er das Fohlen nach Hause und legte sich schlafen. Den andern Morgen stieß ihn das Fohlen wieder an seinen Fuß und sagte «jetzt wollen wir weiter.» Da wollte der Königssohn das kleine Fohlen wieder auf den Rücken nehmen, aber das sagte auf einmal «mein lieber Herr, bis jetzt hast du mich getragen, aber jetzt trag' ich Dich.» Da sattelte es der Königssohn, setzte sich drauf, und fort ging's wie der Wind, bis sie an die Quelle kamen, an welcher der Königssohn seine Gemahlin zuerst getroffen hatte.

Da ließ er sein Pferdchen trinken und trank auch selber, und da kam auch seine Gemahlin wieder dazu mit dem goldnen Kruge, um Wasser zu holen. Nun sagte er «liebe Frau, das ist das Pferd, um das ich gedient habe; nun setze Dich drauf, ich setze mich auch drauf, und dann soll's fort gehen.» Wie sie oben saßen, fragte das Pferd «wie soll ich nun laufen? wie der Wind oder wie der Gedanke?» «Wie du willst» sagte der Königssohn. So flogen sie dahin. Auf einmal fing das Pferd des weißen Ritters dort an zu stampfen und zu stoßen. Der weiße Ritter kam dazu und fragte «was fehlt Dir? so sollen Rüden und Hunde Dein Blut lecken!» «Sie haben die schöne Frau geraubt» antwortete das, «auf einem Fohlen führen sie sie weg.» So wie der weiße Ritter das hörte, sprang er auf sein Roß, und hinflogen sie wie der Gedanke. Schon waren sie dem Königssohn seinem beinahe nach, da sagte der weiße Ritter zu seinem Pferde «wiehere doch dem andern Pferde zu, daß es auf Dich warten möchte.» Da wieherte sein Pferd, aber das Fohlen wieherte zurück, «ich warte erst, wenn Du zu mir gekommen bist.» Da warf das Pferd sein Hinterteil in die Höhe und rannte daher, daß der weiße Ritter gleich abgeworfen wurde und ihm alle Gedärme platzten; das kleine Fohlen aber wartete nun. Da setzte sich der Königssohn auf dem weißen Ritter sein Pferd, und seine Gemahlin blieb auf dem Fohlen sitzen, und so kamen sie heim. Da gab der Königssohn ein großes Gastmahl, vor Freuden darüber, daß er seine Gemahlin wiedergefunden und heimgebracht hatte. Nun starb um die Zeit auch der alte König, da blieb er mit seiner Gemahlin in dem Königreiche, und wenn sie nicht gestorben sind, leben sie noch.

Der Herr Peter

Es waren einmal ein paar arme Eheleute, die hatten drei Söhne. Wie die beiden Ältesten hießen, weiß ich nicht, aber der jüngste hieß Peter. Als die Eltern gestorben waren, und die Kinder die Erbschaft teilen sollten, war da nichts als ein Kochtopf, eine Backplatte und eine Katze. Der Älteste, der das Beste haben sollte, nahm den Topf: «Wenn ich den ausleihe, bleibt immer noch ein wenig zum Auskratzen übrig», sagte er. Der Zweite nahm die Backplatte: «Wenn ich die ausleihe, kriege ich sicher einen kleine Fladen zum Kosten», sagte er. Für den Jüngsten blieb nichts anderes übrig als die Katze. «Wenn ich die ausleihe, bekomme ich nichts dafür», sagte er, «gibt man ihr etwas Milch, schleckt sie die selber auf. Aber ich muß sie wohl nehmen, wär doch schade, wenn sie hier umkäme.»

So zogen die Brüder in die Welt hinaus, um ihr Glück zu probieren, jeder auf einem anderen Weg.

Doch als der Jüngste eine Weile gegangen war, sagte die Katze: «Du sollst mich nicht umsonst mitgenommen haben, so daß ich nicht in der alten Hütte umkäme. Jetzt gehe ich in den Wald und fange verschiedene Tiere. Die sollst du dann dem König auf das Schloß bringen, das du dort siehst, und sagen, du brächtest ihm ein kleines Geschenk. Wenn er dann fragt, von wem das ist, sollst du sagen: «Das ist von dem Herrn Peter.»

Peter brauchte nicht lange zu warten, da kam die Katze mit einem Rentier aus dem Wald. Dem war sie auf den Kopf gesprungen, hatte sich zwischen seine Hörner gesetzt und gesagt: «Gehst du nicht gerade wegs zu des Königs Schloß, dann kratze ich dir die Augen aus.» Darum wagte das Rentier nichts anderes zu tun, als was die Katze sagte.

Als nun Peter zum Königshof kam, ging er mit seinem Tier in die Küche und sagte:

«Ich komme, um dem König eine kleine Gabe zu überbringen, wenn er es nicht verschmäht.»

Der König kam selbst in die Küche hinaus, und als er das prachtvolle Rentier erblickte, freute er sich sehr und sagte:

«Mein lieber Freund, wer schickt mir denn so ein großes Geschenk?»

«Oh, das ist der Herr Peter», sagte der Bursch.

«Der Herr Peter?» fragte der König, «wo wohnt er doch noch, dieser Herr Peter?» Denn er meinte, es sei eine Schande, daß er so einen guten Mann nicht kennen sollte. Aber der Bursche wollte es ihm nicht sagen; er dürfe es nicht wegen seines Herrn, sagte er. Da gab ihm der König ein gutes Trinkgeld und bat ihn, seinen Herrn von ihm zu grüßen und ihm recht herzlich zu danken.

Am nächsten Tag lief die Katze wieder in den Wald, sprang einem Hirsch auf den Kopf, setzte sich ihm zwischen die Augen und nötigte ihn mit ihren Drohungen, zum Königshof zu gehen.

Als Peter in der Küche eintrat, sagte er wieder, er käme, um dem König ein kleines Geschenk zu überbringen, wenn er es nicht verschmähen wolle. Der König freute sich noch mehr über den Hirsch wie über das Rentier, und fragte, wer ihm denn so ein schönes Geschenk schicke.

«Das ist der Herr Peter», sagte der Bursch. Als aber der König wissen wollte, wo der Herr Peter wohne, bekam er wieder dieselbe Antwort, wie den vorigen Tag. Und diesmal gab er Peter ein noch größeres Trinkgeld.

Den dritten Tag kam die Katze mit einem Elch an. Da nun Peter mit dem Elch am Königshof in die Küche kam, sagte er wieder, daß er eine kleine Gabe für den König brächte, wenn dieser sie nicht verschmähen wolle. Der König kam sogleich in die Küche, und als er das große, prächtige Elchstier sah, freute er sich so, daß er kaum wußte auf welchem Bein er stehen sollte! Diesmal gab er Peter viel, viel mehr Trinkgeld, es waren gewiß hundert Taler.

Nun wollte der König aber durchaus wissen, wo der Herr Peter wohne; er forschte und grub auf alle erdenkliche Weise; aber der Junge sagte, daß er sich das unter keinen Umstanden zu sagen traute, denn der habe es ihm aufs Strengste verboten.

«So sage deinem Herrn, ich ließe ihn bitten, mich zu besuchen», sagte der König. Ja, sagte der Bursch, er würde es ausrichten.

Aber als Peter vom Königshof zurück kam und die Katze traf, sagte er «Na, du hast mich ja in eine schöne Patsche gebracht! Nun will der König, ich soll ihn besuchen; und ich habe doch nichts als diese Lumpen auf dem Leib, in denen ich immer stehe und gehe.»

«O, das braucht dich nicht zu kümmern», sagte die Katze, «in drei Tagen wirst du Pferde und Wagen und so schöne Kleider bekommen, daß das Gold herunter tröpfelt; dann kannst du den König besuchen. Aber was du auch beim König siehst, so mußt du immer sagen, du hattest es zu Hause noch viel schöner und prächtiger; das mußt du nicht vergessen.» Nein. Peter würde es nicht vergessen!

Als nun die drei Tage um waren, kam die Katze mit Wagen und Pferden und Kleidern und Allem, was Peter brauchte; und alles war so prachtvoll, wie kaum jemand etwas ähnliches zu Gesicht bekommen hat.

Nun fuhr er zum Schloß, und die Katze lief nebenher. Der König empfing ihn sehr freundlich. Aber was immer er ihm auch bot oder zeigte, sagte Peter immer, ja, das sei alles recht und gut, aber er habe es noch besser und feiner daheim in seinem Schloß. Das paßte nun dem König gar nicht; aber Peter blieb dabei. Zuletzt wurde der König so ärgerlich, daß er nicht länger an sich halten konnte und sagte:

«Jetzt will ich aber mit dir nach Hause fahren und sehen, ob du es wirklich so viel besser und prächtiger hast. Wenn du aber lügst, dann Gnade dir! Mehr sage ich nicht!»

«Ja, nun hast du mich schön reingelegt», sagte Peter zur Katze. «Jetzt will der König mit mir in mein Haus! Aber wo sollte denn das zu finden sein?»

«Das laß dich nicht verdrießen!», sagte die Katze, «ich laufe voran und du fährst mir immer nach.»

Da fuhren sie los. Die Katze vorneweg, dann kam Peter und endlich der König mit seinem ganzen Hofstaat. Als sie nun ein gutes Stück gefahren waren, kamen sie zu einer großen Schafherde; die hatten so lange Wolle, daß sie fast an der Erde schleppte.

«Willst du sagen, daß die Schafherde dem Herrn Peter gehört, wenn der König fragt, dann sollst du diesen Silber-löffel von mir kriegen», sagte die Katze zum Hirten. – Den Silberlöffel hatte sie vom Königsschloß mitgenommen.

Ja, das wollte der Hirte gerne sagen.

Als nun der König kam, sagte er zum Hirten:

«Ei, ei, so eine große schöne Schafherde habe ich doch noch nie gesehen! Wem gehört die denn, mein lieber Junge?», fragte er den Hirten.

«Die gehört dem Herrn Peter», antwortete der.

Etwas weiter, so kamen sie zu einer schönen, großen Herde mit scheckigen Kühen, die waren so fett und blank, daß sie rein glänzten.

«Willst du sagen, daß diese Herde dem Herrn Peter gehört, wenn der König fragt, dann gebe ich dir diese silberne Kelle», sagte die Katze zu der Stallmagd, die die Herde trieb.

«Ja, sehr gern», antwortete sie.

Als nun der König in seinem Wagen kam, wunderte

er sich sehr über die große, prachtvolle Herde; so eine schöne Viehherde hatte er noch nie gesehen; er fragte die Magd, wem das Vieh gehöre, und sie sagte: «O, das gehört dem Herrn Peter.»

Als sie ein weiteres Stück gefahren waren, kam ihnen ein Koppel mit herrlichen Pferden entgegen, die schönsten Pferde die man sich denken kann; alle waren groß und blank, von jeder Farbe sechs: rote, falbe und blaue.

«Willst du sagen, daß diese Pferdetrift dem Herrn Peter gehört, wenn der König dich fragt?, so geb ich dir diesen silbernen Becher», sagte die Katze zum Hirten. Das wollte er gern tun!

Als der König kam, war er überaus verwundert über die herrliche Pferdetrift; solche Pferde habe er noch nie gesehen. Er fragte den Burschen, wem alle die roten, falbenen und blauen Pferde wohl gehörten? «Nun, das sei der Herr Peter», antwortete der Hirte.

Danach reisten sie weiter und kamen zu einem Schloß. Die erste Pforte war aus Messing, die zweite aus Silber und die dritte aus Gold. Das Schloß selber war aus Silber und so blank, daß einem die Augen weh taten, wenn man es ansah; denn als sie ankamen, schien gerade die Sonne darauf. Dort gingen sie hinein, und die Katze flüsterte Peter unbemerkt ins Ohr, er solle sagen, das sei sein Schloß. Drinnen war es noch prächtiger als draußen: alles war hier aus Gold: Stühle, Bänke und Tische.

Als der König überall herum gegangen war und sich von oben bis unten alles angeschaut hatte, war er ganz beschämt. «Ja, der Herr Peter hat wirklich alles weit prächtiger als ich», sagte er, «das kann niemand leugnen!» Und damit wollte er wieder wegfahren. Aber Peter bat ihn, doch noch etwas zu bleiben und bei ihm zu Abend zu essen. Nun, der Königs tat's, aber er war die ganze Zeit sauer und verdrießlich. Während sie nun zu Tische saßen, kam der Troll gegangen, dem das Schloß gehörte und klopfte an die Pforte. «Wer verzehrt mein Essen und trinkt mein Met, als wären es Schweine?», rief er.

Als die Katze das hörte, lief sie gleich hinaus an die Pforte und sprach: «Warte mal, dann erzähl ich dir, wie der Bauer es mit seinem Winterroggen machte: erst pflügt er den Acker, dann düngt er ihn, dann fährt er mit der Egge drüber u. s. w. – bis die Sonne aufging! Sieh dich mal um, dann wirst du hinter dir eine wunderschöne Jungfrau erblicken», sagte die Katze zum Troll. Da schaute der sich um, sah die Sonne und platzte!

«Nun gehört alles dir», sagte die Katze zu Peter. «Aber erst sollst du mir den Kopf abschlagen, das ist der einzige Lohn, den ich für die Dienste, die ich dir getan habe, verlange.»

Das wollte aber Peter durchaus nicht. «Wenn du es nicht tust, dann kratze ich dir die Augen aus!» sagte die Katze; und da konnte der Peter nicht anders, als ihr gehorchen. So schwer es ihm fiel, hieb er der Katze mit einem Schlag den Kopf ab. Im gleichen Augenblick aber stand die schönste Prinzessin vor ihm, in die Peter sich sofort verliebte.

«Alle diese Herrlichkeiten gehörten früher mir», sagte die Prinzessin; «aber der Troll hatte mich verzaubert, so daß ich als Katze im Hause deiner Eltern sein mußte. Nun kannst du tun, was du willst: mich zu deiner Gemahlin nehmen, oder nicht. Denn jetzt bist du König über das ganze Reich.

Und daß der Peter nicht nein sagte, kann jeder verstehen! Dann wurde die Hochzeit gehalten und ein Gastmahl gegeben. Das dauerte ganze acht Tage lang.

Aber länger war ich nicht beim Herrn Peter und seiner Königin.

Die Tochter der Blumenkönigin

Es war einmal ein Königssohn, der ritt eines Tages hinaus auf die Jagd und gelangte mitten auf einer Wiese an einen langen, tiefen Graben. Er hielt sein Roß an und wollte schon umkehren, als er im Graben jemanden wimmern hörte. Er stieg vom Rosse herab und schritt den Graben entlang. Da fand er eine alte Frau, die ihn bat, er möge ihr aus dem Graben helfen. Der Königssohn stieg in den tiefen Graben hinab und holte die Alte herauf. «Wie seid Ihr in den Graben hineingeraten?», fragte der Königssohn. «Oh, mein Gott», erzählte nun die Alte, «ich bin eine sehr arme Frau und machte mich gleich nach Mitternacht auf den Weg in die Stadt, um dort Eier zu verkaufen. Da verfehlte ich im Dunkeln den Weg und fiel in diesen tiefen Graben. Gott segne Eure Hoheit!» Da sagte der Königssohn: «Ihr könnt kaum gehen! Ich will Euch auf mein Roß setzen und nach Hause führen. Wo wohnt Ihr?» – «Dort am Rande des Waldes, in jener kleinen Hütte», antwortete die Alte. Der Königssohn hob sie auf sein Roß, und bald gelangten sie zu der Hütte, wo die Alte vom Rosse stieg und zum Königssohn sprach: «Wartet nur ein wenig! Ich will Euch etwas geben!» Sie ging in ihre Hütte hinein, kehrte aber bald zu ihm zurück und sprach: «Du bist von hoher Geburt und hast doch ein gutes Herz, das wert ist, belohnt zu werden. Willst du die schönste Frau der Welt zur Gattin haben?» – «Ja!», antwortete der Königssohn. Die Alte fuhr fort: «Die schönste Frau der Welt ist die Tochter der Blumenkönigin, die von einem Drachen gefangen gehalten wird. Willst du sie zur Gattin gewinnen, so mußt du sie aus der Gefangenschaft befreien, und dazu will ich dir behilflich sein. Ich gebe dir dieses Glöcklein; wenn du einmal damit läutest, so erscheint der Adlerkönig; wenn du zweimal läutest, so kommt der Fuchskönig heran, und wenn du dreimal läutest, so erscheint der Fischkönig; diese werden dir in der Not beistehen. Jetzt lebe wohl, und Gott segne deine Ausfahrt!» Sie übergab ihm das Glöcklein und verschwand samt der Hütte. Es schien, als hätte sie der Erdboden verschlungen. Nun wußte der Königssohn, daß er mit einer guten Alten, einer weisen Frau, gesprochen hatte; und nachdem er das Glöcklein wohl verwahrt hatte, ritt er heim und teilte seinem Vater mit, daß er die Tochter der Blumenkönigin freien wolle und morgen hinaus in die Welt reite, damit er die Jungfrau suche.

Der Königssohn bestieg also am nächsten Morgen sein edles Roß und verließ seine Heimat. Ein Jahr lang hatte er schon die Welt durchzogen, sein Roß war inzwischen vor Erschöpfung umgekommen, und er selbst litt Mangel und Not. Da erreichte er eines Tages eine Hütte, vor welcher ein alter Greis saß. Der Königssohn fragte ihn: «Weißt du nicht, wo der Drache wohnt, der die Tochter der Blumenkönigin gefangen hält?» – «Das weiß ich nicht», antwortete der Greis, «aber gehe ein Jahr lang diesen Weg immer weiter, dann wirst du eine Hütte erreichen, in welcher mein Vater wohnt, der wird es dir vielleicht sagen können.»

Der Königssohn bedankte sich für die Auskunft und zog nun ein ganzes Jahr lang den Weg weiter und erreichte dann eine Hütte, vor welcher ein uralter Greis saß. Er stellte an ihn dieselbe Frage, und dieser antwortete darauf: «Das weiß ich nicht! Gehe ein Jahr lang diesen Weg immer weiter, dann wirst du eine Hütte erreichen, in welcher mein Vater wohnt, der wird es dir schon sagen.»

Und so wanderte der Königssohn noch ein ganzes Jahr auf demselben Wege weiter, bis er die Hütte erreichte, wo ein ur-uralter Greis saß, dem er sein Begehren vortrug. Der Greis antwortete: «Ja, das weiß ich. Der Drache wohnt dort oben auf dem Berge und bewacht den Palast der Blumenkönigin. Er hält soeben seinen Jahresschlaf. Ein Jahr lang ist er wach, ein Jahr lang schläft er. Gestern hat er seinen Jahresschlaf begonnen. Willst du aber die Tochter der Blumenkönigin sehen, so gehe auf den zweiten Berg, dort wohnt die alte Drachenmutter, zu der jeden Abend die Tochter der Blumenkönigin auf den Ball geht.»

Der Königssohn stieg auf den zweiten Berg, wo er ein goldenes Schloß mit diamantenen Fenstern erblickte. Er wollte eben durch das Tor in den Hofraum treten, als sieben Drachen auf ihn losstürmten und ihn fragten: «Was suchst du hier?» Der Königssohn antwortete: «Ich habe von der Schönheit und Güte der Drachenmutter gehört und möchte gerne bei ihr in Dienst treten.» Diese schmeichelhafte Rede gefiel den Drachen, und der älteste von ihnen sprach: «So komm, damit ich dich zur Drachenmutter führe.» Sie traten in das Schloß ein und schritten durch zwölf prachtvolle Säle, in welchen alles aus Gold und Diamanten war.

Im zwölften Saale saß auf diamantenem Throne die Drachenmutter. Sie war das häßlichste Weib, das die Sonne je beschienen hat, und hatte obendrein noch drei Köpfe. Der Königssohn erschrak gewaltig vor ihrer Häßlichkeit, besonders als sie mit einer Stimme, die dem Krächzen von siebzig Raben glich, ihn fragte: «Warum bist du hergekommen?» Der Königssohn antwortete: «Ich habe von deiner großen Schönheit und Güte gehört und möchte gerne dein Knecht werden.» – «So?», versetzte die Drachenmutter. «Wenn du mein Knecht werden willst, so mußt du einen Dienst tun, der nicht leicht ist. Du mußt meine Stute drei Tage hindurch auf die Weide führen und hüten; doch bringst du sie nur einmal nicht heim, so fressen wir dich auf.»

Der Königssohn versprach es zu tun und führte die Stute hinaus auf die Weide. Doch kaum war er auf der Wiese angelangt, so verschwand die Stute. Vergeblich suchte er sie überall in der Umgebung; er fand sie nirgends. Er setzte sich auf einen Stein und dachte über sein trauriges Los nach, als er in weiter Ferne einen Adler fliegen sah. Da fiel ihm sein Glöcklein ein, und er läutete damit einmal. Gleich darauf rauschte es in der Luft, und der Adlerkönig ließ sich vor ihm nieder. «Ich weiß, was du von mir haben willst», sprach der Adlerkönig, «du suchst die Stute der Drachenmutter, die oben in den Wolken sich herumtreibt. Ich werde alle Adler aussenden, damit sie die Stute einfangen und dir bringen.» Hierauf flog der Adlerkönig fort. Gegen Abend hörte der Königssohn ein gewaltiges Rauschen in der Luft, und als er aufblickte, da sah er, wie viele tausend Adler die Stute heranbrachten. Sie ließen sich vor ihm nieder und übergaben ihm das Pferd. Der Königssohn ritt nun heim zur Drachenmutter, die voll Verwunderung zu ihm sprach: «Heute ist es dir gelungen, die Stute heimzuführen; als Lohn dafür sollst du heute Abend an unserem Balle teilnehmen.» Sie schenkte ihm hierauf einen kupfernen Mantel und führte ihn in einen Saal, wo viele Drachenjünglinge und Drachenfräulein tanzten, aßen und tranken.

Dort war auch die wunderschöne Tochter der Blumenkönigin. Ihre Kleider waren aus den schönsten Blumen der Welt gewebt, und wenn sie lachte, so lachte sie Rosen und Jasmin. Als der Königssohn mit ihr tanzen durfte, flüsterte er ihr zu: «Ich bin gekommen, dich zu befreien!» Da sagte die wunderschöne Jungfrau zu ihm: «Wenn es dir gelingt, auch am dritten Tage die Stute heimzuführen, so verlange von der Drachenmutter ein Füllen von dieser Stute.»

Der Ball war um Mitternacht zu Ende, und am nächsten Morgen führte der Königssohn die Stute der Drachenmutter wieder auf die Weide. Aber sie verschwand bald aus seinen Augen. Da nahm er sein Glöcklein hervor und läutete zweimal. Gleich darauf erschien der Fuchskönig und sprach: «Ich weiß schon dein Begehr und werde gleich alle Füchse aufbieten, damit sie die Stute herführen, die sich in einem Berg versteckt hat.» Hierauf verschwand der Fuchskönig, und gegen Abend brachten viele tausend Füchse die Stute heran. Der Königssohn ritt nun heim zur Drachenmutter, von der er diesmal einen silbernen Mantel erhielt und die Erlaubnis, am Balle teilzunehmen. Die Tochter der Blumenkönigin freute sich gar sehr, als sie ihn wieder wohlbehalten sah. Als sie miteinander tanzten, flüsterte sie ihm zu: «Wenn es dir auch morgen gelingt, die Stute heimzuführen, so erwarte mich mit dem Füllen dort unten auf der Wiese. Nach dem Balle wollen wir fliehen.»

Am dritten Tage führte der Königssohn die Stute wieder auf die Weide, aber auch an diesem Tag verschwand sie. Da nahm der Königssohn sein Glöcklein hervor und läutete damit dreimal. Sogleich erschien der Fischkönig und sagte zu ihm: «Ich weiß schon, was du willst, und werde alle Fische aufbieten, damit sie die Stute herführen, die sich in diesem Flusse versteckt hält.» Gegen Abend erhielt auch wirklich der Königssohn seine Stute wieder, und als er heimkehrte, sprach zu ihm die Drachenmutter: «Du bist ein braver Junge und sollst mein Leibdiener werden. Was soll ich dir als ersten Lohn schenken?»

Der Königssohn erbat sich ein Füllen von der Stute, das ihm die Drachenmutter auch schenkte und obendrein noch einen goldenen Mantel, damit er an dem Balle teilnehmen könne. Am Abend erschien er im goldenen Mantel, und bevor noch die Unterhaltung ihr Ende nahm, schlich er in den Stall, setzte sich auf sein Füllen und ritt hinaus auf die Wiese, wo er die Tochter der Blumenkönigin erwartete.

Gegen Mitternacht erschien die wunderschöne Jungfrau; der Königssohn hob sie vor sich auf das Pferd, und schnell wie der Wind ging es dem Palast der Blumenkönigin zu, den sie auch glücklich erreichten. Aber die Drachen hatten die Flucht bemerkt und weckten ihren Bruder aus dem Jahresschlaf. Brüllend rückten sie nun heran und wollten den Palast der Blumenkönigin stürmen; aber diese ließ sogleich einen himmelhohen Wald aus Dornen und dichtestem Gestrüpp rings um den Palast erwachsen, den kein Wesen durchdringen konnte. Und so mußten die Drachen unverrichteter Dinge abziehen.

Als nun die Blumenkönigin hörte, daß ihre Tochter die Gattin des Königssohnes werden wollte, sprach sie: «Gerne willige ich in eure Heirat ein, doch nur im Sommer darf meine Tochter bei dir weilen; im Winter aber, wenn alles tot ist und Schnee die Erde bedeckt, muß sie bei mir unter der Erde im Palaste wohnen, damit ich nicht einsam und ohne Trost den Winter zubringen muß!» Der Königssohn willigte ein und führte seine wunderschöne Braut nach Hause, wo die Hochzeit gefeiert wurde. Das junge Paar lebte glücklich miteinander, bis der Winter kam, dann schied die Tochter der Blumenkönigin und zog heim zu ihrer Mutter. Im Sommer kehrte sie zu ihrem Gatten zurück, und ihr Liebesleben begann von neuem und dauerte bis zum Eintritt des Winters, wo die Tochter der Blumenkönigin wieder heimzog zu ihrer Mutter. Dies geschah so ihr lebelang, und trotzdem lebten sie stets glücklich miteinander.

Quellenverzeichnis

Erwähnte Bände der Rudolf Steiner Gesamtausgabe (GA),
Rudolf Steiner Verlag, Dornach:

13   Die Geheimwissenschaft im Umriß

14   Vier Mysteriendramen

21   Von Seelenrätseln

26   Anthroposophische Leitsätze

28   Mein Lebensgang

30   Methodische Grundlagen der Anthroposophie

34   Lucifer-Gnosis

36   Der Goetheanumgedanke inmitten der Kulturkrise
      der Gegenwart

40   Wahrspruchworte

55   Die Erkenntnis des Übersinnlichen in unserer Zeit und
      deren Bedeutung für das heutige Leben

60   Antworten der Geisteswissenschaft auf die großen Fragen
      des Daseins

62   Ergebnisse der Geistesforschung

92   Die okkulten Wahrheiten alter Mythen und Sagen

93   Die Tempellegende und die Goldene Legende

94   Kosmogonie

101   Mythen und Sagen. Okkulte Zeichen und Symbole

102   Das Hereinwirken geistiger Wesenheiten in den Menschen

105   Welt, Erde und Mensch

108   Die Beantwortung von Welt- und Lebensfragen durch
      Anthroposophie

115   Anthroposophie – Psychosophie – Pneumatosophie

124   Exkurse in das Gebiet des Markus-Evangeliums

125   Wege und Ziele des geistigen Menschen

126   Okkulte Geschichte

127   Die Mission der neuen Geistesoffenbarung

GgO   Rudolf Steiner: *Goethes geheime Offenbarung in seinem Märchen von der grünen Schlange und der schönen Lilie*. Sonderband, hrsg. von Hella Wiesberger und Ulla Trapp. Rudolf Steiner Verlag, Dornach 1999 (2., erweiterte Aufl.)

Nachweise

Seite

11 *daß innerhalb der Zuhörerschaft:* GA 28, S. 392.

Und in diesem Vortrag: A. a. O.

in der Zeitschrift Magazin für Literatur einen Aufsatz über das Märchen veröffentlicht: GA 30, S. 86–99.

das Esoterische, das in mir lebte: GA 28, S. 391.

12 *am 27. November 1891 im Wiener Goethe-Verein einen Vortrag gehalten:* Es existiert davon nur ein Bericht, der in der *Chronik des Wiener Goethe-Vereins*, 6. Jg., Nr. 12, erschienen ist. Er ist enthalten in *Beiträge zur Rudolf Steiner Gesamtausgabe*, Nr. 99/100, Dornach 1988; S. 4 f., und in GgO, S. 83–85.

13 *Das Seelenleben läßt seine Kräfte:* GA 28, S. 392.

Goethe hat in diesem Märchen die Phantasieschöpfung: GA 28, S. 182.

15 *von einem Mann, dessen Vorträge er hören durfte:* GA 62, S. 351 f.

Ich würde annehmen, daß es Professor Karl Julius Schröer war: Man hat auch Ludwig Laistner vermutet, der als literarischer Beirat der Cotta'schen Verlagsbuchhandlung gastweise im Goethe- und Schiller-Archiv in Weimar arbeitete, wo Rudolf Steiner 1890–1896 tätig war. Er hat ein Werk geschrieben mit dem Titel *Die Rätsel der Sphinx. Grundzüge einer Mythengeschichte*. Darin arbeitete er so, daß er durch vergleichende Betrachtung von Mythen- und Märchenmotiven auf den Volksglauben früherer Zeiten schloß. Steiner berichtet in seinem *Lebensgang*, daß er mit ihm viele freundschaftliche Gespräche geführt habe, nicht aber, daß er Vorträge von ihm hörte.

Das war etwas überaus Wichtiges: Emil Bock: *Rudolf Steiner. Studien zu seinem Lebensgang und Lebenswerk*. Verlag Freies Geistesleben, Stuttgart 1967, S. 46.

16   *Einen solchen Vorgang, für den man im Süden:* GA 92, S. 92.

17   *Da öffneten sich gewissermaßen:* GA 237, S. 67.

      ein wichtiger Meditationsstoff: GA 28, S. 183.

18   *das große Werk des* Seelenkalenders*: Anthroposophischer Seelenkalender,* heute in GA 40, S. 19–48 und in Einzelausgaben.

20   *Die folgenden Märchen-Bilder sind entstanden:* Rudolf Steiner: Vier Märchen. Rudolf Steiner Verlag, 1992, S. 3 f. – Das hier vollständig abgedruckte Vorwort erschien erstmals in Steiners Schrift *Durch den Geist zur Wirklichkeits-Erkenntnis der Menschenrätsel,* Berlin 1918, und ist nicht in der Gesamtausgabe enthalten.

22   *daß zwar Gedanken zugrunde liegen:* Rudolf Steiner: *Eurythmieformen Band II. Eurythmieformen zu den Wochensprüchen des Anthroposophischen Seelenkalenders* (K 23). Rudolf Steiner Verlag, Dornach 1989, S. 8.

      Denn der hat nicht die Geisteswissenschaft: GA 132, S. 57.

23   *Es versteht sich von selbst:* GA 94, S. 78.

24   *Die Märchen verhalten sich:* GA 108, S. 167.

      Alle diejenigen Dinge: GA 55, S. 37 f.

26   *Überall waren die Völker:* GA 102, S. 123 f.

      selbst die Menschen: GA 34, S. 272 f.

27   *Wenn wir in die Tiefen:* GA 105, S. 88.

28   *Wenn Sie sich erinnern an manches:* GA 126, S. 10 f.

29   *Nun besteht in der Menschheitsentwicklung:* GA 162, S. 251.

31   *Es gibt eine einfache Erzählung:* GA 101, S. 46–48.

34   *So wandern die Kräfte:* GA 101, S. 62 f.

38   *Was heute hier gegeben werden soll:* GA 108, S. 143–168.

68   *Gemeinsam allen Märchen sind die Überreste:* Wilhelm Grimm: «Anmerkungen zu den Kinder- und Hausmärchen» (1856), zit. n. Max Lüthi: *Märchen.* Sammlung Metzler, Bd. 16. J. B. Metzler'sche Verlagsbuchhandlung, Stuttgart, 1979, S. 62.

69   *Zunächst leben die Sagen in irgendeinem Volke:* GA 92, S. 59; auch GA 93, S. 47.

69   *Es gibt also drei Ausdeutungen der Sagen:* GA 92, S. 70; auch
     GA 93, S. 57.

70   *Solange wir uns auf unserem Boden:* GA 286, S. 105; auch
     GA 291, S. 91.

71   *Das Deuten der Symbole ist eigentlich:* GA 233a, S. 72.
     Ein Teilnehmer fragt nach dem tieferen Sinn: GA 283, S. 84.

73   *Sie sollen reifen dann:* GA 14, S. 216.
     Die Märchen sind ein wahrer Seelenschatz: GA 14, S. 238.

74   *Der Menschengeist, dem ich heute die Märchen einpräge:*
     GA 93, S. 41.
     Die Rosenkreuzer sind nichts anderes als die Fortsetzer:
     GA 93, S. 153.

75   *Immerzu senden die geistigen Zentren:* GA 124, S. 207.
     bis 1913: Theosophie: Da Rudolf Steiner seine esoterische
     Wirksamkeit zunächst innerhalb der Theosophischen Gesell-
     schaft entfaltete, verwendete er da den Begriff Theosophie,
     wo er später von Anthroposophie sprach. Dies ist auch im
     S. 78 folgenden Vortragstext mit zu bedenken.

76   *die Tempel der Rosenkreuzer waren tief verborgen:* GA 233,
     S. 138.

77   *so daß die Zusammenfügung:* GA 124, S. 207.

78   *Wir in unserem theosophischen Leben:* GA 124, S. 194–208.

95   *Es ist wichtig, daß wir voll fassen:* GA 125, S. 154–156.

97   *wie in einem Elementarwesen darinnen stehend:* GA 158,
     S. 69.

98   *seine Seele erzogen werden kann:* GA 127, S. 202.
     *Die Symbolik und die Phantasie mit bezug auf das Mysterium
     «Die Prüfung der Seele»:* GA 127, S. 192–208.
     Wir wollen heute anknüpfen: A. a. O.

117 *Das sind Dinge, die ich Ihnen:* GA 127, S. 214.

121 *Märchendichtungen im Lichte der Geistesforschung:* GA 62,
     S. 321–352.
     Es gibt mancherlei: A. a. O.

152 *Anthroposophie ist ein Erkenntnisweg:* GA 26, S. 14.

156 *Ich möchte alles tun, daß wir:* GA 147, S. 84–100.

177 *Als einmal der Professor Capesius:* GA 277a, S. 50.

Zu den Märchentexten:

223   *Hundert auf einen Streich:* Aus: Georg von Gaal und Gottlieb Stier: *Ungarische Volksmärchen*, Heckenast Verlag, Pest
1857.

231   *Das Lilienmädchen:* A. a. O.

237   *Die sechs Drachen:* A. a. O.

251   *Der Herr Peter:* Aus: Peter Christen Asbjørnsen und Jürgen
Moe: *Sämtliche Volksmärchen und Erzählungen aus Norwe-
gen.* Übersetzt von Nanna Qvam. Verlag des Antiquariats
Bernhard Schäfer und Europäische Märchengesellschaft,
Bad Karlshafen 2003.

257   *Die Tochter der Blumenkönigin:* Aus: Heinrich von Wlis-
locki: *Märchen und Sagen der Bukowinaer und Siebenbürger
Armenier*, Verlagsanstalt und Druckerei Actien-Gesellschaft,
Hamburg 1891.

In gleicher Ausstattung:

Rudolf Steiner
Die Welt der Elementarwesen

Ausgewählte Texte, herausgegeben und kommentiert von
Almut Bockemühl

Elementarwesen haben eine lange Tradition in Volksüberlieferungen und spielten in der mittelalterlichen Alchymie
und Magie eine wichtige Rolle. Auch Rudolf Steiner sprach
von der Existenz solcher Wesenheiten. Es gibt mindestens
50 Vortragsbände, in denen er kürzere oder längere
Ausführungen dazu macht. Sein Ausgangsgedanke war:
Diese Wesen waren in alten Zeiten unsere Helfer. Jetzt
müssen wir ihnen zurückgeben, was sie für uns getan
haben.

Almut Bockemühl hat diese in der Gesamtausgabe weit
verstreuten Texte ausgewählt und durch Kommentare und
Erläuterungen kompetent dem heutigen Leser erschlossen.

Die Textsammlung gliedert sich in folgende Hauptkapitel:
I. Das Gestalten imaginativer Bilder
II. Verzauberung und Erlösung von Elementarwesen
III. Sind Elementarwesen gut oder böse? Die Verantwort-
lichkeit des Menschen
IV. Die Welt moralisch erleben – eine Annäherung an
Elemente und Äther

2. Auflage, 300 Seiten, kartoniert. ISBN 3-7274-5371-0

RUDOLF STEINER VERLAG

Rudolf Steiner   **Die Welt der Märchen**